当代经济学系列丛书
Contemporary Economics Series

陈昕 主编

当代经济学译库

论经济学
和经济学家

[美] 罗纳德·H.科斯 著

罗君丽 茹玉骢 译　金祥荣 审校

格 致 出 版 社
上 海 三 联 书 店
上 海 人 民 出 版 社

纪念罗纳德·H.科斯教授百岁华诞

主编的话

　　上世纪 80 年代，为了全面地、系统地反映当代经济学的全貌及其进程，总结与挖掘当代经济学已有的和潜在的成果，展示当代经济学新的发展方向，我们决定出版"当代经济学系列丛书"。

　　"当代经济学系列丛书"是大型的、高层次的、综合性的经济学术理论丛书。它包括三个子系列：（1）当代经济学文库；（2）当代经济学译库；（3）当代经济学教学参考书系。本丛书在学科领域方面，不仅着眼于各传统经济学科的新成果，更注重经济学前沿学科、边缘学科和综合学科的新成就；在选题的采择上，广泛联系海内外学者，努力开掘学术功力深厚、思想新颖独到、作品水平拔尖的著作。"文库"力求达到中国经济学界当前的最高水平；"译库"翻译当代经济学的名人名著；"教学参考书系"主要出版国内外著名高等院校最新的经济学通用教材。

　　20 多年过去了，本丛书先后出版了 200 多种著作，在很大程度上推动了中国经济学的现代化和国际标准化。这主要体现在两个方面：一是从研究范围、研究内容、研究方法、分析技术等方面完成了中国经济学从传统向现代的转轨；二是培养了整整一代青年经济学人，如今他们大都成长为中国第一线的经济学家，活跃在国内外的学术舞台上。

　　为了进一步推动中国经济学的发展，我们将继续引进翻译出版国际上经济学的最新研究成果，加强中国经济学家与世界各国经济学家之间的交流；同时，我们更鼓励中国经济学家创建自己的理论体系，在自主的理论框架内消化和吸收世界上最优秀的理论成果，并把它放到中国经济改革发展的实践中进行筛选和检验，进而寻找属于中国的又面向未来世界的经济制度和经济理论，使中国经济学真正立足于世界经济学之林。

　　我们渴望经济学家支持我们的追求；我们和经济学家一起瞻望中国经济学的未来。

陆昕

2014 年 1 月 1 日

中文版序

　　我从未到过中国，考虑到我的年龄，我也不可能去了。在刚刚过去的12月份，我度过了自己的99岁生日。我很高兴自己的思想已经漂洋过海来到中国，并为中国经济学家所检验。令我欣慰和满足的是：中国经济学家发现我的思想有助于理解他们所考察的经济问题。

　　最近，我一直和亚利桑那州立大学的王宁教授一起，对中国过去30年所发生的非凡的市场转型进行研究，这个研究成果将由伦敦经济事务研究所（Institute of Economic Affairs in London）出版发行。但是，很显然，如果我们试图深入了解中国发生了什么、正在发生什么以及将会发生什么，那还有许多工作要做。

　　如果这个文集的中译本能有助于启发中国经济学家以正确的方式来研究中国经济问题，我将会感到无比幸福。

罗纳德·H. 科斯

2010年1月2日于芝加哥大学法学院

推荐序

　　罗纳德·H.科斯,1910年12月29日出生于伦敦郊区威尔斯敦;1929年10月进入伦敦经济学院(LSE)攻读商业学士学位;1931年,科斯获得伦敦经济学院一项欧内斯特·卡赛尔爵士奖学金,在美国学习和调研一年,并形成经典论文《企业的性质》一文的主要思想和论点。由于他生性谨慎,这篇论文直到1937年才发表于《经济学季刊》(第四期)。在《企业的性质》一文完成后的整整20年中,科斯关注的是学界关于边际成本定价的争议;在此期间,他的研究都与广播垄断有关,他对真实世界中广播业专利权和垄断权的调研及精湛解释,是促成他完成另一部创世之作《社会成本问题》的重要原因和途径。1951年,科斯迁居美国,在布法罗大学获得职位,陆续发表了在详尽调查基础上的有关英国广播业垄断问题的系列论文。1958年,科斯在斯坦福大学行为科学高级研究中心,用近一年的时间来调查研究美国联邦通讯委员会;随后,他受聘于弗吉尼亚大学经济系,写成《联邦通讯委员会》一文;芝加哥大学的一些经济学家认为《联邦通讯委员会》的部分观点是错误的,而科斯根本不同意当时芝加哥学派所坚持的庇古观点,从而引发经济思想史上著名的"联邦通讯委员会"之争。争论的直接结果是科斯发表了《社会成本问题》。这是一部传世经典之作，它是上个世纪引用最多的经济学文献，与《企业的性质》一起成为科斯1991年获得诺贝尔经济学奖的奠基之作。

一

《论经济学和经济学家》一书，是由科斯在多个年段与多种场合的演讲稿、随笔和对多位杰出经济学家的传记性评论汇集而成的一部著作，但该书还是有一个重要主题，全书凝聚了这位伟大经济学家对古典以来主流经济学的演化、性质、方法、边界和政府管制等重大问题的看法，非常值得一读，收益大于成本的预期是毋庸置疑的。

20世纪六七十年代以来，经济学的发展出现了一场重要运动，即努力扩张"帝国疆域"，经济学家正在越来越多地进入到其他社会科学领域，包括政治学、社会学、法律等，几乎包括整个社会科学，他们已经发展出一套政治学的经济理论，还有婚姻经济学等，自杀经济学也可能产生。这场运动发生的原因是什么？经济学与各个学科的边界是怎样决定的？科斯给出的答案是：由竞争决定，而且这一竞争过程本质上与决定企业活动的竞争过程一样。因为对某个学科的从业者来说，他是根据是否有利可图来扩大或缩小试图回答的问题的范围。

具体来分析，经济学疆域扩张有两个原因或因素。其一，经济学家越来越专注于更形式化、更工具化、更一般化的数学分析。因为数学工具的一般性给经济学向其他社会科学领域的扩张提供了极好的手段和便利，经济学家们可以大胆地重复在经济学领域所取得的成功或失败。但科斯认为，工具是区别专业学术团体的一个相对不重要的因素。典型的例子就是线性规划这样的研究工具，其他学科的学者更易于获得或掌握这样的工具。在方法上，科斯更推崇马歇尔曾经概括的经济学所拥有的巨大优势，也即由于人类行为的重要决定性变量都可以用货币来衡量，因而经济学家能够使用"货币测量标杆"，它使经济学分析更加精确化和能够被检验。

因为理论和方法在很大程度上由研究对象决定，所以经济学疆域扩张和边界形成的决定因素是它的研究对象。就研究对象来说，经济学家的兴趣范围不断扩张，经济学的研究对象不断广义化，经济学家已经把经济学定义为"人类选择的科学"，这样经济学的研究对象就变成了人类所有的目的性行为。"经济人"最大化的不再仅仅是货币收入、物质享受等纯粹的经济利益,而是明确地包括尊严、名誉、社会地位等不能用纯"货币测量标杆"度量的利益。经济学家通过把经济学解释经济体系运行的最基本假设扩展到对个人面临所有非经济领域所采取的态度和行为的解释中,从而把经济学变为解释人类所有目的性行为和选择的一种普遍理论。针对这种态势,尽管科斯也认为"在经济体系、法律或政治体系中活动的是同一个人,所以,其行为从广义上来说应该是相似的",但他特别强调,"这决不意味着经济学家所发展起来的用于解释经济体系中的人类行为的理论或方法就可以一成不变地移接到其他社会科学领域",因为在不同领域,人们所追求的目标是不同的;当人们作出选择时,所处的制度结构也是不同的。经济学的研究对象之一是经济体系如何运行,也即制度。甄别和理解人们追求的目标和所处的制度结构的专业化理论,是其他学科的学者难以掌握的,而这一理论也适合分析社会制度的其他关联特征。因此,科斯断言,关于社会制度对经济体系运行的影响的研究,将成为经济学研究的永久领地。

二

大多数经济学家认为,经济学是一门关于人类选择的科学,但经济学家自己如何选择他们的经济学理论,对于这一经济学的科学哲学问题的不同回答,使经济学的发展道路呈现出重大分岔,而科斯的思想及其贡献越来越受到人们的关注和追随者的信奉。

米尔顿·弗里德曼认为,一个理论或假设能否成为实证经济学的一部分,可以通过它所取得的预测与实际情况相比的精确度、覆盖率和一致性来检验。对弗里德曼来说,对于一种经济理论的竞争性,预言或假设的真实性是不重要的,重要的是简要的预言能够通过检验并与事实相比有高度的一致性和精确度。这说明理论能用较少的投入获得对大量现象的解释,这正是经济理论竞争性的体现。但科斯认为,米尔顿·弗里德曼的实证经济学方法论是错误的。

科斯选择经济学理论的方法与主流实证经济学大相径庭。首先,科斯认为,可验证的预言并不重要,重要的是如果理论旨在帮助我们理解经济体系为什么会以当前的形式运行,那么理论假设的真实性就是必要的。其次,具有真实假设的新理论是无法按照弗里德曼的标准进行检验的。经济学家不会等到理论的预言被检验之后才作出他们选择什么理论的决定；而一项旨在揭示一个没人相信的理论会产生不正确预言的检验性研究，其收益是极低的。科斯举了哈耶克事件、凯恩斯革命和垄断竞争理论三个已被公认的牵涉经济学理论非常重要变化的事件，说明按照弗里德曼的标准选择经济理论，科学活动将瘫痪。综合上述两点，我们就不难理解科斯的结论，尝试性预言可验证的方法，并不是选择经济理论的"经济"方法；不仅"不经济"，而且可能只会有无效"产出"，因为理论假设的真实性是最重要的。

三

科斯把美国宪法第一修正案所涉及的演说、写作及宗教信仰活动称为"思想市场"。同普通的商品和劳务市场一样，要使思想产品更加富足，我们必须运用"自利"这种人类强大的动机。因此，从规范的角度来说，言论自由、出版自由、宗教信仰自由等保持思想市场自由竞争的政策，是最有利于思想自由发展的政策。

科斯看到，在西方世界，知识分子已表现出一种褒思想市场贬商品市场的倾向，从而出现了要让思想市场自由放任、让商品市场接受政府管制的"悖论"。这种观点源远流长，一直可以追溯到约翰·弥尔顿，他的著作《论出版自由》写于1644年，远远早于亚当·斯密1776年的《国富论》。弥尔顿坚持思想市场的自由放任是至高无上的，"给我知的自由、说的自由、凭良心坦率争论的自由，这是高于一切的自由"。在科斯看来，思想市场和商品市场，这两种市场的运行，大体上来说并没有很大区别，思想市场同样存在大量"市场失灵"问题，同样需要政府管制。

思想市场存在的"市场失灵"问题主要表现在，思想产品的生产和消费的主体都是受利益最大化支配的人，只要是人就不可能是一个完全洁白无瑕的圣徒，如果没有一定的制度约束，在追求自身利益的过程中，往往存在机会主义的行为倾向，商品市场上的人如此，思想市场上行走的人也不例外。在商品市场上，由于信息不对称的原因，常把消费者无知和防止欺骗视为政府干预的理由。那么在思想市场上，各种出版物和政治家的演说中存在大量错误和误导性的言论，难道就不必政府干预了吗？在思想市场中，同样存在大量的外部性问题,如传播改革和建设思想的人由此产生的利益或损害都应得到补偿,并有合适的产权制度安排。总之,科斯认为,在制定公共政策时,应"摒弃对政府在两个市场上的表现所持有的矛盾态度,而采取更为一致的观点"。

四

在亚当·斯密的《国富论》发表 200 周年之际,科斯分别在洛杉矶加州大学和芝加哥大学法学院,作了"国富论"和"亚当·斯密论人性"的公开演讲。在这两个演讲中,科斯盛赞亚当·斯密通过一系列绝妙手笔成功造就了一个经济分析体系,在这个分析体系中,过去两百年的经济学得到了一些梳理,但还有一些尚未得到充分发掘。许多经济学家有这样的看法,在《国富论》和《道德情操论》之间存在某些不一致,雅各布·瓦伊纳把它概括为所谓"斯密问题"。在本书的这两篇演讲稿中,科斯充分发掘了这一"问题",科斯的结论是:在亚当·斯密那里,自利是人类行为的一个最强大动机,但绝不是唯一的动机。亚当·斯密把其他动机也包含进分析,并没有削弱而是强化了斯密关于经济体系运行要依靠市场力量的观点。科斯认为,关于人性的研究,亚当·斯密在《国富论》和《道德情操论》中有完美的结论和统一,并不存在"斯密问题"。在《国富论》中,斯密表明人类社会完全是由自利而根本不是由什么仁慈主宰,只有自利才构成了经济运行的基础。而在《道德情操论》中,斯密同样表明,仁慈或利他会影响人类的行为和经济运行,但仁慈或利他属于"私人问题","仁慈或爱是个人化的;它在家庭中表现得最为强烈,也可能存在于同事和朋友之间。然而,随着关系的疏远,相互之间的爱或仁慈就会减弱",一个人穷其一生也难得博得几个人的友谊。因此,总的来说,仁慈或爱是家庭的延伸,最受影响的是家庭中的劳动分工,它在现代经济劳动分工中发挥的作用是极其有限的,要依靠仁慈或爱来提供充分的劳动分工和市场交易是不可能的,从家庭分工、人格化交易向社会分工、非人格化交易的转变,正是传统经济向现代市场经济转变的根本动力和标志。可见,科斯对"斯密问题"的"发掘"是多么精辟,使亚当·斯密关于人性学说的真谛得以重见天日。

金祥荣

译者的话

《论经济学和经济学家》（*Essays on Economics and Economists*）是 1994 年由芝加哥大学出版社出版的一本重要的科斯论文集。文集中的著述保持了科斯一贯的谦逊、严谨、逻辑自洽的风格，即便在考证历史人物和事件时，风格依然。在论述重大问题时，科斯巧妙地把思想的卓越和敏锐，与无可匹敌的娴熟语言融为一体，从而使读者在阅读中享受无穷的思维之乐趣，在经济学充满函数、曲线和图表的今天，我们已经很少有这样的幸运。在翻译这些作品时，我们尽可能体现这种强烈的"科斯风格"，尽管这种努力会由于译者智识与作者之间的差异而难免令读者失望。科斯曾引用熊彼特对亚当·斯密作品的评价："他不喜欢任何超过常识性的表达，即便头脑最愚笨的读者也能通读无碍。他娓娓道来，用细微而朴实的观察鼓励读者，使他们在阅读中一直感觉惬意。"我们想，这个评价同样适用于科斯本人的作品。

一

首篇《生产的制度结构》是科斯 1991 年的诺贝尔经济学奖获奖演讲词，也是理解其核心经济学思想的导航性文章。科斯说，"1937 年论文的重要贡献在于把交易成本明确引入经济学分析","1960年文章的创新之处在于它用零交易成本的假定检验了产权,但零交易成本世界只是用来作为通向正交易成本经济学分析的垫脚石"。这两篇文章的结论都是:"让我们来研究正交易成本的世界。"科斯在演讲中表达了他的总体立场:经济学分析的基本任务是获得对生产制度结构运行的理解,为此,经济学家需要把事实存在的交易成本纳入经济学分析,研究经济体系在不同制度结构中的运行状况,进而转变思考经济政策的方式。科斯强调,在做这样的转变时,经济学家必须进行更多有意义的经验研究,但这并不意味着他对经济理论中的数学应用含有敌意。他说:"一旦我们发现了影响经济体系绩效的真实因素,因素间的复杂交互关系显然需要用数学方法来处理。"

方法论问题是社会科学和哲学中最艰涩的内容。科斯的方法论思想是他对主流经济学持续反思和批评的自然演进,其专门著述不多,也没有引起像其他经典著作那样的广泛引用和争论,诺贝尔嘉奖词也未提及他的方法论思想,但是,这并不表明它们不重要。科斯本人一直认为,由于大部分经济学家并未分享他关于经济学性质、范围和方法的思想,因此,其著作虽被广泛引用和讨论,但其观点在很大程度上并未得到真正理解。[①]本书收录的《经济学家应该如何选择》(1981)、《经济学和相邻学科》(1975)、《经济学家和公共政策》(1974)、《商品市场和思想市场》(1974),实际上都从不同角度展示了科斯在经济学研究中独特与新颖的分析方法和视角。这种方法论的正确性正受到越来越多经济学家的关注及信奉,也正在改变经济学家对经济学重大问题的看法和认识。

在《经济学家应该如何选择》一文中,科斯讨论了经济学家选择理论和工具的标准问题。他对广为接受的弗里德曼关于一个理论的价值应该由它所预测的范围、精确度与一致性来判断的实证主义经济学方法论观点提出异议,认为这种强调预测准确性的方法论观点不仅错误而且危险。他通过经验考察和逻辑分析,指出:经济学家即使可能也不应该在预言准确的基础上选择他们的理论。因为理论的主要目的是组织我们关于世界的思考,基于理解的方法比基于预测的方法更可能产生洞见。他提倡经济学家要基于理解真实世界的标准来选择理论。选择这个标准的经济学家不必选择相同的理论,他们可以自由选择自己所偏好的理论和工具。科斯最后的论述显得比较谨慎而务实："我们应该调查进行学术研究的替代性制度安排的效果……看起来有些矛盾但实际上很可能正确的是：探讨经济学方法论问题的最佳方法就是把它转变为一个经济学问题。"

显然，对经济学家而言，除了理论标准和工具的选择外，还要考虑研究对象的选择。科斯在《经济学和相邻学科》中讨论了经济学研究对象的边界问题，即经济学家依据什么标准来决定是进入还是退出经济学的相邻学科？这个问题和20世纪70年代兴起的经济学"帝国主义"现象密切相关。科斯并没有简单评价经济学对相邻学科入侵行为的对错，而是通过回答长期中什么决定了学科之间的差别来展开自己的论述。他认为，学科差别的根本决定因素是研究对象而不是研究工具。因此，为了增进对本学科研究对象的认识而进入其他领域的活动会长期存在，而凭借工具优势企图在其他社会科学研究领域获得成功的"帝国主义"行为则只会在短期内获胜，长期中必然遭到其他领域研究者的驱逐，因为工具的优势很容易被其他领域的学者通过竞争而赶超。

尽管很多伟大的经济学家都认为，经济学只有在不受政策制定干扰的情况下才能发展得更好，但经济学和经济学家很难不和公共政策联系在一起。在20世纪70年代，以施蒂格勒为代表的芝加哥学派经济学家，对政府在市场管制中所发挥的作用进行了大量反思，这必然促使人们思考经济学家是以什么为依据来提供公共政策建议的。科斯在1974年的"经济学家和公共政策"演讲中，对经济学家，特别是理论经济学家在公共政策制定中所发挥的作用进行了考察，并进一步阐释了自己一贯坚持的思考经济政策的方法。

他认为，经济学家所能提供的有采纳价值的建议，往往是由经济学理论体系的内涵提炼出的一些简单真理，而人们却倾向于拒绝或忽视这些简单真理。因此，经济学家欲使其建议更值得采纳，就必须更多地获悉关于人性和真实经济体系如何运行的知识，同时，必须改变思考公共政策时夸大市场运行机制的无效而忽视政府组织所固有的无效的错误思路，着手研究政府执行政策的能力和相关成本，并对替代性选择进行比较分析。他赞同施蒂格勒所主张的对政府活动效果进行实证研究，但对后者把研究目标过多地寄托于数理分析技术持保留态度。科斯还认为，目前导致政府管制绩效不良的最可能原因是政府做得太多，以致达到边际产出为负的阶段。因此，经济学家不得不给出的建议就是：所有政府活动都应该被缩减，但困难在于：经济学家缺乏有关政府应承担的必要职能的信息和经验。

在《商品市场和思想市场》中，科斯针对当时围绕美国第一修正案所产生的讨论，考察了知识界对商品市场和思想市场上的政府管制所持有的矛盾态度，即知识分子倾向于认为商品市场上的政府管制会改善情况，而普遍确信政府在思想市场上的表现完全不称职。他认为，这两个市场并没有根本差异，知识分子应摒弃这种矛盾态度，对政府在两个市场上的表现采取更为一致的观点，在决定与之有关的公共政策时，必须考虑相同的因素，如生产者的自利、消费者的不完全信息和管理者的不称职并受特殊利益集团影响等。同时，科斯也指出，由于每个市场的不同特征会使相同的因素在不同的市场发挥不同的重要性，因此，适当的社会安排也应随之而变。

二

研究科斯思想的人很容易忽视他对经济思想史的贡献。事实上，通过科斯对古典和新古典经济学家思想的研究，我们不但可以站在巨人的肩膀上领悟那些里程碑式人物的重要思想，还可以追踪探索科斯本人的学术思想之渊源。

1976 年是《国富论》出版二百周年，作为纪念活动的一部分，科斯作了两个演讲："国富论"和"亚当·斯密论人性"。在第一个演讲中，科斯重点考察了亚当·斯密关于劳动分工、市场运行和政府职能等的思想；在第二个演讲中，科斯精辟阐述了亚当·斯密的人性学说。尤其引起我们注意的，是科斯在两个演讲中都谈到的亚当·斯密关于人类行为动机与经济体系运行关系的精妙之处。

人们通常认为，亚当·斯密将人视为抽象的只追求自身利益的"经济人"，但科斯证明：斯密真实思想中的人类并非理性的效用最大化者。斯密所描绘的人，受自爱主宰，但并非不顾及他人；能够推理，但未必以这种方式达到正确目的。在亚当·斯密的《国富论》和《道德情操论》之间，并不存在所谓的"斯密问题"，即人性在经济活动中自利与在道德情感上利他的不一致。《道德情操论》中充满自爱的人类不但与《国富论》中的人类经济行为没有实质性差别，反而大大强化了《国富论》关于经济体系运行要依靠市场力量的观点。

科斯认为,在《道德情操论》中,斯密洞察到人类仁慈和利他行为的心理基础是同情,而同情在很大程度上并不是出于对他人的爱,而是出于对尊严和自己优秀品格的爱。由于同情的相应行动受其行动代价的影响,同时,人类对行为结果的感知被自我欺骗所扭曲,因此,同情反应会随着关系的疏远而变得不重要或不可能。相应地,同情心理所产生的仁慈或爱就是个人化问题,随着关系的疏远,相互之间的爱或仁慈就会减弱。在《国富论》中,斯密对经济体系运行分析的出发点是劳动分工,劳动分工使人们之间的合作成为必然。尽管家庭甚至大家族的劳动分工都可能由爱或仁慈得以维系,但维持文明生活的标准,要求广泛的劳动分工和大范围的合作,这显然没有办法通过仁慈的运行来保证。因为对大部分需要合作而彼此陌生的人来讲,很难产生相互的同情,也就根本谈不上仁慈或爱。从而,仁慈或爱不可能成为现代社会经济生活的基础。对于文明生活而言,我们只能依靠自利,通过市场来抵消仁慈的弱点和偏见,从而保证个人在产品和服务生产中的广泛合作并得到极大满足。同时,科斯也提请我们注意,斯密的著述并没有因此而忽视仁慈和道德在市场系统形成中所发挥的作用。

19世纪末20世纪初,经济学作为一门专门学科迅速发展起来,杰文斯的早逝使阿尔弗雷德·马歇尔成为英国当时正统经济学无可争辩的领袖。作为经济学家,马歇尔在当时享有极其崇高的国际地位,但其复杂而神秘的性格似乎并不为同时代人所称道。

在《阿尔弗雷德·马歇尔的父母》(1984)和《阿尔弗雷德·马歇尔的家族和先人》(1990)这两篇文章中,科斯以质疑约翰·梅纳德·凯恩斯的著名传记《阿尔弗雷德·马歇尔传》为开端,对马歇尔的父母及其直系亲属的身世进行了周密而详尽的考证和论述。他以极其缜密的思考和推理,纠正了一些流行的错误观点,让我们能够穿透历史,更加清晰地了解对伟大人物可能产生真正影响的那些人和事。结果显示:历史真相与凯恩斯在《阿尔弗雷德·马歇尔传》中的有关描述相去甚远。科斯向我们揭示了马歇尔父亲的粗暴和固执对马歇尔成年后所表现出的个性弱点应该承担的责任,并赞扬了马歇尔在恶劣家庭环境中依然能够脱颖而出的非凡个人品质。在探究马歇尔心智的家族渊源问题上,科斯微妙地批评了伟大的凯恩斯在著述《阿尔弗雷德·马歇尔传》时所采取的不恰当思维方式。凯恩斯在写作时坚持了"伟大的维利尔斯血缘"这样的先验性假设,认为伟大人物一定有伟大的家族血缘关系,从而简单但错误地采信了一些口头传说,即"马歇尔家族发轫于西部牧师之家"。当然,科斯考证的结果也证明确实存在某种意义上的家族血缘影响,但这种来自祖母方面的重要渊源恰恰被忽略,其原因在于马歇尔为了夸大其家族的社会地位而试图隐藏失败的祖父。虽然科斯没有直接批评凯恩斯在采用信息时未进行仔细甄别和考证,但他已经表明:在不了解真相的情况下,大人物会在假设的前提下,理所当然地在错误的道路上走得多么深远。

1908年的马歇尔继任者选举是一个扑朔迷离、众说纷纭的历史事件。当时最强有力的候选者是福克斯韦尔,他1868年被选举为剑桥大学圣约翰学院的学术成员,1881年接替杰文斯成为伦敦大学的政治经济学教授,同时仍保留圣约翰学院的学术成员资格。他是马歇尔在剑桥大学的第一批学生,也是所谓剑桥历史学派的领袖之一,对剑桥大学的贡献可谓有目共睹。人们认为,直到1908年止,他都是马歇尔非常亲密的朋友。但是,马歇尔在选举前却为支持年仅30岁资历很浅的剑桥教员庇古而竭尽全力。结果,庇古当选,福克斯韦尔与马歇尔从此有了不可挽回的决裂。②

科斯的《马歇尔继任者庇古的任命》(1972)是研究这一历史事件的重要文献。他以大量翔实有力的事实揭示了这一事件的幕后原因和过程,令人信服地指出:马歇尔支持庇古,既与1903年关税改革引发的争论毫无瓜葛,也不是人们所猜测的口是心非,而是依据他非常诚实地宣称的学术判断。科斯的调查表明,马歇尔与福克斯韦尔的分歧早在1908年之前就已经不断加大。马歇尔认为,福克斯韦尔在学术洞察力和作为一个教师的能力上,有着非常严重而明显的局限,其学术成果也令其远不够资格成为成功的剑桥教授席位候选人;而庇古尽管年轻,但学术成果丰厚,能力卓越,是实现他经济学理想的合适接班人。

当然,1908年的事件的确反映了马歇尔的性格:乏味、固执、自负、没有幽默感,但他绝不是无道德的阴谋家和投机者。正如凯恩斯所正确指出的,他兼具神学家和科学家的双重天性,终生致力于发展政治经济学(political economy),并把它转化为一门新兴科学——经济学(economics)。他认为,经济学的研究目的在于解决人类的贫困,改善其生活条件,进而促进人口质量和性格改善,提高人类生命水平。他支持庇古是因为坚信庇古能继承他的学术理想和理论体系。当然，庇古终生都对马歇尔无比崇敬，直到生命的最后一刻，都还在埋头研究马歇尔的理论体系。③不过，对科斯而言，"庇古并未实现马歇尔对他的殷切期望。在许多方面，他对经济学发展的影响是糟糕的，他似乎对经济制度的作用缺乏任何感觉"。庇古所发展的福利经济学研究体系和方法一直以来都受到科斯的严厉批评。但科斯也认为，就当时的经济学现状而言，问题并不是为什么是庇古，而是舍其何人。科斯这篇文章不但为我们揭示了一个真相，更重要的是，在经济学已成为赫赫显学的今天，它让我们回顾了经济学发展的早期历程。

约翰·内维尔·凯恩斯是阿尔弗雷德·马歇尔早期的杰出弟子之一，也是伟大人物约翰·梅纳德·凯恩斯的父亲。他1891年撰写的《政治经济学的范围与方法》试图在演绎和归纳之间以及描述和形式主义之间找出一条合理的道路。④马歇尔对这本书给予了肯定评价，但也表达了自己的不同看法。在《马歇尔论方法》(1975)中，科斯从马歇尔对约翰·内维尔·凯恩斯这本书的评论信件开始，论述了马歇尔对经济学方法的观点。

马歇尔重视归纳和演绎的相互依赖性，但相对更强调归纳。科斯认为，马歇尔之所以更强调归纳，可能大部分原因在于他的研究目的是理解真实经济体系的运行。但是，马歇尔并不认为单独的归纳分析能产生良好的理论，经济体系的复杂性使应用马歇尔所说的演绎推理链成为必需。然而，马歇尔相信长的演绎推理链会减弱理论和现实之间的联系，如果经济学家的推理快速而轻松，那么他们就会倾向于在研究的每个节点处进行错误联系，因此，经济学家要谨慎使用分析和演绎。

很多人认为，正统的剑桥-马歇尔学派强调数学的作用，但科斯在《马歇尔论方法》中认为：事实并非如此。马歇尔年轻时是一位相当有实力的数学家，因此，他非常清楚使用数学处理问题的好处，但马歇尔认为"过分依赖（数学）可能导致我们迷失在对智力游戏的追求中"，从而导致我们忽视数学赖以建立的真实性，那些难以用数学表达的变量容易被忽略，进而可能扭曲我们对各种影响因素相对重要性的认识。也就是说，过分依赖数学将导致我们偏离马歇尔所说的"建设性工作"，即对真实经济体系的研究。总之，科斯认为，对马歇尔来说，经济理论不能局限于能进行数学处理的问题，数学分析只有在它对理解真实经济体系运行有所启发时，才是有用的。

接下来的三篇文章是科斯对自己非常了解的三位杰出经济学家的评述：20世纪30时代LSE的重要人物阿诺德·普兰特、现代公共选择理论之父邓肯·布莱克、1982年诺贝尔经济学奖获得者乔治·J.施蒂格勒。科斯在文中回忆了这些良师益友的学术经历和人格魅力，中肯客观地评价了他们的学术思想及其贡献，同时也阐述了自己对有关经济学问题的深刻洞见。

从《阿诺德·普兰特》(1986)一文，我们可以看到：作为科斯在LSE的授业导师，普兰特的经济分析体系、对产业组织和产权问题的兴趣以及关于政府的现实主义观点都深刻影响着科斯一生的学术思想。在《邓肯·布莱克》(1991)一文中，科斯敏锐地洞察到：布莱克的委员会理论可能会反过来促使经济学放弃有关理性效用最大化且个体选择是连续的假设，从而使经济学分析自身得以完善。在《乔治·J.施蒂格勒》(1991)一文中，科斯说："产业组织课题意味着对市场过程和产业结构的研究……经济学家通过专注于垄断问题研究，来探讨一个从广义上来讲充满竞争的经济体系，这是把注意力用错了方向。"另外，他对施蒂格勒用理性效用最大化方法来分析政治行为的做法持保留态度。

最后一篇文章《20世纪30年代伦敦经济学院的经济学》(1982)是科斯对20世纪30年代LSE的个人述评。LSE成立于19世纪末，到20世纪30年代，在其核心人物罗宾斯的领导下，开始在学术上取得世界级地位。当时，经济自由主义思想与社会民主思想同样受到教员和学生的热烈信奉，那里生机勃勃，人们享受着一场场思想的盛宴。对于这段历史，许多著名人物都有过生动描述，科斯也亲历过那个鼎盛而奇妙的时期，他的这个回忆也成为研究这一时期经济思想史的重要文献。

三

科斯从未到过中国，但中国从未离开过科斯的视野。少年时期，科斯从马可·波罗的游记中了解到中国；在LSE求学早期，他曾秉承LSE费边社的传统，信仰过社会主义；他晚年一直关注中国的经济制度，说"打算再次扬帆，寻找通往中国的航线"⑤。2008年夏天，科斯更以98岁高龄筹备并独立资助在芝加哥大学举办"中国经济改革国际研讨会"。会议规格很高，也很成功。科斯的闭幕词尤其让与会中国人感叹不已，他说："我对中国的未来，一直坚信不疑……我一直感到，中国有巨大潜能。从 1978 年以后，我认为它一直在朝着实现这个潜能的方向发展……中国的奋斗，就是世界的奋斗……我即将长眠——如果你们能取得成功，我会感到幸福！"⑥

或许有人猜测，科斯教授对中国问题的关注，是因为中国的经济改革对西方学者来讲是个奇迹，它史无前例，既精彩又重要，正好是科斯终生要破解的制度结构的最好试验场。这种解释诚然能满足中国人的成就感，但未必是科斯本人的根本意愿。科斯先生终生致力于对真实世界的观察和思考，"虽千万人吾往矣"的学术执著和勇气，使他从未因自己的研究超前于时代而退缩，更没有因自己的思想得不到正确理解而气馁。倘若他对中国的关注仅仅出于对其理论的验证，这表明他还缺乏足够的学术自信，但科斯先生半个多世纪以来对经济学一以贯之的反思所折射出的熠熠光彩，足以表明他持有的学术信念是多么坚定。

那么，是什么力量支撑科斯先生对中国问题如此关注呢？我们认为，是他作为伟大经济学家所持有的人文关怀精神和高度的学术良知。经济学作为一门研究人的学问，其终极目的不是发展理论，而是对特定情境下的人的关怀，这是经济学应鲜明具有的人文特征，在包括亚当·斯密、阿尔弗雷德·马歇尔、约翰·梅纳德·凯恩斯、罗纳德·H.科斯以及阿玛蒂亚·森等在内的一切伟大经济学家身上，都深刻体现着对人类的悲悯和以经济学洞见造福于人类的人文关怀。中国拥有世界近四分之一的人口，近现代社会复杂、动荡而多变，这注定了它在世界消除贫困、提升人类生命质量中占有举足轻重的地位。20 世纪 80 年代以来，中国的经济转型固然取得了巨大成功，但仍面临重大困难，今天的中国迫切需要正确的经济学和有学术良知的经济学家。深邃、敏锐而超时代的科斯先生必定充分意识到了这一点！由此，我们除了对这位百岁老人的非凡之举肃然起敬之外，就没有必要再感到任何讶异。

时值科斯教授百岁华诞，我们谨将此译本献给伟大的罗纳德·H.科斯教授！

罗君丽 茹玉骢

注　释

① 参见 R.H.Coase，*The Firm*，*the Market and the Law*（Chicago：The University of Chicago Press，1988），1；也可参见该书中译本《企业、市场与法律》（上海：格致出版社，2009），第 1 页。

② 参见杰弗里·M.霍奇逊：《经济学是如何忘记历史的》（中译本，北京：中国人民大学出版社，2009），第八章"马歇尔和英国的方法论讨论"，第 95—129 页。

③ 参见 J.de V.Graaff："Pigou，Arthur Cecil"，载约翰·伊特韦尔等编：《新帕尔格雷夫经济学大辞典》（中译本，北京：经济科学出版社，1996），第 939 页。

④ 参见约翰·内维尔·凯恩斯：《政治经济学的范围与方法》（中译本，北京：华夏出版社，2001）。

⑤ 参见 R.H.Coase，"The Nature of the Firm：Influence"，in *The Nature of the Firm*：*Origins*，*Evolution*，*and Development*，Oliver E. Williamson and Sidney G. Winter eds.（New York：Oxford University Press，1993），73。

⑥ 参见张五常：《中国的经济制度》（北京：中信出版社，2009），第 199—203 页。

前 言

可以这么说，我出版这本文集的愿望很大程度上是虚荣心使然，但正如亚当·斯密（Adam Smith）所说，某些看起来并不合宜的人类品质往往可能增进社会福利。我希望这个论断适用于此。

文集的第一编是"经济学"。其中第一篇《生产的制度结构》，是我 1991 年 12 月在斯德哥尔摩（Stockholm）获颁诺贝尔经济学奖时所作演讲的讲稿。应瑞典皇家科学院之邀，我为感兴趣的公众和训练有素的科学家们讲述了我受到嘉奖的研究工作。这使我认识到产业组织学科的当前状态，并思考推进这一学科发展所需要的工作。后面的三篇文章《经济学家应该如何选择》、《经济学和相邻学科》、《经济学家和公共政策》分别考察了与经济学家如何开展工作有关的一般性问题，主要包括：他们是如何处理经济体系（economic system）问题的？如何选择理论？如何选择研究课题以及如何给出公共政策建议？我相信，这三篇文章所表达的观点与很多（可能是大多数）经济学家所持有的观点有显著差别。我希望这个文集的出版能使更多的人读到这些文章，从而提高我在思想市场中的市场份额。

接下来的三篇文章各有不同特征。《商品市场和思想市场》是我在美国经济学会的一次会议上发表的。之后,美国新闻界对它进行了强烈抨击,但是,经济学家们对它所提出的有趣问题仍束之高阁、置之不理。1976年是《国富论》出版二百周年,作为这次周年纪念活动的一部分,我作了两个演讲,一个是在洛杉矶的加利福尼亚大学作的"国富论",另一个是在芝加哥大学作的"亚当·斯密论人性"。它们阐述了亚当·斯密的伟大,今天的我们仍然能从亚当·斯密的著作中学到很多,但同时也提出了一个让人困扰的问题:在过去的二百年里,我们究竟都做了些什么?

文集的第二编是"经济学家"。前面的四篇文章都是介绍阿尔弗雷德·马歇尔(Alfred Marshall)的。年轻的时候,我曾考虑过晚年应该做些什么才比较充实。当时,我有一个有趣的计划,就是写一本阿尔弗雷德·马歇尔的传记以打发时光。之后,我开始为这个计划收集素材,从而导致了这些论文的产生。然而,当我的晚年真正到来的时候,我发现自己仍然承担着繁重的经济研究工作,几乎没有空闲时间。因此,我不得不放弃这个年轻时的计划。幸运的是,悉尼大学的Peter Groenewegen教授正在撰写阿尔弗雷德·马歇尔的传记,不久,我们就将了解到这位伟大经济学家同时也是一个有瑕疵之人的真相。

接下来的三篇文章,是我对自己非常了解的三位经济学家的回忆:我的良师益友阿诺德·普兰特(Arnold Plant),我在邓迪经济学院(Dundee School of Economics)的同事和终生好友邓肯·布莱克(Duncan Black),我后来在芝加哥大学的朋友兼同事乔治·J.施蒂格勒(George J. Stigler)。最后一篇文章是我对20世纪30年代伦敦经济学院(LSE)的经济学的个人看法,在那个年代,很多激动人心的重要研究在那个伟大机构中展开。

目　录

CONTENTS

主编的话
中文版序
推荐序
译者的话
前言

第一编

经济学

1

生产的制度结构[†]

　　在漫长的生命历程中,我结识过不少伟大的经济学家,但从未指望自己能成为他们中的一员,或与他们比肩同行。在经济学的高深理论方面,我不曾有所创新,仅有的贡献只是促使将经济体系(economic system)的特征纳入我们的经济学分析。经济体系的这些特征是如此明显,以致就像 G. K. Chesterton[*] 的《布朗神父探案集》中《隐身人》中的邮递员那样,很容易被人们忽视。然而,我相信,一旦它们被纳入分析,就会引起经济学理论——至少是价格理论或微观经济学——结构的彻底变革。我所做的工作就是指出生产的制度结构对于经济体系运行的重要性。在这个演讲中,我将按照自己的理解来说明:为什么经济体系的那些特征会被主流经济学忽略? 为什么承认它们

[†]　本文是 1991 年 12 月 9 日在瑞典斯德哥尔摩获颁纪念阿尔弗雷德·诺贝尔经济学奖时所作演讲的演讲稿。其版权为©1991 诺贝尔基金会。

[*]　G. K. Chesterton(1874—1936):英国评论家、诗人、散文作家和小说家,最成功的作品是一系列以布朗神父为主角的侦探小说。——译者注

论经济学和经济学家

的存在会转变我们分析经济体系运行和思考经济政策的方式？事实上，这些转变已经开始发生。另外，我要谈到，要使这些方法上的转变提高我们对经济体系运行的理解，我们必须进行相应的经验研究（empirical work）。

当我谈及这种转变时，并不表明这是我独自工作的结果。奥利弗·威廉姆森（Oliver Williamson）、哈罗德·德姆塞茨（Harold Demsetz）、张五常（Steven Cheung）以及其他经济学家都为这种转变作出了突出贡献。如果没有他们的研究，我怀疑自己作品的重要性是否能得到承认。纪念阿尔弗雷德·诺贝尔经济学奖的设立，就是使人们关注某些特定经济学领域的重要性，从而鼓励对这些领域的进一步研究，但在突出少数学者或者像我这样某一个学者的研究成果的同时，很容易淡化其他才华卓著学者贡献的重要性，而他们的研究对这一领域的发展是至关重要的。

下面，我要谈谈经济学中被称为产业组织的那部分内容。为了了解它的现状，我有必要先概述一下经济学的总体发展。在我看来，自《国富论》（Wealth of Nations）发表之后的两个世纪以来，经济学家的主要活动似乎就是弥补亚当·斯密体系（Adam Smith's system）之不足、修正其错误以及使其分析更为精确。《国富论》的一个基本命题是：政府管制或中央计划并不是经济体系有序运行之必需。经济体可以通过价格体系（或"看不见的手"）实现协调，并进而带来福利增进的结果。自《国富论》发表以来，经济学家的主要任务正如德姆塞茨所说，[①] 是将亚当·斯密的这一命题正式化：在技术和消费者偏好既定的前提下，追求自身利益的个体在价格体系的支配下作出个人选择。

经济学家揭示了实现亚当·斯密结果（Adam Smith's results）的必要条件，但在真实世界中，似乎找不到这样的条件。于是，经济学家就提出和设计了一些变化，以使这些条件能够得到满足——这就是我们在教科书中所看到的。正如哈罗德·德姆塞茨已经正确指出的：这种理论所分析的是一个极端分散的体系。它曾经是一项伟大的知识成就，阐明了经济体系的很多方面，但无论如何，这并不意味着大获全胜。对价格决定的关注缩小了经济学家的视野，使他们忽略了经济体系的其他方面。有时，经济学家也似乎确实认为他们的研究仅与定价系统有关，除此之外的课题都不是他们的分内之事。因此，我的老师——出类拔萃的莱昂内尔·罗宾斯（Lionel Robbins）在《经济科学的性质和意义》（*The Nature and Significance of Economic Science*）中谈到，生产理论在探讨自耕农土地所有权与工业形式时，其一贯采取的方法中有一个"明显疏漏"，他是这样说的："这意味着在经济学家看来，'组织'是工业（或农业）的内部安排——假如还没有内部到企业，至少应该内部到'该'产业。同时，这一探讨又完全忽略了整个生产组织的决定因素——价格与成本的关系。"②

这实际上意味着，在罗宾斯看来，经济学家并不关心组织的内部安排，而只关心市场中所发生的生产要素的购买问题，以及使用这些要素所生产的产品的销售问题，而在生产要素购买和产品销售之间所发生的事情，则被大大忽略。我不知道今天的经济学家会在多大程度上接受罗宾斯的看法，但不可否认，微观经济学主要就是对价格和产出的决定的研究，事实上，经济学的这一部分经常被称为价格理论。

现代经济学理论的另一个特征，是分析的日趋抽象化，似乎无需对真实经济体系进行详细了解，甚至在完全没有关于真实经济体系知识的情况下，也可以发展理论，这使经济体系的其他方面更易忽略。在最近出版的《产业组织手册》（*Handbook of Industrial Organization*）中，本特·霍姆斯特龙（Bengt Holmstrom）和让·梯若尔（Jean Tirole）在《企业理论》这篇 63 页的论文结尾处这样总结道："目前在这个领域，事实/理论的比率非常之低。"③萨姆·皮尔兹曼（Sam Peltzman）对该手册写了一篇尖锐评论，指出其中有多少论述是没有任何经验基础的理论。④

经济学家所研究的是一个存在于他们心目中的而不是现实中的经济体系，企业和市场似乎都有名无实。我曾把这种现象称之为"黑板经济学"（blackboard economics）。主流经济学理论中的企业曾经常被描述为一个"黑箱"（black box），现在仍然如此。但是，现代经济体系中大多数资源的使用都是发生在企业内部，如何利用这些资源直接取决于行政决策而非市场运行，从而，经济体系的效率很大程度上取决于组织（尤其是现代公司）如何经营其业务。如果考虑到上述事实，经济学的研究现状就显得格外反常。如果考虑到经济学家的兴趣是定价系统，而他们竟在研究中忽略市场——或更专业地讲，是忽略了决定交易过程的制度安排（institutional arrangements），这就更让人奇怪。因为这些制度安排在很大程度上决定了生产什么，所以，我们现有的不包含这些制度安排的主流经济学理论就是很不完善的理论。

当然，这一切都在发生改变，我很高兴自己在这一变化过程中发挥了作用。最近发生的东欧事件*更说明了把这类制度因素（institutional factors）纳入主流经济学分析的价值。这些东欧国家被建议向市场经济转型，它们的领导人也希望如此。但是，如果没有适当的制度安排，任何意义的市场经济都是不可能的。如果我们对自己的经济运行有更多的了解，我们本可以更好地给予它们建议。

在获得瑞典皇家科学院嘉奖的两篇论文中，我所作的努力就是试图填补这些空白，或更准确地说，是指出如要最终填补这些空白，我们应该努力的方向。让我从《企业的性质》（The Nature of the Firm, 1937）开始吧。1929年，我作为一名学生进入伦敦经济学院（LSE）攻读商学士学位，专业为工业组织。这个专业是为有志于成为工厂经理的人们而设计的，而工厂经理对我来说是一个特别不适合的职业选择。然而，1931年，我撞了大运！阿诺德·普兰特（Arnold Plant）在1930年被任命为商学教授。他是名优秀的教师。1931年在离期末考试大约五个月前，我开始参加他的研讨会（seminar），研讨会对我来讲具有启发意义。普兰特引用了阿瑟·索尔特（Arthur Salter）爵士的话："正常的经济体系自行运转。"他解释了由价格所协调的竞争性经济体系是如何导致消费者评价最高的产品和服务被生产出来的。在受到普兰特的启迪之前，我关于经济体是如何运行的观念极为混乱，在参加了普兰特的研讨会之后，我对

---

* 指1991年东欧国家社会制度发生巨变的一系列事件。——译者注

经济体系的看法变得清晰起来。普兰特引导我认识了亚当·斯密的"看不见的手"。

由于我在高中时就已经修完大学一年级的功课，所以，我设法用两年时间修完学士学位所要求的所有课程。然而，大学规定学生必须有三年住校时间才能授予学位，这样，我就有一年空闲时间。这时候，我又交了一个好运！我获得了伦敦大学的卡塞尔旅行奖学金（Cassel Travelling Scholarship），在对学校规定的解释多少有些宽松的情况下，这可以被视为在伦敦经济学院住校一年，因此，我决定去美国待一年。

我决定在美国研究产业的纵向和横向一体化问题。普兰特曾在他的讲座中描述过不同产业的不同组织方式，但我们那时似乎没有任何一个理论能解释这些区别。我打算去发现这个理论。当时，在我脑海中，还有另一个似乎与我的主要研究计划相关联的疑惑需要解决。把定价系统看作一种协调机制的观点，显然是正确的，但它也有让我困扰的地方。普兰特强烈反对任何形式的计划，但在大萧条（Great Depression）期间，通过某些形式的计划来协调工业生产的做法非常流行。在普兰特看来，竞争通过价格体系发挥作用，它可以完成所有必需的协调功能。但是，我们还有一个生产要素——管理，它的功能就是协调。如果定价系统提供了所需的全部协调功能，那么，为什么还需要管理呢？

当时，同样的问题还以另外的形式呈现在我的脑海中。就在 14 年前，俄国革命＊爆发了，而我们对计划（planning）的实际运行知之甚少。列宁（Lenin）说过，俄国的经济体系可以像一个大工厂那样运行。但是，许多西方经济学家则坚持认为这是不可能的。不过，西方也存在工厂，而且其中一些工厂的规模极大。经济学家所表达的有关定价系统的作用以及中央经济计划不可能成功的观点，该怎样与我们自己经济体系内的管理以及明显的计划团体的实际存在——也就是企业的存在相吻

＊　俄国革命（Russian Revolution）：1917 年发生于俄罗斯的一连串革命运动，其结果是推翻了沙皇专制政权，建立了苏维埃俄国。——译者注

合呢？⑤

1932 年夏天，我找到了问题的答案。我意识到使用定价机制(pricing mechanism)是要花费成本的。我们必须发现价格是什么。谈判要进行、契约要签订、监督要开展、解决纠纷的安排要设立等等,这些费用就是所谓的交易成本(transaction costs)。交易成本的存在意味着对于替代市场的其他协调方法来说,尽管它们的运行也有成本且有很多不完善,但仍可能优越于对定价机制的依赖,尽管定价机制是经济学家唯一正式分析过的协调方法。正是为了避免在市场上进行交易的费用,才可以解释企业的存在——在企业内部,要素配置是行政决策的结果(我认为这的确解释了企业的存在问题)。

在《企业的性质》中,我论证了在一个竞争性体系(competitive system)中可能存在着计划的最佳配置,因为一个企业——也就是一个小型计划经济只有在它执行协调功能的成本低于市场交易成本,并低于其他企业执行相同协调功能所花费的成本时,它才能继续存在。为了建立一个有效率的经济体系,不仅需要市场,而且需要适度规模的组织内计划。这种混合状况应该是竞争的结果。这就是我在 1937 年的论文《企业的性质》中的主要观点。然而,从被保存下来的我在 1932 年的信件中可以获知,这一观点的所有要点,我都曾于 1932 年 10 月初在邓迪(Dundee)的一次授课中提了出来。⑥那时,我 22 岁,风华正茂,不可能想到这些思想会在大约 60 年后成为获得诺奖的主要依据。80 多岁的我因为 20 多岁时所做的工作而获奖,这实在是一个奇特的经历。

毫无疑问,承认企业在经济运行中的重要作用,会促使经济学家对企业活动进行更详尽的考察。奥利弗·威廉森姆和其他经济学家的研究已经使我们对决定企业做什么、如何做的因素有了更深的了解。同时,我们也有望将来能从美国人口调查局经济研究中心(Center for Economic Studies of the Bureau of the Census of the United States)最近所发起的对企业活动的研究中了解更多。但是,如果认为《企业的性质》对经济学的最重要影响是引导人们关注企业在现代经济中的重要作用,那就错了。在我看来,对企业重要性的关注无论如何都会发生。我认为,《企业的性质》的重要贡献在于将交易成本明确引入了经济学分析。

在《企业的性质》中,我论证了交易成本的存在导致企业的出现,这种交易成本效应在经济中普遍存在。商人在决定以什么方式开展业务和生产什么时,必须把交易成本考虑在内。如果进行一项交易的成本大于这项交易可能带来的收益,该交易就不会发生,专业化所带来的更高生产率也不会实现。因而,交易成本不仅影响契约安排,而且影响产品和服务的生产。如果不将交易成本纳入理论,经济体系运行的许多方面(包括企业的出现)就无法得到解释。事实上,大部分经济活动之所以得以开展,就是为了避免用别的方法所可能带来的高昂交易成本或是为了降低交易成本,从而使我们能够自由洽谈,充分利用弗里德里希·哈耶克(Friedrich Hayek)所说的分散知识(diffused knowledge)。

就我所知,经济学中仅有与货币演变及使用有关的那部分内容,是用交易成本来解释经济体系的主要特征的。亚当·斯密指出,在一个存在劳动分工但所有交易必须采取易货(barter)形式的经济体系中,会产生对商业活动的阻碍。没有人能买到任何东西,除非他拥有生产者所需之物。斯密解释说,这种困难可通过货币的使用加以克服。也就是说,在一个采取易货形式的经济体系中,一个想购买某种东西的人必须找到一个出售这种产品并且也需要他所拥有的货物的人。同样,一个想要出售某种东西的人也必须找到一个需要这种产品并拥有他所需之物的人。在易货交易体系中,所发生的交换需要斯坦利·杰文斯(W. Stanley Jevons)所谓的"双重一致性"(double coincidence)。

显然,寻求具有合适资格的交易对象的代价很可能是高昂的,从而会阻止许多具有潜在利益的交易发生。使用货币所带来的好处主要在于交易成本的降低,它通过方便契约的缔结、减少为交易必须携带的产品数量而减少交易成本。然而,对经济学家而言,使用货币所带来好处的实质似乎被渐渐忽视,好像没人注意到因需要降低交易成本而存在的经济体系的其他特征。

现在,我来谈谈被瑞典科学院引用的另一篇发表于 30 多年前的论文《社会成本问题》(The Problem of Social Cost)。我不想多谈它对法学所产生的巨大影响,而主要考虑它对经济学的影响,尽管我相信这种影响也将是巨大的,但目前还谈不上。在我看来,这篇论文所运用的研究方法将最终改变微观经济学的结构——我将说明为什么。应该说明的是,在写这篇论文时,我心中并没有这样的总体目标,只是想揭示被经济学家广为接受的、关于私人产品和社会产品之间差别的庇古分析(Pigou's analysis)的缺陷,仅此而已。后来,部分由于我和张五常在 20 世纪 60 年代的谈话,我逐渐认识到这篇论文的内容对经济学理论的一般性意义,也更清楚需要进一步调查研究的是什么。

庇古结论(Pigou's conclusion)和大多数经济学家运用标准经济学理论所得出的结论是(或许,现在仍是):我们需要采用某些政府行为(通常是征税)以限制对他人具有有害影响(经常被称为负外部性)的行为。在那篇文章中,我说明了自己当时所思考的结果,那就是:在交易成本为零的世界中——这是标准经济学理论的一个前提假设——各方之间的谈判将会导致财富增加至最大化的社会安排,且与权利的初始分配无关。这就是以我的研究为基础,由乔治·J.施蒂格勒(George J.Stigler)命名和形式化的声名狼藉的科斯定理(Coase Theorem)。施蒂格勒断言,科斯定理遵循了经济学理论的标准假设,它的逻辑无可置疑,问题在于它的适用范围。⑦我并非不赞同施蒂格勒,然而,我倾向于把科斯定理当作通向分析正交易成本经济体的垫脚石。在我看来,科斯定理的意义在于:它动摇了庇古体系(Pigovian system)。因为标准经济学理论假设交易成本为零,科斯定理则表明:庇古方案在交易成本为零的情况下是不必要的。当然,这并不意味着,当交易成本为正时,政府行为(诸如政府经营、管制或补贴、征税等)不能产生比依赖个体在市场中的谈判更好的结果。我的结论是:让我们来研究正交易成本的世界。

一旦我们从零交易成本的王国走向正交易成本的王国,则法律体系(legal system)的至关重要性就立竿见影。我在《社会成本问题》中说明,市场中所交易的并不像经济学家所通常认为的那样是物理实体,而是行使确定行动的权利——由法律体系确立个人拥有的权利。可以想象,在假想的交易成本为零的世界中,交易双方可以通过谈判改变任何阻碍他们采取增加产值所需行动的法律条款,而在交易成本为正的真实世界中,这种程序的代价将会极端高昂,以至于改变法律会得不偿失。即使交易双方所采取的行动为法律所允许,那也会围绕法律产生大量的缔约活动。个体拥有的权利,连同他们的责任与特权,在很大程度上是由法律决定的。因此,法律体系将对经济体系的运行产生深远影响,并在某些特定方面可以说是控制了它。

人们显然期望把权利配置给那些能够最富有成效地使用它们的人,并且有激励引导他们这样做。为了找到(并维持)这样的权利分配,通过法律上的明确界定以及简化权利转让的法律要求,权利转让的成本会很低,这也是人们所期望的。因为,只有在一个适当的产权体系(system of property rights)下(并且产权是有效的)才会发生上述情况,所以,不难理解为什么那么多的法学家(至少在美国)会沉迷于探索这样一种产权制度的特征,为什么"法和经济学"(law and economics)这个学科在美国法学院会如此欣欣向荣。的确,这项研究的进展是如此之快,以至于我认为:相信这个学科的主要轮廓将在 5 至 10 年内勾勒出来的想法,并非盲目乐观。

然而,直到最近,除了在最一般的意义上,大多数经济学家似乎还没意识到经济体系与法律体系之间的这种关系。证券交易所和农产品交易所经常被经济学家们用来作为完全竞争或接近完全竞争的案例,但这些交易所都很详尽地规定(而且是除了任何可能存在的公共规则之外)了交易者的活动。什么可以交易、什么时候可以进行交易、采用怎样的结账方式等等,这些都由交易当局制定了规则。这里实际上存在着私人法律(private law)。如果没有这样的法则与规定,交易就不可能迅速达成。当然,当买卖在交易所场外进行(几乎所有交易都是这样),交易者所处地点比较分散,各自利益也大相径庭,比如零售和批发业,这时,就很难设立上述那样的私人法律,交易者的行为就将由国家法律来约束。

由于交易赖以发生的制度背景(institutional setting)会影响对生产的激励和交易的成本,因此,对经济学家而言,如果没有对制度背景进行具体说明就来讨论交换过程,则没有任何意义。我认为这一点正逐渐得到人们的认可,当前所发生的东欧事件也使这一点变得更加明了。经济学家不厌其详地分析两个人在森林边缘用胡桃交换草莓,并认为这样来分析交易过程是尽善尽美的时代,已经一去不复返,尽管这样的分析在某些方面具有启发意义。现在,我们需要研究真实世界中的缔约过程,然后才能获悉所面临的问题以及如何克服它们,当然也就会明白我们必须在其中进行选择的备选制度(institutional alternatives)的丰富性。

奥利弗·威廉姆森把《企业的性质》所提出的理论不得其用或应用有限归咎于该理论缺乏"可操作性"。他这样说的意思是,交易成本概念还没有被纳入一般性理论。我想他是正确的。有两点可以用来解释交易成本没有纳入一般性理论的原因:第一,要将交易成本纳入建立在交易成本为零基础上的标准经济学理论,这显然是非常困难的。而且,正如托马斯·库恩(Thomas Kuhn)所说,经济学家和大多数科学家一样,对他们所使用的方法极端保守,不愿意尝试把交易成本纳入标准理论;第二,正如威廉姆森所指出的,尽管我把在企业内组织或通过市场组织的选择作为分析的核心是正确的,但我并未指出决定这种选择结果的因素是什么,从而使其他经济学家难以在所谓的"根本认识"(fundamental insight)的基础上发展理论。这种说法也是正确的。然而,支配市场(market)和科层(hierarchy——威廉姆森的术语)混合的各种相互关系极端复杂,我们目前对此知之甚少,显然就很难发现这些因素是什么。

我们所需要的,是更多的经验研究。在国家经济研究局(National Bureau of Economic Research)的一次会议上,我在所提交的论文*中,解

---

* 参见 R. H. Coase, "Industrial Organization: A Proposal for Research", *The Firm*, *the Market*, *and the Law*(1988), 57—74。——译者注

释了为什么我会这样认为。我说:"一个富有灵感的理论家,可能不需要这种经验研究也能进行工作,但我的感觉是,灵感最有可能来自数据的系统性收集所揭示的模式、疑惑和反常所带来的刺激,尤其是在最需要突破现有思维习惯的时候。"⑧ 这是我在 1970 年的言论。今天,我仍然认为这一论述是正确的。尽管在 20 世纪 70 年代和 80 年代,有大量有趣而重要的研究被开展,我们也确实比 1970 年知之更多,但毋庸置疑,我们仍然需要进行更多的经验研究。我已经得出的一个结论是:产业组织研究者所面临的主要障碍,是缺乏有关契约和企业活动的有用数据。所以,我已经决定在这方面有所作为。

因为我确信从华盛顿的政府部门和机构中,可以得到经济学家还不知道的有关契约和美国企业活动的大量数据,所以 1990 年夏天,我在芝加哥大学法学院组织了一次会议。在这次会议上,政府官员们在提交的论文中,描述了哪些数据可以获得以及如何获得,还通报了他们部门内部所进行的一些研究。听众由学院派经济学家组成。正如一位同事所评论的那样,这是一个供给满足需求的案例。这次会议的会议记录发表在《法和经济学杂志》(Journal of Law and Economics)的特刊上。⑨

我参与的另一项工作,是在匹兹堡大学商学院(Business School of the University of Pittsburgh)成立了契约和企业结构研究中心(Center for Research on Contracts and the Structure of Enterprise)。这个中心将进行大规模收集商业契约的工作,并筹建对所有研究者——无论他们在什么机构——都开放的数据库。当然,我们不应该忘记前面已经提过的人口调查局经济研究中心已经展开的此类研究工作。

我相信,数据更易获得,以及用我的诺贝尔奖金给予所有从事生产的制度结构研究的学者以鼓励,将会减少在目前经济学文献中所普遍看到的有关产业组织的优雅而空洞的理论,同时带来有助于提高我们对真实经济体系如何运行的理解的研究。

我的一些言论,有时被理解为对经济学理论数学化含有敌意。但事实并非如此。实际上,我认为,一旦我们发现了影响经济体系绩效的真实因素,对因素间的复杂交互关系的研究就必定需要运用数学方法来处理,就像在自然科学中那样。那时,像我这样以散文形式写论文的经济学家,将会鞠躬谢幕。我祝愿这个时期快点到来!

我很清楚,很多我所尊敬和钦佩的经济学家不赞同我所表述的观点,这些观点甚至会冒犯他们中的一些人。但是,对一个学者来讲,如果知道自己言论中的错误会很快被指出,而正确的东西能指望最终看到它被接受——只要他活得足够长,那么他一定会感到心满意足。

注　释

① Harold Demsetz, *Ownership*, *Control and the Firm* (1988), vol.1, 145.

② Lionel Robbins, *The Nature and Significance of Economic Science* (1932), 70.

③ Richard Schmalensee and Robert D. Willig, eds., *Handbook of Industrial Organization* (1989), 126.

④ Sam Peltzman, "The Handbook of Industrial Organization: A Review Article", *Journal of Political Economy*, (February 1991):201—17.

⑤ 对这些事件的更全面的论述可参见 Oliver E. Williamson 和 Sidney G. Winter 所编辑的 *The Nature of the Firm*, *Origins*, *Evolution and Development* (1991), 34—47。

⑥ 同上,34—35。

⑦ George J. Stigler, "Two Notes on the Coase Theorem", *Yale Law Journal* (December 1989): 631—33.

⑧ R. H. Coase, *The Firm*, *the Market*, *and the Law* (1988), 71.

⑨ *Journal of Law and Economics* 34 (2), pt.2 (October 1991).

2

经济学家应该如何选择[†]

在弗吉尼亚大学(University of Virginia)的时候,我和沃伦·纳特(Warren Nutter)*关系密切。我很钦佩他开展研究工作时的忘我精神和严谨态度,以及在做他认为正确的事情时所表现出的勇气。沃伦·纳特是一位罕见的优秀经济学家,而更可贵的是,他还是一位真正高尚的人。弗兰克·奈特(Frank Knight)——这位被沃伦·纳特热烈崇敬的经济学家曾告诉我们:"科学的基本原则——真实

---

† 本文是 1981 年 11 月 18 日在华盛顿特区由美国企业公共政策研究所(American Enterprise Institute for Public Policy Research)举办的第三届 G. Warren Nutter 政治经济学讲座的演讲稿。1982 年,该演讲稿由美国企业研究所印刷成小册子,后来被收录于 Frank S. Kaulback, Jr. 所编辑的 *Ideas, Their Origins and Their Consequences* (1988)中。现经美国企业研究所允许,转载于此。

* 沃伦·纳特(Warren Nutter, 1923—1979):Paul Goodloe McIntire 经济学教授,1957 年和布坎南在弗吉尼亚大学创建托马斯·杰斐逊政治经济学研究中心,目的在于建立一个"希望维护以个人自由为基础的社会秩序的学者团体"。1968 年,该研究机构的成员在压力下转入其他大学。1969 年,沃伦·纳特进入国防部,成为一个实干的政治经济学家,后又返回学术界。在整个20 世纪 70 年代,沃伦对长期坚持的关于政治经济学的目的和任务并无任何改变。1979 年 1 月 15 日,沃伦·纳特去世。——译者注

和客观,本质上是一个道德原则,它反对任何形式的自利(self-interest)。客观的先决条件是正直、能力和谦虚。"[①] 正直、能力和谦虚——这三个品质概括出了沃伦·纳特的特征。虽然他也知道,在经济事务中,人们主要受自利动机驱动,但他不相信这是他们的唯一动机,当然,他认为这也不应该是他们的唯一动机。在他自己的实际行动中,沃伦·纳特正像关心自己一样关心他人。作为同事和朋友,我知道他完全值得信赖。他把自己奉献给了经济学研究,这是我们的幸运,我们都应该对他深表感激。

能被要求发表一个纪念沃伦·纳特的演讲是莫大的荣幸,但准备一个真正能纪念沃伦·纳特的演讲并非易事。这也有一个如何选择合适主题的问题。然而,就这一点而言,我相信自己是成功的,我相信沃伦·纳特会对我所讨论的问题极感兴趣,并赞同我的观点。

很多经济学家,或许是大多数,都认为经济学是一门关于人类选择的科学,因此似乎唯一合适的做法,是我们应该考察一下经济学家自己是如何选择所拥护的理论的。对这个问题的最著名论述来自米尔顿·弗里德曼(Milton Friedman)。在其最流行的论文《实证经济学方法论》(The Methodology of Positive Economics)中,他告诉我们:"怎样决定一个被提出的假说或理论是否应该尝试性地被看作实证经济学的一部分?"众所周知,他给出的答案是:一个理论的价值"可以通过它所取得的预测的精确度、覆盖率及一致性等指标来加以考察……实证科学的最终目的就是要发展这样一种'理论'或'假说',使之能对尚未观察到的现象作出合理的、有意义的预测"。[②]

而我马上要说,我不认为弗里德曼的答案是圆满的。在这一点上,恐怕在座的许多听众都倾向于认为这个演讲有些自不量力。但我可以保证,虽然我不赞成弗里德曼在《实证经济学方法论》中所表达的观点,但我相信自己看待这个问题的立场与他在《资本主义与自由》(Capitalism and Freedom)或者《自由选择》(Free to Choose)中所表达的一般立场更为接近。应该补充说明的是,我在科学哲学方面绝不是一个见多识广之人，像认识论（epistemology）这样的字眼不会轻易从我口中说出，我现在不得不说的是我基于观察经济学家实际所做事情的思考。

一个理论的价值应该完全由它所预测的范围和精确度来判断——这个观点对我来讲，似乎是错误的。当然，任何理论都有它的涵义。它告诉我们如果某事发生，其他事将跟着发生。而且，如果我们认为一个理论的涵义与真实经济体系中所发生的不相吻合，那么我们大部分人都不会重视这个理论，这也是事实。但是，一个理论不像航空时间表或公共汽车时间表，我们不能仅仅只对其预测的精确度感兴趣。一个理论也应作为进一步思考的基础，它通过使我们有能力组织自己的思想，从而对我们理解正在发生的事情有所帮助。面对一个能很好预测但不能提高我们对体系运行的洞察的理论，和一个能给我们这种洞察但预测很糟糕的理论，我宁愿选择后者，而且我认为大多数经济学家也会这么做。无疑，经济学家之所以这么选择，是因为他们相信，这个理论最终能使我们有能力预测真实世界将会发生的事情；但因为那些预测将会在以后出现（并且可能是关于不同的事情），所以，选择理论应依据其预测力的断言就会显得有些站不住脚。

弗里德曼通过坚持理论的价值不应该由它们的假设是否真实来判断，从而发展他的理论。让我来引述他的话：

> 让我们来考虑一下一棵树的叶子密度。我提出的假说是，这些叶子的位置是这样确定的：每一片叶子，在其周围的叶子位置一定的条件下，都好像有意使自己所能得到的阳光数量最大化；每一片叶子都好像知晓决定不同位置可得阳光数量的自然法则，并且能够迅速或瞬间由任一位置移到任一其他合意的且尚未被占据的位置……尽管该假说的"假设"显然是不真实的，但由于该假说的涵义与实际观察一致，这就使得该假说具有极大的似真性。③

让我们假设这一假说是存在的，即叶子遵循《科学美国人》（*Scientific American*）和《分子生物学杂志》（*Journal of Molecular Biology*）上的说法，能够理解在不同位置上可得到阳光数量的自然法则，这样,我们就能预测一棵树上的叶子是如何分布了。但是,这样一个理论却给我们提供了关于思考叶子(或树)的一个非常糟糕的基础。我们的问题是,在考虑到叶子没有大脑的情况下,该怎样解释叶子逐渐在一棵树上所形成的分布。同样,我们可以举一个经济学上的例子,如果假设美国政府的目的就是为了降低美国人的生活水平、提高欧佩克国家(OPEC)的收入和实力,我们就可以预测到美国近几年在石油和天然气方面的政策。但是,我确信,我们更希望有一个理论能解释:为什么不想招致这些结果的美国政府会采取损害美国人利益的政策?可验证的预测根本就没那么重要。如果我们的理论是旨在帮助理解体系为什么会以当前的形式运行,那么,假设的真实性就是必要的。假设的真实性要求我们分析真实的世界,而不是那些不存在的想象世界。

当然,我们的假设不可能完全真实。有些因素会由于我们不知道怎么处理而被忽略,而另一些因素会因为我们感觉不值得包含进分析而不予考虑,比如,如果假设中包含它们,就可能大大提高分析的复杂性,但却不能帮助我们更好地理解真实世界。再有,对其他因素的假设也不需要完全真实,因为它们完全不相关。比如,如果我们希望揭示最小工资法的实施是怎样导致生产效率低下的工人失业的,就不需要准确了解资本收益到底是以什么方式进行纳税的。有很好的理由可以用来说明为什么理论的假设不需要完全真实,但是,这并不意味着我们应该放弃理论假设的真实性。

现在,我要把话题转向我所认为的《实证经济学方法论》中最令人奇怪的地方。这就是,在我看来,弗里德曼给我们的根本就不是一个实证理论。我相信,最好是把它解释成规范理论。它不是关于经济学家事实上是如何在竞争性理论中进行选择的理论,而是——除非我是完全错误的——关于他们应该如何选择的理论。当我看到弗里德曼说,"实证科学的最终目的是发展出一个能产生有效的、有意义的……对还没有观察到的现象进行预测的理论或假设",就禁不住想到:科学是没有目的的,仅仅是个人有目的而已。如果弗里德曼的标准应该被当作实证理论,那么,也就是说,经济学家事实上一定是按照这一标准在竞争性理论中进行选择的。下面,我将通过追溯经济学发展史上的三个事件,来说明这样解释弗里德曼论点的困难所在。这三个事件全部发生在我的年轻时代,但我至今记忆犹新。它们是关于 20 世纪 30 年代的经济学家们是如何改变他们所持有的观点的,也就是如何改变他们所拥护的理论的。我将主要讨论在英国经济学发生了什么,当然,在那个时候,从很大程度上也可以说,是经济学发生了什么。

我要讨论的第一个事件发生在英国当地,但涉及世界上最好的经济学家之一。1931 年 2 月,弗里德里希·哈耶克(Friedrich Hayek)在伦敦经济学院(LSE)进行了一系列题为"价格与生产"(Prices and Production)的公开演讲*,这些演讲稿在 1931 年 9 月结集为一本书公开发行。无疑,它们是我们那个时代的 LSE 最成功的系列公开演讲,甚至盖过了雅各布·瓦伊纳(Jacob Viner)关于国际贸易理论的精彩演说。尽管听众理解哈耶克有些困难,但还是被他深深吸引。对我们来说,这些演讲的巨大重要性在于使我们看到了早先没有察觉到的事情。在听了这些演讲之后,我们知道了为什么会有萧条。

LSE 经济学专业的大多数学生以及很多教师都成了哈耶克主义者,至少可以说,哈耶克方法的元素已经融入他们自己的思考。作为不知天高地厚的年轻人,1931 年秋天,我把哈耶克的分析向哥伦比亚大学的教员和学生进行了详尽叙述。现在看来,让我奇怪的是,哈耶克是那么轻易地就征服了 LSE。我认为,这部分是因为当时的现存分析缺乏精确性,至少,就我们掌握的分析是这样的,而哈耶克的分析给出了一个总体上组织良好、富有成效的关于经济体系运行的思考方法。就我的理解,哈耶克的分析除了解释为什么会有萧条之外,并没做什么预测。可以

---

* 1931 年 1 月底到 2 月初,哈耶克就"价格与生产"问题在 LSE 发表了四次极受欢迎的演讲。正如熊彼特所说,哈耶克在这些演讲中所阐发的商业周期理论"在英美经济学界流传,并获得了任何严格的理论性著作都无法媲美的巨大成功"。——译者注

说,哈耶克的分析与我们所观察到的事物几乎完全吻合,莱昂内尔·罗宾斯(Lionel Robbins)1934 年出版的《大萧条》(*The Great Depression*)——正如他告诉我们的,这是唯一他希望自己从来就没有写过的书④——说明了这一点。

下一个事件,尽管我是从 LSE 的角度来考虑,但它决不仅仅发生在英国本土,而是一个世界性现象,这就是凯恩斯革命(Keynesian revolution)。我不再详述它的重要性,因为这已经得到绝大多数经济学家的认可,我仅需要引述约翰·希克斯(John Hicks)的话:"凯恩斯革命是[经济学]大革命的一个突出代表;可以想象出的至多有两个或三个事件可以与之相提并论。"⑤

在哈耶克事件中,我(错误地)认为自己理解了所发生的事情,但对凯恩斯革命,我从来都没有产生过这样的错觉。那时,我完全专注于现在所谓的微观经济学。我现在记得的,主要是我当时所说的关于这个学科的一切都是错误的,就因为储蓄等于投资。幸运的是,我不那么关心凯恩斯《就业、利息和货币通论》(*The General Theory of Employment, Interest, and Money*,简称《通论》)的实质性内容,而更关心经济学界接受《通论》的形势。毫无疑问,凯恩斯取得了胜利,而且没花费太长时间。《通论》在 1936 年 2 月出版,尽管一些早期评论含有敌意或持冷漠态度,但很明显,凯恩斯主义很快被经济学界的大部分人接受。比如,阿巴·勒纳(Abba Lerner)1936 年 10 月在《国际劳工评论》(*International Labour Review*)上发表了富有影响力的关于凯恩斯体系的报告*。保罗·萨缪尔森(Paul Samuelson)说:

> 《通论》就像首次出其不意地侵袭并致死南海孤岛的一个与世隔
> 绝部落的大部分人口的剧烈病毒一样,使 35 岁以下的大多数经

---

* 参见 A. P. Lerner, "Mr. Keynes' General Theory of Employment, Interest and Money", *International Labor Review*, (October, 1936):435—54。在这篇报告中,勒纳第一个简化了凯恩斯的就业理论,使之能为一般人所理解。——译者注

济学家罹患疾病,50 岁以上的经济学家被证明对这种疾病具有相当的免疫力。随着时间的推移,30—50 岁之间的大多数经济学家也开始出现症状,但通常他们不知道或不承认自己的状况。⑥

我不能保证萨缪尔森按照年龄来区分美国经济学家对凯恩斯《通论》的反应的论述是准确的,但在英国,这两者的相关性很少;事实上,1936 年,英国 50 岁以上的经济学家非常少。《通论》出版时,在剑桥的经济学家或与凯恩斯共事合作的经济学家中,除了凯恩斯自己已经 52 岁之外,只有庇古(A.C.Pigou)超过 50 岁,但他表现得不像萨缪尔森描述的那样,对凯恩斯主义"疾病"有免疫力。然后是罗伯逊(D. H. Robertson)35 岁,哈罗德(R.F.Harrod)36 岁,琼•罗宾逊(Joan Robinson)32 岁,理查德•卡恩(Richard Kahn)30 岁,米德(J.E.Meade)28 岁。LSE 的经济学家还要更年轻些。《通论》出版时,罗宾斯 37 岁,哈耶克 36 岁,希克斯 31 岁,勒纳 32 岁,尼基•卡尔多(Nicky Kaldor)27 岁。

不管对凯恩斯分析体系的接受是否受到英国经济学家年龄分布的影响,总之,到 1939 年二战爆发时,它已经在英国经济学家中被视为正统。事实上,罗宾斯作为战时内阁经济部的领导,热烈支持 1944 年颁布的《关于就业政策白皮书》中的政策建议。曾经在 1937 年抨击《通论》是"未经事实验证的理论"的威廉•贝弗里奇(William Beveridge)爵士也在 1944 年准备出版他的《自由社会中的充分就业》(*Full Employment in a Free Society*)一书,该书就是在包括卡尔多在内的一帮凯恩斯主义者的协助下完成的。

凯恩斯体系之所以会被迅速接受,我相信是因为它的有效需求分析似乎触及了经济体系运行的实质,而且它比其他理论更易于理解(至少就它的大致轮廓而言)。凯恩斯体系所提供的不要求任何牺牲就能治疗失业的理论,对政府职能进行了明确定义,而且它给出的易于开展的政策(正像后来所表现出来的那样)更增加了它的吸引力。很难说凯恩斯主义分析被接受是因为它产生了准确的"对还未被观察到的现象的预测"。虽然凯恩斯声称证明了经济体系会以产生大量永久性失业的方式运行,但 20 世纪 30 年代的大量失业不能被描述为一个"还未被观察到的"现象。中肯地讲,一个至少能够在 LSE 取代凯恩斯分析的替代理论是哈耶克理论,它也能解释为什么经济体系会以导致了大量失业的方式运行。凯恩斯理论之所以被接受,似乎主要是因为对大多数经济学家来说,它更有意义。或者,如我前面所说,它为总体上思考经济体系运行提供了更好的基础。对于那些更少关心分析精密性的经济学家来说,凯恩斯的政策建议无疑为他们中的很多人采用凯恩斯的理论而拒绝哈耶克的理论提供了充分理由。

我要说的第三个事件,是 1933 年爱德华·张伯伦(Edward Chamberlin)的《垄断竞争理论》(*Theory of Monopolistic Competition*)和琼·罗宾逊的《不完全竞争经济学》(*Economics of Imperfect Competition*)出版后,经济学家对竞争性体系运行的分析方法的改变。正如乔治·J.施蒂格勒(George J.Stigler)所说,这两本书"被广泛、热切地接受"。[⑦] Robert L. Bishop 在 1964 年的文章中说,这两本书"在 1933 年,触发了一场理论革命,它们在微观经济学领域的相对重要性可以与凯恩斯主义分析在宏观经济学领域的重要性相媲美",这已经成了"经济学家的共识"。[⑧] 他的这种说法多少有些夸张,但决不会太夸张。这两本书当然获得了立竿见影的成功,其内容很快被吸收并为对价格理论感兴趣的经济学家所用。比如,尽管这两本书是在 1933 年出现,但在 1934 年中期,我已经完成了一篇论文。在这篇论文中,我运用了罗宾逊夫人的几何学方法来进一步说明和扩展张伯伦对双头垄断的处理,并且与罗宾逊夫人和张伯伦的方法都符合。这篇题为"对双头垄断问题的再思考"(The Problem of Duopoly Reconsidered)的论文,1935 年发表在 *Review of Economic Studies* 上。几乎同一时期,卡尔多写了题为"市场不完全性和超额生产能力"(Market Imperfection and Excess Capacity)的论文,也于 1935 年发表在 *Economica* 上。我相信,在美国经济学家中,关于价格理论的写作也有类似活动。

这些新理论被迅速采纳,很大程度上应归因于经济学界对当时价格理论的极大不满。这种不满无疑在 20 世纪 20 年代的 *Economic Journal*

中的争论中得到暴露和体现。在这些争论中,最重要的是皮耶罗·斯拉法(Piero Sraffa)1926 年的文章*。为此,经济学家们开始找寻能解决这些争论所反映的矛盾的方法。张伯伦和罗宾逊夫人的这两本新书开启了对单个厂商决策的分析,并使用了诸如边际收益曲线这样的新工具。这似乎提供了解决问题的出路。当然,它们大大充实了我们写在黑板上解释给学生的课堂内容,也扩充了我们的分析工具。它们似乎使我们更好地理解了竞争性体系是如何运行的,但是,事实实际上是否真的如此则是另一回事。

对于这两本书的贡献,我个人的看法与施蒂格勒 1949 年发表的《垄断性竞争回顾》(Monopolistic Competition in Retrospect)所表达的观点没有实质性差别。但就今天我所讨论的问题而言,特别有趣也特别有用的地方在于:施蒂格勒是用弗里德曼的方法论原则来评价张伯伦的垄断竞争理论的。施蒂格勒认为,张伯伦的理论"如果包含了不同的或比竞争理论更精确的预测(如观察所验证的)",那么就应该被接受。他个人相信:"标准的垄断竞争模型的预测力仅仅在一些次要方面与竞争理论有区别。"然而,他又补充说:"这是一个有关事实的问题,必须由对这两个理论涵义的经验检验——这是一项垄断竞争理论的支持者还没有开展的工作——来解决。"⑨

垄断竞争理论的支持者没有进行经验检验来比较这两种不同理论的预测力(并且,我还要补充的是,从施蒂格勒 1949 年发表那篇文章以来的这么多年里,他们也没有表现出进行这种检验的苗头)的事实支持了我的观点:弗里德曼的方法论不是一个实证理论而只是一个规范理论。当然,施蒂格勒就是把它当作一个规范理论来使用的。施蒂格勒不

---

* 参见 Piero Sraffa,"The Laws of Return Under Competitive Conditions",*Economic Journal* 36 (December 1926),535—50。这是一篇为斯拉法赢得重要的经济学理论家名望的论文。在文中,斯拉法对新古典的成本理论(主要是马歇尔理论)进行考察,对竞争企业均衡理论和供给曲线理论的逻辑基础进行了深入批评。——译者注

是说垄断竞争理论的支持者做了这样的检验但做得糟糕并得出了错误结论，而是说他们根本就没有做检验。因为他们本应该做这样的检验，所以他们什么检验也没做的事实足以让我们不以为然。

如果把遵循弗里德曼的标准来进行理论选择视为一项实证理论的话，经济学家就需要采纳一个类似下述的程序：当一个新理论被提出时，经济学家就把它对"还未被观察到的现象"的预测的准确性与现存理论进行比较，并最终选出能产生最好预测的理论。但是，就我上面讨论过的那三个经济学事件——其中两个已被公认确实牵涉到经济学理论的非常重要的变化——而言，没有哪个事件和这个程序是相似的。首先，在这三个事件中，新理论都是在相对于选择程序短得多的时间里被采纳的。我相信，在经济学中，关于一个理论代替另一个理论的过程，这三个事件相当具有代表性。我不相信在一般情况下，理论的替换过程还会有其他的形式。如果坚持按照弗里德曼的标准来进行理论的选择，这将使科学活动陷入瘫痪。

除了在最特别的情况下，我们很难获得用来检验新理论预测的数据资料（统计数字和其他信息），即使能得到，也不会符合检验所要求的形式（甚至当把它们转换成所要求的形式时，需要进行这样或那样的处理，以使它们能得出相应的预测）。谁愿意进行这些费力的调查呢？那些相信新理论的人将愿意进行这样的检验以使不相信新理论的人信服该理论能产生正确预测；而不相信新理论的人也会进行这样的检验，以使相信新理论的人确信新理论不能产生正确预测。但是，为了使这些检验有意义，就有人不得不相信该理论，至少要相信它应该是正确的，因为从事一项旨在揭示没人相信的理论会产生不正确预测的调查，其收益甚微，我怀疑是否有专业杂志的编辑会愿意发表给出这样一个调查结果的论文。如果所有的经济学家都遵从弗里德曼选择理论的原则，那么，在一个可能产生无法检验的悖论性结果的理论被检验之前，就找不到一个愿意相信它的经济学家。这就是我说接受弗里德曼的方法论将导致科学活动瘫痪的意思。工作当然会继续，但不会有新理论出现。

　　但世事并非如此。经济学家，至少有足够多的经济学家，不会等到理论的预测被检验之后才作出他们的决定。既然是这样，检验理论的预测力在经济学中有什么用呢？很清楚，它常常没发挥什么作用或只发挥了非常微小的作用。大量的经济学理论，即所谓的纯理论（它们占经济学理论的大部分），构成了基于有关人类本性的假设的逻辑框架。这个关于人类本性的假设是最基本的以至很难质疑，就好比面临一个100美元和10美元的选择，很少有人会选择10美元。预测的结果就是：如果一种商品的价格下降，需求将上升；如果价格上升，供给将增加。但是，这在经济学作为一项学术研究存在之前就已经人所共知。经济学理论的其他部分，特别是应用于垄断分析的理论，则告诉我们：如果某事发生，依据需求和成本状况，价格将上升、下降或保持不变。不言而喻，这个预测总是准确的。人们可能会争辩，在给定需求和成本条件时，这个理论能告诉我们价格将会上升、下降或保持不变。但是，我们要想找到需求和成本条件实际上是什么，这并非易事。通常，我们是从结果反推出它们，而不是相反。

　　一些人可能会认为，我所说的情况无疑很适合我年轻时代的经济学理论，而在今天，经济学已拥有威力巨大的数理工具，情况已大大不同。情况是不同了，但是在什么方面不同了呢？我不得不说的观点在很大程度上是基于我担任《法和经济学杂志》（*Journal of Law and Economics*）编辑期间发表在该杂志上的那些数量分析文章，但我确信它们所揭示的主题能代表经济学的其他数量研究。首先，我要说，很多论文根本就没说要检验一个理论，它们只是对某种效应的测度。这种效应的性质已经被确定，但其重要程度还是未知。例如，经济学家预期政府对银行业的进入控制会减少银行的数量，但没有数量研究，就估计不出减少的程度。[10] 当然，随后就可能出现解释为什么一些因素的影响程度会大于另一些因素的理论，然后，又有诸如此类的数量研究来检验诸如此类的理论。但总的说来，这似乎不是我们现在要讨论的。

　　另一些论文则采取了下述形式来检验作者所拥护的理论：有一个模

型,然后回归,紧接着结论。可以发现,几乎所有情况下,统计结果都会证实作者所拥护的理论。有时,也的确会发生这样的情况:一些期望的关系在统计上并不显著,但它们总是被发现方向是正确的。偶尔也会发生这样的情况:作者得到了与理论不符的结果,但这些结果通常不被用来证明理论的无效,而是作为需要进一步研究的内容。我不能说这样的研究从未促使作者修正他们的理论,但是,这样的情况看起来是太少了。

当然,一些文章会涉及对不同理论的检验,这就意味着必然有一些理论会被分出高下,但我怀疑这样的研究是否会带来作者观点的转变。在我印象中,这些数量研究几乎都一成不变地被一个理论所引导,在理论指导下的探索可能是对它们的最适合表述。几乎在所有情况中,理论在统计调查进行之前就已存在,而并非从调查中产生。

我大抵上不相信经济学家还能以其他方式进行数量研究。这个观点得到这样一个事实的支持:数量方法在经济学上的应用方式与自然科学并无本质差别。就这一点来说,我得感谢托马斯·库恩(Thomas Kuhn)。

在伦敦的某个晚上,我在 Ralph Turvey 的陪同下,第一次听到米尔顿·弗里德曼(Milton Friedman)详述他的实证经济学方法论观点,那时弗里德曼的论文还没发表。我的即时反应就是不敢苟同,并马上讲了几种反对意见。但是,如果要亚当·斯密的公正旁观者来报告这场争论的话,他会说我输掉了每一回合。不论我提出什么反对意见,弗里德曼都给予更有力的回击,但我并没有被他说服。直到 1958—1959 年,当库恩和我在斯坦福大学行为科学高级研究中心(Center for Advanced Study in the Behavioral Sciences at Stanford)成为同事时,我开始了解库恩的观点,并逐渐真正明白:关于弗里德曼的方法论,我不喜欢的是什么。但是,使我大受影响的不是后来出现在库恩著名的《科学革命的结构》(*The Structure of Scientific Revolutions*)一书中的观点(尽管我总体上同意这本书的主要观点),而是库恩在 1961 年发表的一篇题为"测量在现代物理科学中的功能"(The Function of Measurement in Modern Physical Science)[11]的论文。这篇论文使我明白了数量方法在经济学中的应用在本质上与自然科学中的情况一样。

我说过,经济学中的数量研究是在理论指导下的探索。思考一下库恩的话:

> 从科学法则到科学测量的路很少被逆向行进。为了发现数量的规律性,人们通常必须知道要寻找的是什么规律,他的工具必须被设计得合适;虽然如此,如果不经努力,大自然(Nature)也不可能给出一致性或一般性的结果。⑫

在此之前,我已经谈过经济学家的这种得到他们理论所期望结果的倾向。在 20 世纪 60 年代早期弗吉尼亚大学的一次座谈中(我想,沃伦·纳特是在场的),我说过,如果你忍受了足够多数据的折磨,大自然(Nature)总会供认一个多少有点变更的、在统计文献中占有一席之地的说法。库恩则以更文雅的说法提出了这个观点,使这个过程听起来更像一种诱惑:"大自然(Nature)必定会对这种理论性倾向有所反应,因为具有这种倾向的测量科学家正在设法接近她。"⑬

我还观察到,如果理论和数量分析结果不能正好相符,经济学家一般不会抛弃理论,而是把差异作为进一步研究的内容。对此,库恩这样说:"孤立的差异……会不时发生,以至如果为之而中止研究的话,就没有科学家能完成所研究的问题。总之,经验已反复表明,在压倒性多数情况下,那些差异会在更细致的详察下消失。"⑭因此,库恩认为,"高效的研究程序"就是忽略它们。经济学家会发现库恩的这个结论是比较容易接受的。此外,库恩说:

> 反常的观测结果……不能诱惑一个科学家放弃他的理论,直到另一个替代它的理论被提出来……科学实践中,真正的证实问题总是涉及两个理论的相互比较以及它们各自与现实世界的比较,而不是单个理论与现实世界的比较。在这三方比较中,测度有特殊优势。⑮

库恩最近的这段言论对经济学家具有特别意义。对事物的定量或定性研究,可能使相信某个理论的人对该理论的涵义有一个清楚的概念。但是,这样的研究(自然科学中正规的定性研究和逐渐正规起来的定量研究),正如库恩所指出的,还扮演了另一个非常重要的角色。经济学家所面临的选择是在互相竞争的理论中的选择,这些研究,无论是定量的还是定性的,都发挥了与正常产品市场中的广告和其他促销活动相似的功能。它们的目标不仅是使那些相信这个理论的人加深对该理论的理解,而且还要吸引那些不相信该理论的经济学家的注意,并阻止现存相信者的背叛。这些研究证明了该理论的力量,定量研究的精确性还使其观点披上了特别具有说服力的外衣。我们面对的是一个充满竞争的过程,在这个过程中,不同理论的供给者都尽力兜售自己的产品。

没有认识到我们所面对的是一个竞争性局面的事实,看起来甚至把像邓·帕廷金(Don Patinkin)这样受过良好训练的经济学家也引入歧途。让我们看看他的如下言论:

> 让我对我们学科的现状产生大量疑虑的是:研究者(或者,更糟糕的是他的论文导师)的政策主张和其经验发现之间高度正相关。当耶鲁大学出现一篇实证博士论文证明在某些历史阶段货币政策最重要,而同时芝加哥大学出现一篇论文证明财政政策最重要时,我开始相信经济学是一门科学了。[16]

据我猜测,帕廷金的意思不是说这些实证发现是捏造的,如果是这样,那就真要让人感到不安了。我认为,尽管在经济学中存在一些弄虚作假行为,但无论是在耶鲁大学还是在芝加哥大学,这些行为一定是非常少的,不可能是普遍现象。帕廷金关注的是研究者的政策观点和他的经验发现之间高度正相关的现象。但是,这本该如此。如果负相关,倒是让人非常担心了:例如,一个在耶鲁大学的经济学家提倡信赖财政政策,而他的博士论文却证明了货币政策的优越性。一个经济学家的政策观点应该和他的经验调查相一致。我想,真正使帕廷金担心的,是根据他的观察,来自耶鲁大学的经验发现和来自芝加哥大学的经验发现是不一样的。这样的差别之所以发生,是因为这两个大学的研究者在估量测度非常困难的重要变量的大小时使用了不同的方法。不过,我认为帕廷金并没有想到这一点。

假设帕廷金是对的，来自耶鲁大学和芝加哥大学的经验发现是不同的，毫无疑问，这反映了他们关于经济体系运转的观点有区别，也就是说，这两个大学所拥护的理论有区别。正如库恩所解释的，这必将导致在经验发现方面的不同。如果坚信所有经济学系的研究者所进行的经验发现都应该是相同的，这就有可能导致一个自大无知的政府试图破坏一个有着鲜明特征的经济学系部，并试图把它重塑成像耶鲁大学那样（很少有政府希望所有的经济学系部都像芝加哥大学那样）。但是，如果政府这么做，就将促使一个大学沦为二流，同时通过限制理论的竞争而阻止知识界对真理的发现。

有人可能认为，我在理解帕廷金的这段文字时，有些太断章取义，而没有讨论激发他那么说的重要论题。这很可能是对的。我前面说过，我想得最多的，是经济学家之所以选择使用一个理论而不是另一个理论，乃是因为前者为思考提供了一个更好的基础。运用这一标准选择理论的经济学家不必选择相同的理论，他们可能对不同的问题感兴趣，或者从不同的角度思考相同的问题，或者运用不同的分析工具，并且这些因素可能促使他们偏好一个理论而不是另一个。对我来说，这没什么可困扰的。在这样的情形下，除了让经济学家自由选择外，别无选择。

但是，让人更担心的是关于选择一个理论而不是另一个理论的一些动机，我想这是帕廷金在那段带有几分戏谑的言论后面所表现的担忧。在公共讨论、报纸杂志和政界中，理论和发现之所以被采用，不是为了有利于发现真理，而是因为它们会导致某些政策结论。理论和发现变成了宣传武器。经济学的研究对象和公共政策的联系是那么紧密，以致如果一些学院的经济学家在选择理论时没有采用公共讨论的标准，也就是说，选择一个理论是因为它对特殊的政策（可能是由一个特别的政党所拥护的政策）有帮助，那将是令人吃惊的。同时，他们可能轻视其他似乎得出了错误政策结论的经济学家的研究工作。我相信，我们中的很多人都能想出一个例子，来表明进行了艰难研究但其政策结论被认为不合时宜的学者所遭受的痛苦。

然而,这样的情况尽管引人注意,但从长期看,其影响却是微不足道的。作为例证,我们看一下有关政府管制的学术观点所发生的情况。大约 15 或 20 年前,经济学家在庇古和其他一些经济学家的影响下,认为在看不见的手指向错误时,政府会仁慈地给予纠正。他们由此得出的政策结论涉及广泛的政府管制。在政府实行干预的年份里,经济学家所作的研究已经揭示出这样的管制经常无效或者与愿望背道而驰,但是,管制还是常常由于服务于某些政治上有影响的集团的利益而被引入。大多数经济学家由于接受了这种新发现,已经改变了他们对政策的观点。

可以预期,在风险给定的情况下,政坛上活动的不同集团会拉拢经济学家宣讲符合他们利益的观点。毫无疑问,经济学家加盟贸易或劳工组织,或参与政治党派甚或从事咨询,都肯定会威胁其学术正直。无疑,一些经济学家已经被贿赂。不过,据我看来,这种贿赂,至少在高级经济学家中,很少发生甚至不存在。正如施蒂格勒所说:"我已经看到愚蠢的人们——公共官员和私人——试图收买观点,但是,我还没有看到甚或怀疑任何重要经济学家出卖他们职业信仰的情况。"这意味着经济学家没有最大化他们的货币收入。很明显,这个想法使施蒂格勒感到困扰,于是他接着说:

> 当我们努力解决一个科学问题时,是不是我们对知识的热爱完全使我们追求自己职业地位的野心变得不重要了?……当我们写一篇文章来说明其他人研究工作的谬误时,我们对错误的憎恶是不是从来没有混合一丁点展示我们自己聪明的喜悦呢?[17]

于是,如果我们不得不承认没有最大化自己的货币收入,我们至少能安慰自己说最大化了我们的自尊(self-esteem)。

我们珍视同事对我们的尊重,这也是事实。就像萨缪尔森所说:"长期来看,经济学家进行工作仅仅是为了获得我们自己的掌声。"[18]一个经济学家的学术地位依赖于不为普通人所理解的工作。萨缪尔森没有把他的声誉归功于那些被公众阅读的作品,而是归功于那些公众完全不知所云的论文。

与自然科学工作者一样,经济学家的活动也被管制,至少是因为学术组织(大学或社团)通过诸如论文格式、学位要求、研究基金分配、刊物等级、从业资格等方面的约束而大受影响。经济学家通过进行符合学术标准的工作来获得声望和地位。这种学术组织的管制,意味着我们在相当程度上是与外界压力绝缘的,但是,我们仅仅是通过产生另一个危险而避开了来自外界的危险。这个危险就是:经济学家要达到学术标准就要符合学术组织对论文、研究基金、发行物和就业的要求,而它们没有一个完全不受政治因素影响,这些标准可能是那么严格以致阻碍了新方法的发展。如果发生了这种情况,经济学家很可能试图组成一个新的学术团体或在其他赞助下继续开展研究。如果学术组织充分自由,就像美国的情形,而且新方法真正有前途,这样的努力才可能获得胜利。意味深长的是,研究"法和经济学"的学术团体很大程度上可以说是在法学院出现的,而不是在经济学系部。在经济学系部,由于经济学研究范围的狭隘定义导致了经济学家至少在最初对这个领域不感兴趣。

如果经济学家希望自由选择对其研究最有帮助的指导性理论,或者在现存理论似乎不令人满意时发明新理论,那么,他们的研究就必须在一个相对自由的教育机构中展开。也就是说,大学、研究团体和基金组织以及其他实体都要在独立政策下对研究进行资助,甚至要允许大学中的学院和系部有相当可观的自治权。

我在讲话开始时提出的问题是:经济学家应该如何选择?现在,我以讨论学术活动的组织和经费来源来作为结束。我认为自己并没有迷失方向。不要把我们自己局限在经济学家应该在理论中如何选择的讨论里,不要发展标准并依赖劝说甚或通过管制来诱使经济学家在选择理论时使用这些标准,我们应该调查进行学术研究的不同制度安排的效果。从这些调查中,我们才能找到最可能促使经济学家作出更好选择的主导理论竞争的安排。看起来有些矛盾但实际上很可能正确的是:探讨经济学方法论问题的最佳方法就是把它转变为一个经济学问题。

在开展这项任务时,我们会从沃伦·纳特那里受到鼓舞。就像我在这个讲话开头所说的,他拥有奈特所总结的一个好学者的最重要品质:正直、能力和谦虚,而且他还有勇气。他捍卫自己信念所表现出的无所畏惧,使人想起班扬(Bunyan)《天路历程》(*Pilgrim's Progress*)*中的英雄人物——坚忍勇士(Valiant-for-Truth)。我们可以像谈论"坚忍勇士"那样来谈论沃伦·纳特,当"他经过时……对方所有的号角为他而吹响"。

注　释

① Frank H. Knight, *Freedom and Reform* (New York: Harper & Brothers, 1947), 244.

② Milton Friedman, "The Methodology of Positive Economics", in *Essays in Positive Economics* (Chicago: University of Chicago Press, 1953), 3—4, 7.

③ 同上,19—20。

④ Lord Robbins, *Autobiography of an Economist* (London: Macmillan, 1971), 154, 160.

⑤ Sir John Hicks, "'Revolutions' in Economics", in Spiro Latsis, ed., *Method and Appraisal in Economics* (Cambridge: Cambridge University Press, 1976), 208.

⑥ Paul A. Samuelson, "The General Theory", in Robert Lekachman, ed., *Keynes' General Theory: Reports of Three Decades* (New York: St. Martin's Press, 1964), 315—16.

⑦ George J. Stigler, "Monopolistic Competition in Retrospect", in *Five*

---

* 约翰·班扬(John Bunyan,1628—1688):与莎士比亚齐名的、同属英国文艺复兴后期的著名作家。其寓言体作品《天路历程》是一部宗教体文学杰作,被称为"具有永恒意义的百科全书",是迄今为止除《圣经》之外流传最广、翻译文字最多的书籍。《天路历程》分为两部,上部描写男主人公基督徒的天路历程,下部描写基督徒的妻子和孩子们去天国之城的旅程。——译者注

Lectures on Economic Problems （London：London School of Economics，and Longmans，Green and Co.，1949），12.

⑧　Robert L.Bishop，"The Theory of Imperfect Competition after Twenty Years：The Impact on General Theory"，*American Economic Review* 54（May 1964）：33.

⑨　Stigler，"Monopolistic Competition"，24.

⑩　参见 Sam Peltzman，"Entry in Commercial Banking"，*Journal of Law and Economics* 8（October 1965）：11—50。

⑪　Thomas S.Kuhn，"The Function of Measurement in Modern Physical Science，" reprinted in *The Essential Tension*（Chicago：University of Chicago Press，1977），178.

⑫　同上，219。

⑬　同上，200。

⑭　同上，202。

⑮　同上，211。

⑯　Don Patinkin，"Keynesian Monetary Theory and the Cambridge School"，*Banca Nazionale del Lavoro Quarterly Review*（June 1972）：142.

⑰　George J.Stigler，*The Intellectual and the Market Place*（New York：Free Press of Glencoe，1963），92.

⑱　Paul A.Samuelson，"Economists and the History of Ideas"，*American Economic Review* 52（March 1962）：18.

3

经济学和相邻学科[†]

我想从两个总体观察谈起。第一,我所陈述的内容很大程度上是基于我对英美科学发展的了解,不过,我相信,就国际科学发展的特征而言,在英美所观察到的情况应该与其他国家的情况相类似;第二,我认为,一篇文章如果涉及多学科的发展,并牵涉到经济学的多个领域,那么,在我看来,它一定会或多或少地暴露出作者本人知识的贫乏。本文的看法并不是基于对这一主题的相关文献加以详察而得出的结论,它具有断言的性质,但我确信,深入细致的研究将会肯定我的断言,当然,也不排除驳倒我的论点的可能性。在国际会议上宣读的文章通常不太冒风险,但这

---

† 本文是提交给国际经济协会(IEA)1975 年在德国基尔(Kiel)召开的一个国际学术研讨会的会议论文。它最初被收录于 Mark Perlman 所编辑的 *The Organization and Retrieval of Economic Knowledge*(London: Macmillan, 1977)中。

据说那个学术会议是出于图书馆员的利益而召开的。我在芝加哥大学的四方俱乐部(Quadrangle Club)午餐时,Mark Perlman 和米尔顿·弗里德曼要求我撰写本文。面对这一对不依不饶人士的劝说,我只能就范。文章的题目由会议的组织者选定。我不能确定"相邻学科"的含义,但我对这个概念的解释是指其他社会科学。我相信,这也是会议组织者的意思。

篇文章却要冒很大风险。不过我觉得,在现阶段所需要的并非那种条件谨慎、无懈可击的文章,因为它除了大众普遍接受的东西之外可能什么都没说。

那么,我所关注的话题是什么呢?那就是:什么决定了学科之间的边界?尤其是经济学和其他社会科学,如社会学、政治学、心理学等等学科之间的边界是由什么决定的(这里可能会出现学科的重叠)?当然,这个问题的答案,既可以通过考察特定的学术团体成员的活动范围,也可以通过揭示特定学科专业期刊的研究对象,还可以通过对大学诸系提供的课程进行考察,或可以通过对有关教材所涉及的主题进行分析,或者通过图书馆中按照各种知识分类的藏书来揭示,这样,对学科边界的预见,就成了对学术团体、期刊、图书馆等涵盖主题的预见。我曾长久地思考肯尼斯·E.博尔丁(Kenneth E.Boulding)归功于雅各布·瓦伊纳(Jacob Viner)的并常为人们所重复的经济学定义,"经济学就是经济学家们所做的事情"。① 如果经济学就是由对经济学家实际所从事的各类活动的描述而来,那么这个定义基本上是正确的,但问题是,经济学从来都不是如此。

如果有人问:当下的学科边界是怎样形成的?我可以大致给出一个回答:是由竞争决定的。而这一竞争过程本质上与决定企业活动的竞争过程没什么两样。我们也可以把帝国疆域作为另外一个例子。爱德华·吉本(Edward Gibbon)* 描述了奥古斯都(Augustus)** 是怎样承认罗马帝国疆域边界的。他说,奥古斯都发现"在罗马当前蒸蒸日上的状态下,战争给罗马带来的希望不及战争带来的恐惧;从而,在边远地区作战时,战争日益艰难,前景扑朔迷离,能否取胜更加不确定,也更无利可

---

*　爱德华·吉本(Edward Gibbon,1737—1794):英国著名历史学家,《罗马帝国衰亡史》的作者。——译者注

**　奥古斯都(Augustus,公元前63年—公元14年):又名屋大维(Octavianus),是罗马帝国的开国君主,统治罗马长达43年(公元前29年—公元14年)。——译者注

图"。②类似的种种算计最终导致罗马帝国放弃了许多本已掌控的地方，最后，导致它在另外一套边界内分裂——这就是吉本所探讨的宏大主题。学科边界的形成也是如此。就某个学科的从业者而言，他是否扩大或缩小所要回答问题的范围，取决于这样做是否有利可图，而这也部分取决于其他领域的从业者在回答相同问题时的成败情况。因为不同人对不同答案各有所爱，所以未必一定要清楚界定输赢。对同一问题的不同回答和处理方法也许可以同时并存，每一种答案都有自己的市场。一群从业者没有必要把另一群从业者从某个领域内驱除出去，只不过，如果按照经济学家的术语，这样做就有可能提高他们自己的市场份额。当然，如果对某一学术团体成员所给出答案感到满意的人口数量非常小，或者（而且）这个领域的现实问题太少或太琐碎，那么这个领域就可能会被抛弃，除非该领域的研究者在其他领域的工作能力低下，不能在一个更广阔、更有活力也更有利可图的市场中去参与竞争。

看一下经济学家目前所从事的研究，我们就会对此深信不疑：经济学正在扩张它的疆域，或者说正以某种速度越来越多地进入到其他社会学科。比如，经济学家热衷于对政治学的研究，已经发展出一套关于政治学的经济学理论，并且对投票行为做了大量实证分析；③在社会学领域，经济学家已经有了一套关于婚姻的经济学理论，④自杀经济学的产生也不会使我们感到诧异。⑤此外，经济学家研究的话题还包括语言学⑥、教育学⑦、国防⑧等等。我确信，是由于本人对其他社会科学正在进行的研究活动缺乏了解，因而以上所列并没有涵盖全部。我所熟悉的一个典型例子就是经济学在法律研究中的应用。⑨总体发展方向是明确的，经济学家正把他们的研究范围扩展到包括几乎所有的社会科学，也就是我所理解的我们所谈论的经济学的相邻学科。

何以至此呢？一个令人绝对满意的解释（在不只一种意义上）可能是：截至目前，经济学家已经解决了经济体系存在的主要问题，为了不至于失业或不至于被迫研究一些尚未解决的琐碎问题，他们决定把极为卓越的天赋运用于其他学科，以获得类似的学术成功。然而，盘点一下我所熟悉的任一经济学领域，都不可能找不出一些我们尚未达成一致解决方法的重大疑惑，也不可能找不出一些我们根本还没有解答的问题。经济学家涉足相邻学科的理由，当然不是我们已经解决了经济体系的主要问题，或许，更合理的解释是，经济学家正在寻找能在其中获得学术成功的新领域。

经济学家对相邻学科感兴趣的另一种解释是：与前辈们相比，现代经济学家们的教育基础可能更为宽厚，从而兴趣也更广泛，自然不满足于经济体系所提供的如此狭小的研究范围。然而，在我看来，这种解释似乎不可取。想一想亚当·斯密（Adam Smith）、约翰·斯图亚特·穆勒（John Stuart Mill）或阿尔弗雷德·马歇尔（Alfred Marshall），我们就知道他们所思考问题的范围比现代经济学通常研究的更广泛。如果我们考虑一下那些在大多数经济学期刊上出现的文章，这种印象就会得到进一步强化。这些文章很大程度上是在处理经济分析中高度形式化的技术问题，通常处理得数学味很浓。特别要指出的是，人们通过期刊所获得的总体印象，是现代经济学的研究对象的范围不是在扩展，而是在缩小。这似乎与同时发生的经济学家向其他社会科学的扩张运动不一致，但我相信，在这两个明显矛盾的发展趋势之间有着某种联系。

如果我们试图预测未来经济学家的研究范围是怎样的，那么，我们就必须理解经济学家为什么要涉足其他社会科学，以及未来的趋势如何？为此，我们必须考虑是什么把一群学者结合在一起而形成一个独立的职业，从而使我们可以称这位是经济学家，而另一位是社会学家，其他是政治学家，等等，诸如此类。在我看来，是以下某个或若干个因素把一个学者群体结合在一起：共同的分析技巧、共同的理论或方法以及共同的研究对象。

在此，我不必再向你们隐瞒本人的看法：长期中，是研究对象——即从业者试图回答的问题类型，使一群学者凝聚成一个被公认的、拥有自己的大学系部、期刊和图书馆的职业群体的决定因素。之所以这样说，部分是因为分析工具、理论或所使用方法本身在很大程度上由该群体正在着手研究的内容所决定,尽管对同一问题,特定学科的从业者可能会使用不同的工具或方法来回答。然而,短期来看,一个特定学术群体运用一定分析工具或方法的能力,可能有利于他们成功进入另一学科,甚至主导这一学科的发展。在做这些对比时,我并不否认工具、方法和研究对象都会在某个给定时间里对学科的发展变化施加影响,也不是说技术和方法必然只在短期内发挥影响,它们或许也能在长期内发挥主导作用,但我相信这种情况并不常见。

如果我对学科黏合力(binding force)的描述是正确的,对它们在长期和短期内所发挥作用的评价是合理的,那么,我们就不得不回答下述问题:当前经济学家扩张到其他社会科学领域的运动是不是研究工具或方法的胜利?这种扩张是否具有启迪意义?它和经济学家试图回答的核心问题是否有密切联系?换句话说,这样的扩张是不是经济学家的研究对象本质所必需的?如果这种运动是基于工具或方法,我们就不难预期经济学家会在他们赢得的新领地中逐渐被替代。而如果这种运动是基于研究对象所必需的,那么,我们可以预期:经济学家的研究领域会被永久地拓宽。

关于研究工具的第一个例子是线性规划。对此,我特别没有探讨资格,所幸,此处不必做广泛讨论。⑩如果我的理解没错,这个数学工具其实是一种能揭示实现成本最小化的投入比例的数学方法,它在很多领域都有应用潜力。然而,我很难相信,在其他学科工作的天分很高的学者不会获得或掌握这样高度数学化的工具。事实上,那些学科中的一些学者,比起大多数经济学家,或许更易于获得或掌握这类技术。从某种程度上说,经济学家就是仰仗线性规划来进军其他领域的,但我觉得,竞争的力量将最终淘汰大部分经济学家,尽管个别经济学家仍有可能使用线性规划来做一些有用的工作。无论如何,关于线性规划这类工具的知识,不可能超过对理论的掌握或有关研究对象的知识而成为一个学科的本质部分。即便经济学家特别精通线性规划,人们也不会指望他们主导诸如营养学或石油精炼工程这样的学科(这似乎也不大可能)。

目前,数理工具已成为现代经济学家装备中一个非常普通的工具,它也使许多经济学家能够涉足其他相邻学科。在某种程度上,经济学家的确发现自己能够比其他社会科学领域中的同事更易获得或(和)更灵活地运用数理工具(当然,这部分是因为他们使用得更频繁),这能部分抵消他们对其他学科领域的研究对象以及其他社会科学家的分析框架的生疏,但如果以此作为依据来预见经济学家进入其他社会科学领域是一种长期趋势,那将是相当脆弱的。

下一个例子是成本—收益分析。这个例子讨论起来会更困难一些。[11] 我做如下猜测:近年来,经济学家对相邻学科以及不怎么相邻的学科的大量入侵,与成本—收益研究有密切联系。就本人而言,似乎最好把成本—收益分析描述为一种分析技巧。但是,既然成本—收益分析主要应用于价格理论,其目的在于给出某一特定活动过程的所得与所失之货币价值,经济学家自然对这种分析活动有明显优势。然而,经济学家在其他领域所作的成本—收益分析通常是为了便于部门(特别是公共部门)决策而展开,他们为了解决由部门所选择的问题而进行调查研究,而不是为了理解经济体系的运行,那些公共部门只是经济体系的一部分。除非所调查的特定决策和经济学家的研究主旨密切相关,否则,由于经济学家在自己并不熟悉的领域里开展研究,需要依赖别人的工作来获取资料,因而致力于这些研究的经济学家将倾向于扮演一个有用但从属的角色。

一个与加里·贝克尔(Gary Becker)的名字联系在一起、更重要也更具说服力的观点是:经济学理论或经济学分析方法可以构成经济学家涉足(如果不是接管的话)其他社会科学领域的手段。[12] 在考察这一观点之前,我先讨论一下我所确信的学科黏合力,即学科研究对象问题。

经济学家研究什么? 经济学家做什么? 他们研究的是经济体系。阿尔弗雷德·马歇尔在其第一版的《经济学原理》(*Principles of Economics*)中对经济学做了如下定义:"政治经济学或者说经济学,是研究通常生活事务中的人类活动,探究人们怎样得到和使用收入。"[13] 现代经济学家乔治·J.施蒂格勒(George J. Stigler)认为："经济学就是研究经济组织的运行,而经济组织就是一些处理经济物品和服务的生产和分配的社会(很少是个人的)安排。"⑭这两种经济学定义都强调了经济学家研究的是某类活动,这和有关经济学书籍所处理的实际主题很吻合。然而,我认为经济学家要研究的是社会制度(social institutions)运行,是社会制度把企业、产品和服务市场、劳动市场、资本市场、银行系统(banking system)、国际贸易等等结合在一起而构成经济体系。正是对这些社会制度(social institutions)的共同兴趣,使得经济学专业与别的社会科学区别开来。

莱昂内尔·罗宾斯(Lionel Robbins)给出的定义与上述截然不同:"经济学就是对如何安排人类目标与多种用途的稀缺资源之间关系的人类行为进行研究的科学。"⑮这个定义使经济学成为一门研究人类选择的科学。就这一定义来看,如果把它看作是对经济学家所从事研究的描述,那就太宽泛了。经济学家并不对人类的所有选择进行研究,或者说,他们从来就没有那么做过。然而,尽管经济学乃研究人类所有选择之观点并未告诉我们适用于所有社会科学的经济学理论或方法的本质是什么,但它无疑要求发展出这样的一套理论。

我在前面已经说过,目前,经济学界有两种看起来不一致但实际上并不矛盾的倾向。其一,就研究对象而言,经济学家的兴趣范围趋于扩张;其二,经济学家的专业兴趣越来越专注于更形式化、更技术化、更数学化的分析。这种更形式化的分析趋向于越来越一般化(generality),它对经济体系谈得越来越少,或干脆避而不谈,而分析的一般化使它可以应用于所有社会科学领域。我相信,这种分析方法的一般化,已经给经济学家向其他社会科学领域的扩张提供了便利。在这些领域,他们将大胆地重复在经济学领域已取得的成功(或失败)。

理查德·波斯纳(Richard A. Posner)在《法律的经济学分析》(*Economic Analysis of Law*)一书中对这种分析方法的本质作了如下描述:"经济学就是研究人类对有限资源(相对于人类欲望而言)进行选择的行

为科学。它揭示和检验了对人类所作假设的含义,即人是理性的,是最大化其生活目的和满意度的,即我们所谓的'自利'(self-interest)。"⑯

通过把经济学定义为"研究人类选择的科学",经济学变成了对人类所有目的性行为的研究,从而,它的研究范围就和所有社会科学连在一起。但是,理论上宣称是一回事,把它转变为现实则是另一回事。英格兰的国王曾一度宣称自己同时也是法国的国王,但他在巴黎并不受欢迎。宣称"经济学是研究人类选择的科学"并不能使社会学家、政治学家和法学家放弃他们的学术领地或痛苦地转变成经济学家。如果经济学家真的实现了对其他社会科学的主宰,那也不可能是仅仅通过重新定义经济学就能简单实现的,而只能是因为经济学家所拥有的别的什么东西,使他们相比那些领域的从业者能更好地处理社会学、政治学、法学和其他类似问题。贝克尔和波斯纳认为,在研究社会问题时,经济学家的决定性优势在于他们关于人类行为的理论或方法是把人当作理性的效用最大化者。

因为在经济体系、法律体系或政治体系中活动的是同一个人,所以,其行为从广义上来说应该是相似的。但是,这决不意味着经济学家所发展起来的用于解决经济体系中人类行为的理论或方法可以一成不变地移接到其他社会科学领域中。在不同领域,人们所求的目标不同。尤为重要的是,当人们作出选择时,所处的制度框架(institutional framework)迥异。在我看来,甄别和理解人们所求目标和所处制度框架特征(比如,政治和法律体系事实上如何运转)的能力所需要的相关专业知识,似乎不大可能为其他学科的研究者所掌握。而且,我们还可以大致推测:适合分析其他某一社会体系(social system)的理论是需要包含一些该体系的重要而特定的相互关系特征的。

对经济学理论中的效用函数的一些思考强化了我的这种观点。目前为止,效用函数理论还很苍白。也就是说,最大化效用理论并没有告诉我们人们从事经济活动的目的,也没有对人们为什么做他们所做的事给出任何有价值的洞见。正如施蒂格勒告诉我们的,效用理论的主要含义是:"如果消费者在收入上升的时候没有减少对某种商品的购买,那么,当该商品价格上升时,他们必定减少对其的购买。"[17]但是,不管消费者是不是经济学家,他都会完全熟悉市场的运作,即价格越低,需求越大。效用理论似乎更倾向于阻碍而不是帮助经济学家向相邻学科扩张。近来,凯尔文·兰开斯特(Kelvin Lancaster)的"特性分析"(characteristics analysis)[18]和贝克尔对"商品"(commodities)[19]的研究,将人们得之于商品和服务的满意度,与特定的专门的更为基础的需要联系起来。他们的研究所昭示的前景更富有成果,但是,从贝克尔的"商品"概念来看,在不同的社会科学中,重要"商品"的清单不大可能相同,也不大可能由这些领域的专家以外的学者来发现。

必须承认,经济学的确比其他社会学科发展得更好,但是,经济学所拥有的巨大优势在于经济学家能够使用"货币测量标杆",它使经济分析精确化。因为在经济体系中,凡是能用货币来衡量的东西都是人类行为的重要决策变量,这使经济分析极具解释力。而且,关于价格和收入的数据通常比较容易获得,这使我们可以对经济假设进行检验。马歇尔这样说过:

> 一般商业活动的最稳定动机是对物质化报酬的追求。不管报酬被用掉的方式是自私的还是无私的,其目的是高尚的还是卑鄙的……其动机都能以一个明确的货币数量来表示,正是这个能精确度量最稳定动机的货币度量手段使经济学能够超过研究人类的其他分支学科。[20]

如果说与其他社会科学相比,经济学确实获得了更快发展,那么,这要归功于经济学研究的幸运契机,即经济行为的重要决定因素皆可用货币来衡量。这意味着,其他领域的从业者现在所面临的那些问题,不可能因为经济学家的侵入而烟消云散,因为经济学家进入那些领域后,必须放弃那些曾支持其成功的力量。如果不对经济学发展起来的分析方法做重大修改,这些方法就不可能被成功地运用于其他社会学科。

我认为,作为职业群体选择的基础,技术相对来说并不重要,而研究对象则是主导性因素，理论和方法在很大程度上由研究对象决定。如果我的论断正确，那么，经济学家在其他社会科学中的研究前景会如何呢？我预期他们不会无限地高歌猛进，相反，他们可能会被迫从现在正忙碌耕耘的那些领域中退出。但是，这种预见依赖于其他学科的从业者所作出的竞争性反应。经济学家成功涉足其他社会科学，意味着他们在处理其他学科的问题方面具有某些优势。我相信，其中的一个优势，是经济学家把经济体系作为一个统一的、相互依赖的系统来研究，因此，与那些不太把体系运行作为一个整体来看待的学者相比，经济学家更可能揭示社会体系中的基本相互关系；另一个优势，是经济学研究很难忽略那些在所有社会体系中都发挥重要作用的明显因素。一个这样的因素是，人们在很大程度上是基于货币收入的高低来选择职业；另一个这样的因素是，价格越高，需求越少。诸如此类的因素，其表现形式可能不同，但经济学家能够很容易把它们看穿。比如，惩罚就可以被看作犯罪的成本，经济学家根本不会争论惩罚的上升是否会减少犯罪，他只要回答"惩罚上升多大幅度会减少多少数量的犯罪"。尽管在触及其他社会体系的一些问题时，经济学家的分析可能会不尽如人意，但是，人们通常还是会容忍这些分析。经济学家会充分利用"货币测量标杆"能派上用场所带来的那些研究机会。

　　但是，如果说经济学家涉足其他学科的主要优势仅仅是一种看待世界的方法，那么，一旦人们认识到这种经济学智慧，我们很难相信，其他领域的从业者不会获得这种方法。这种情况已经发生在法学和政治学领域。作为对竞争的反应，一旦相关学科的学者掌握了经济学提供的简单而有价值的理论精髓，那些试图在其他社会科学领域从事研究的经济学家就会失去主要优势，并将面临比他们更了解研究对象的竞争者。在这种情况下，只有那些具有特殊才华的经济学家才可能在其他社会科学领域作出重大贡献。

　　然而，经济学家研究其他社会体系，如法律体系和政治体系，可能并非旨在对法学和政治学作出贡献，而在于这种研究对他们理解经济体系的自身运行是必要的。近来,许多经济学家已逐渐认识到:其他社会体系的部分内容和经济体系紧密相联,以至于就好像是经济体系的一部分,就如同它们是社会、政治或法律体系的一部分一样。从而,讨论市场运行就不可能不考虑产权制度(property rights system)的性质,因为产权制度决定了什么能买、什么能卖,而且产权制度通过影响各种市场交易的成本来影响和决定事实上买卖什么、由谁买卖。[21]类似地,家庭和教育体系是社会学家所关注的,但由于它们的运行影响着不同职业的劳动供给以及消费和生产的模式,因此,经济学家也关注这些体系。同样,尽管规制管理和反垄断政策作为法律体系的一部分是由法律工作者来研究的,但它们也提供了企业和个人在经济领域进行决策的制度框架。

在分析经济体系运行时,需要考虑其他社会体系(尤其是法律体系)的影响——这个观点已被经济学家广为接受,从而,经济学界已经产生了关于法律体系对经济体系运行影响的大量研究。[22]因为这种研究关注的是经济体系,所以,一般最好由经济学家来做。这与经济学家进入到其他社会科学领域的运动是不同的,后者旨在改良其他学科,鉴于我已给出的一些理由,在我看来,这个运动似乎是暂时的。但我相信,关于其他社会体系对经济体系运行所产生影响的研究,将会成为经济学研究的一个永久部分,不熟谙经济体系的社会科学家是不可能有效完成这类研究的。研究的进行可能需要其他社会科学家的协作,但没有经济学家,研究就不可能做得好。因此,我想,我们可以期待经济学的研究范围永久地扩展到其他社会科学领域,但是,扩展的目的是为了使我们能够更好地理解经济体系的运行。

注　释

① Kenneth E. Boulding, *Economic Analysis*(New York:Harper, 1955), 3.
② Edward Gibbon,*The Decline and Fall of the Roman Empire*,chap.1.
③ 有关政治的经济学分析的文献有:Duncan Black, *The Theory of Committees and Elections*(Cambridge:Cambridge University Press,1958);

Anthony Downs, *An Economic Theory of Democracy* (New York: Harper, 1957); James Buchanan and Gordon Tullock, *The Calculus of Consent* (Ann Arbor, Mich.: University of Michigan Press, 1962); Mancur Olson, *The Logic of Collective Action* (Cambridge, Mass.: Harvard University Press, 1965); W. A. Niskanen, *Bureaucracy and Representative Government* (Chicago: Aldine, Atherton, 1971)。研究投票行为的文献，参见 George J. Stigler, "General Economic Conditions and National Elections", *American Economic Review* (May 1973)。

④　Gary S. Becker, "A Theory of Marriage: Part Ⅰ", *Journal of Political Economy* (July-August 1973); *idem.*, "A Theory of Marriage: Part Ⅱ", *ibid.*, (March-April 1974).

⑤　Daniel S. Hamermesh and Neal M. Soos, "An Economic Theory of Suicide", *Journal of Political Economy* (January-February 1974).

⑥　J. Marschak, "Economics of Language", *Behavioral Science* (April 1965).

⑦　John Vaizey, *The Economics of Education* (New York: Free Press of Glencoe, 1962); Theodore W. Schultz, *The Economic Value of Education* (New York: Columbia University Press, 1963); *idem.*, *Investment in Human Capital* (New York: Free Press of Glencoe, 1970).

⑧　Charles J. Hitch and Roland N. McKean, *The Economics of Defence in the Nuclear Age* (Cambridge, Mass.: Harvard University Press, 1960).

⑨　参见 Richard A. Posner, *Economic Analysis of Law* (Boston: Little, Brown and Co., 1972)。

⑩　关于这个主题，参见 J. R. Hicks, "Linear Theory", *The Economic Journal* (December 1960)。

⑪　关于成本—收益分析，参见 A. R. Prest and R. Turvey, "Cost-Benefit Analysis: A Survey", *The Economic Journal* (December 1965); E. J. Mishan, *Cost-Benefit Analysis* (London: Allen and Unwin; New York: Praeger, 1971); G. H. Peters, *Cost-Benefit Analysis and Public Expenditures* (London: Institute of Economic Affairs, 1966)。

⑫　参见 Gary S. Becker, "The Economic Approach to Human Behavior", in *Essays in The Economic Approach to Human Behavior* (Chicago and London: The University of Chicago Press, 1976), 3—14。

⑬　Alfred Marshall, *Principles of Economics*, C. W. Guillebaud, ed., 9th variorum ed. (London and New York: Macmillan, for The Royal Economic Society, 1961), 2:131.

⑭　George J. Stigler, *The Theory of Price* (New York: Macmillan, 1952), 1.

⑮　Lionel C. Robbins, *The Nature and Significance of Economic Science* (London: Macmillan and Co., 1932), 15.

⑯　Posner, *Economic Analysis of Law*, 1.

⑰　George J. Stigler, "The Development of Utility Theory", in *Essays in the History of Economics* (Chicago: University of Chicago Press, 1965), 155.

⑱　Kelvin Lancaster, "A New Approach to Consumer Theory", *Journal of Political Economy* (April 1966); *idem.*, *Consumer Demand* (New York: Columbia University Press, 1971).

⑲　Gary S. Becker and Robert T. Michael, "On the New Theory of Consumer Behavior", *The Swedish Journal of Economics* 75(1973).

⑳　Marshall, *Principles of Economics*, 9th variorum ed., 1:14.

㉑　关于产权,参见 Erik Furubotn and Svetozar Pejovich, "Property Rights and Economic Theory: A Survey of Recent Literature", *Journal of Economic Literature* (December 1972)。

㉒　在这里,只需参考出现在 *Journal of Law and Economics* 上的此类文章。

4

经济学家和公共政策[†]

    我下面要考察的是经济学科这个大企业,要评价的不是法人社团的业绩,而是我的经济学界同仁的表现。我要考察的是他们工作的一个特殊方面,即经济学家在公共政策的制定中所发挥的作用。

    当然,我知道,一些经济学家坚持认为经济学是一门实证科学,经济学家所要做的就是解释各种经济政策的后果,而不是判断经济政策孰优孰劣。因为要作出判断就需要引入价值判断,而在引入价值判断时,经济学家并不是特别胜任。从而,经济学家就只能说某项农业政策(比如说集体化)将导致大范围的饥饿,但不能判断集体化是否合意。在我看来,这样的自我约束是没有必要的。我们(至少在西方)分享一套非常相似的价值观,没有理由假定

† 本文是 1974 年在洛杉矶加利福尼亚大学举办的"Large Corporations in a Changing Society"系列讲座的演讲稿。它最初被收录于 J. Fred Weston 主编的 *Large Corporations in a Changing Society*(New York: New York University Press, 1975)中。现经纽约大学出版社(New York University Press)许可,转载于此。

经济学家的价值观就会特别与众不同。当然，在了解某项政策后果的前提下，经济学家对该政策是否合意，可能会有不同看法。但我相信，这只是例外情况，可以作为例外处理。我同意米尔顿·弗里德曼（Milton Friedman）的判断：

> 目前在西方世界，特别是在美国，对毫无偏见的公民来说，关于经济政策的态度分歧，主要源于对经济政策付诸实施之后可能产生经济后果的不同预测（这种分歧原则上说会由于实证经济学的发展而被消除），而不是源于基本价值观的根本性差异，即关于人类最终是为了什么而奋斗的分歧。①

如果正如弗里德曼所说，那么，经济学家关于不同社会安排后果的分析结果就会成为政策处方（因为我们享有相同的价值观）。从而，一旦确立某个政策将会导致大范围饥饿，那么，继续讨论这项政策是否合意就变得无足轻重，尽管原则上讲，克制这样做似乎像是假装。一般说来，人们期望一个关于不同政策后果的报告能附带相应的政策建议。

不管是否应该这样做，事实上很少有经济学家能忍住不对公共政策发表声明，纵使实际经济状况可能表明其建议很糟糕，或者即使正确却被人们忽视。当然，也有另一种可能性，即虽然所提到的一些观点让人明白，但另一些观点却让人更加费解，因此，不管其建议到底是对是错，人们都倾向于采取漠视态度。我由此想到，事实上，我们对经济体系运行的许多方面都是惊人的无知，至少对我所感兴趣的企业和产业经济学是这样。对决定产业组织的力量和一个企业与另一个企业进行交易时所作的安排，我们都知之甚少。至少从凯恩斯的《通论》出版以来，我们就被这样灌输：当把经济当作一个整体，即从宏观经济政策的角度来考虑问题时，情况会大大不同。我们还被灌输：我们现在知道怎样在一个稳定的价格水平上保证充分就业。但我想给该领域学识更渊博的学者提出的问题是：我们目前的困扰是由于经济学家在影响政策方面的无能、无知，还是其他原因？在经济学家中间，我的确察觉到，似乎已经产生但至今仍未被意识到的某种程度的谦卑。

　　说到这里,我并不想证明经济学家在有关公共政策问题的讨论中无所作为,但问题在于:经济学家似乎乐意在一些知之甚少和判断很可能错误的问题上给出建议。然而,我们必须要说的那些重要而真实的东西往往很简单,以至于几乎或根本不需要经济学家阐释就能理解。令人沮丧的是,在对公共政策的讨论中,这些简单真理却往往被忽视。

　　没有经济学的高深知识,我们也知道:在较低价格下,消费者将购买更多;当价格下降时,生产者愿意供给更少;如果价格下降足够低,生产者将不愿供给消费者希望购买的数量,于是,被称作"短缺"的情况将会发生。这些道理是那么简单,以至很多根本没学过经济学的人也很容易理解其实质。然而,让我们看一个实例:在 20 世纪 60 年代早期,联邦动力委员会(Federal Power Commission)开始管制天然气的产地价格,价格被冻结在 1959—1960 年的水平。很明显,价格比没有管制时要低。接下来的事情是人们可以想象到的:天然气的消费被鼓励,而开采被打击。开始的时候,管制效应隐蔽地表现为煤炭成本的短期下降和所供应天然气的质量下降,以及消费者对未来能否获得天然气越来越没有把握。随着时间流逝,连最平庸的知识分子都能明显意识到 Paul MacAvoy 所谓的天然气的管制性短缺的实质。于是,联邦动力委员会开始采取行动提高价格。

　　对上述情况,MacAvoy 和其他一些学者进行了研究,并得出一般性结论。其中一个研究是由埃德蒙·基奇(Edmund Kitch)在芝加哥大学的法学院进行的,其成果刊登在 1968 年的《法和经济学杂志》(*Journal of Law and Economics*)上。[②] 后来,基奇把他的研究成果进一步正式化。1971 年,他把论文提交给在华盛顿举办的一个题为"天然气短缺"的研讨会。[③] 这个研讨会的很多听众是华盛顿的新闻记者、国会中与能源问题有关的成员以及其他做相似工作的人。他们对这个研究本身并没表现出多大热情,但对是谁资助了研究则表现出极大兴趣。许多听众似乎深信不疑:芝加哥大学法学院有关法和经济学的研究项目都是由天然气产业或其他相关组织"买下"的。这些听众似乎生活在一个简单世界中:任何希望价格上升的人都是生产利益关联者,而任何希望价格下降的人都是消费利益关联者。如果我说，基奇的观点实质上早已由亚当·斯密指出过，恐怕听众中的大多数人就会据此推测，亚当·斯密一定也是被美国天然气协会所收买的什么人。

亚当·斯密当然没有提到什么天然气产业，在他那个时代，天然气产业根本还不存在。但他关于谷类交易的讨论涉及相似问题。斯密说：

> 国内（谷物）商人的利益和人民大众的利益，尽管乍看起来无论如何都是对立的，但事实上即使在最大的荒年，他们的利益也完全一致。国内商人的利益是在将他的谷价提到年成的实际荒歉所要求的高度，使谷价再高就绝不可能合乎他的利益。通过提高价格，他打击了消费，促使人们节俭和改善管理，这对每个人——特别是低收入阶层的人们——多少都有些影响……如果谷物商人不将价格提到应有高度，季节的供给就可能少于季节的消费，他不但会损失一部分他本来可以得到的利润，而且会使人们在季节终了以前就遭受痛苦，不仅是遭受粮食稀少的困难，而是遭受饥饿的恐怖。④

正如斯密指出的，因为商人通过调整价格使其利润最大化，他在这个价格上出售可以使整个季节的消费与供给相等，所以他不可能把价格降得太低。斯密接着论述：

> 凡是用心考察过本世纪或上两个世纪欧洲任何地方所遭受的粮食短缺或饥荒历史的人（其中有几次我们有相当精确的记录），我相信都会发现粮食短缺从来不是由于国内谷物商人的任何联合或任何其他原因造成的，而是由于真正的稀少。这种真正的稀少在某些地方有时或许是由于战争的浪费，但在绝大多数场合乃是由于天时不利。而饥荒绝不是由于任何其他原因，而是由于政府暴力，政府试图用不适当的手段去补救粮食短缺所造成的困难……当政府为了纠正粮食匮乏所造成的困难，命令所有商人按它所认为的合理价格出售他们的谷物时，它或是阻止了商人将谷物送入市场，这有时或许在季节开头就造成饥荒；或是在商人将谷物送入市场时，造成谷物的迅速消费，以至在季节终了以前必然造成饥荒。不受限制

的、毫无约束的谷物贸易自由是防止饥荒灾难的唯一有效办法,也是缓解粮食短缺的最佳办法;因为真正短缺的痛苦是无法消除的,只能予以缓解。⑤

当然,人们往往不能理解商人在减缓粮食短缺所造成困难中的有益作用。"在粮食短缺的年份,低收入阶层的人们把困苦归咎于谷物商人的贪婪,把谷物商人作为憎恨和愤慨的对象。"⑥人们倾向于认为商人购买和持有存货是为了高价卖出。这种对商人的敌意在有关反囤积和反垄断的法律中得到充分体现。但斯密指出,商人将发现只有在其应该存货合意时,存货才会有利可图。斯密认为:"人们对商人囤货的普遍恐惧可能与对巫术的疑惧是一样的。"⑦他试图通过巫术的比喻,来质疑商人囤货推高价格的想法。但这个比喻在今天可能显得更无效——因为今天的人们也信仰巫术。

自《国富论》出版以来的两百年里,许多经济学家沿着与斯密相同的思路,坚持认为管制价格低于完全竞争水平的做法是无效的。其中,伦敦经济学院的埃德温·坎南(Edwin Cannan)1915年写了一篇针对一战开始时英国实施价格控制的论文。他描述了公众对价格提高的反应:

> 不得不支付更高价格的消费者,有的突然成了被迫减少生活必需品的穷人,有的则成了因价格上升而丢了饭碗的、更加贫穷也更加令人同情和需要帮助的穷人的雇主。所有受到损害的人们立即想到他们是由投机商、中间人、吸血资本家和索取过高租金的房主所组成的一个无耻团伙进行卑劣抢劫的受害者。全体国民都应该立即控告他们——这个多少有点模糊的理想似乎是对几个月或一年以来价格提升的直接反应。⑧

坎南反对通常情况下的价格控制,同时也指出存在这样一个悖论:"当一种物品的价格上升时,人们辱骂和诋毁的不是购买者,也不是可能生产而没有生产的人,而恰恰是正在生产和销售,从而使价格上涨受到抑制的人。"⑨如果小麦、牛肉或黄油出现了短缺,人们就辱骂所有生产小麦、牛肉和黄油的人。但如果没有这些人的努力工作,短缺将会更加

严重。坎南指出,人们之所以表现出这种对生产者和销售者的敌意,原因在于,当价格不正常升高时,人们

> 完全相信这是人为的,是极不公正的,仅仅是中饱私囊的商人的缺德行为所致。这些人之所以有力量促使价格上升,不是经济形势的赐予……而明显和一些无法解释的魔鬼现象有关。因此,人们不得不立即为之而抗争。这种情况历来如此……似乎根本没有什么有价值的历史回顾。相同的谬误一代接一代地反复出现。⑩

在本文开头,我说过,经济学家在对公共政策的讨论中经常涉及一些很难分析的知之甚少的问题。因而,如果其建议被采纳,就很可能把事情弄糟。事实上,我们所能提供的有采纳价值的建议,往往是由一些简单真理组成的。然而,历史表明,人们倾向于拒绝或忽视那些简单真理。当我开始思考现在要说明的观点时,我没有预料到目前出现的石油问题。但关于石油问题的公共讨论提醒我,我们现在对这个问题的认识并不比前人更高明。我们的时代已经到来,坎南所描述的"我们在当下不得不为之而抗争的价格的上升"是"不自然的、人为的、极不公正的……想要从中牟利的人恶意造成的"态度在我们这个时代已经可以观察到。这就向经济学家提出了一个问题:在这个拒绝接受唯一有可靠基础的建议的世界上,经济学家应该扮演什么样的角色?

1950 年,弗兰克·奈特(Frank Knight)在美国经济学学会的主席就职演说中提出这个问题,并给出相当令人沮丧的答案:

> 我已经越来越感到迷惑:我的工作到底是一项工作还是一种繁忙的应酬。经济学家,特别是理论经济学家,是否不可能如古罗马的占卜官西塞罗(Cicero)和加图(Cato)那样心有灵犀*,在街头相遇时,要么沉默不语,要么仰天长笑……众所周知,自由贸易主义者赢

---

* 西塞罗(Cicero,公元前 106—公元前 43):古罗马最著名的演讲家和散文作家,罗马法学思想的奠基者,曾任古罗马教会占卜官,著有《共和国》、《法律篇》、《职务篇》等。西塞罗和加图都反对恺撒的独裁,两人持相同政见,而且很默契。加图死后,西塞罗写下《加图赞》。——译者注

得辩论而贸易保护主义者赢得选举;并且,不管公认的贸易保护主义者还是资深的自由贸易主义者所代表的哪个政党当选,我们的政策都会差异很小。通货膨胀当然是替代课税的让人相对合意的选择,接着,法律和政策就会对其加以遏止……一个严肃的事实是:经济学家不得不传授的大多数真正重要的东西是那些大众如果愿意就能自我察觉的事情。很难让人相信,试图传授人们拒绝学习甚至严重到拒绝听的事情会有什么功效。如果需要解释的话,经济学家对人们解释说,把价格固定在自由市场水平之下将会产生短缺,固定在自由市场水平之上将会产生剩余,但这又有什么用呢?当住宅短缺或鸡蛋、马铃薯过剩时,公众们"呀"(表示惊讶)和"啊"(表示胜利),或暴叫,或欢呼,好像是那些事情本身出了问题——比故意走在泥泞里而使鞋底弄脏更让人莫名其妙。⑪

奈特说,因为这样的原因,他的兴趣已经从经济学理论研究转向研究人们特别是学识渊博的精英们为什么在选择表述自己思想的方式时,会那么普遍地选择非理性的无稽之谈,而不是应有的理性判断。⑫我想,奈特的转变是对这种情况的一个可行反应,尽管它不是我们可以选择的唯一反应。奈特所讲的其他情况,对我们中间希望有一个不同反应的人可能会有所帮助:"可以想象,政策解释可能会得到更好发展,如果我们……追问:人们为什么在相信那些非理性建议的同时,在日常行为中却比争论中表现出更少的非理性?从中我们可以得出什么结论呢?"⑬

如果认真对待那些鼓吹价格控制及类似政策手段的人的观点,我们就会得到比实际提出的政策更极端也更缺少理性的建议。比如,由于一些参议员深信较低的汽油价格有益于消费者,于是,他们向国会提出一种方案,使1973年12月份的汽油价格成为强制性价格,而不是仍旧保持20世纪30年代所流行的更低的价格水平。联邦动力委员会在1961年着手管制天然气的产地价格,使未来天然气的价格水平停滞在1959—1960年所流行的价格水平上。正如坎南很久以前就说过的:"这个多少有点模糊的理想似乎是对几个月或一年前价格的反应。"同样,政治家发表旨在消除全部污染的演说时,其政策建议可能要温和得多。我观察到,似乎有这样一种现象:当政策的负面影响增加时,支持这种政策的力量就会下降,从而导致这种政策不是被最终取消,至少也会有一种调和。尽管联邦动力委员会无疑相比经济学家所希望的行动更为迟缓,政策改变也更小,但最终的确采取了提高天然气产地价格的行动。随着石油价格的提高,人们开始放松对阿拉斯加驯鹿命运的关注,阿拉斯加输送管道的建设成为可能。

尽管像价格和工资控制这样的政策管制,是用来阻止基础经济力量运行的政策措施,但我相信对政府管制历史的研究将表明:在一个较长时期内,很少有政府管制不被变更,甚至被抛弃,从而使市场力量可以自由支配经济运行。我的结论是:尽管一项政策可能是愚昧而错误的,但应该相信人们对该政策危害程度的认识能够有效控制它的适用范围、执行力度和持续时间。我本人的确不能理解政治体系为什么会以当前的方式运行。我还不清楚,由政策所造成的损害增加时,是不是与政策对立的利益集团倾向于在政治舞台上变得力量相对更为强大?或者说,对损害程度的认识在政治程序中发挥了直接作用?或者,这两种因素都发挥了作用?我的判断是这两个因素都发挥了一定作用。这就给经济学家在公共政策的制定中留出参与空间,尽管他们通常不能在政策选择上发挥决定性影响,但至少在政策修订和变更进程中能扮演一个有价值的角色。当然,糟糕的政策在执行中并不会毫无建树,只是对非理性政策建议的需求似乎也遵循一个普遍法则:当价格升高时,需求减少。

关于经济学家在公共政策制定中的作用(至少是在未来所能发挥的作用),乔治·J.施蒂格勒(George J.Stigler)1964年在题为"经济学家和政府"[14]的美国经济学学会主席就职演说中,提出一个更为乐观的观点。施蒂格勒认为,在过去,很多经济学家在对政府实际运行缺少深入研究或没有对国有企业和私人企业的相对绩效做系统调查的情况下,就意欲表达有关政府在经济事务中的职能的观点。他们或者遵循亚当·斯密和阿尔弗雷德·马歇尔的观点,主张限制政府在经济运行中的干预职能,或者像斯坦利·杰文斯(W. Stanley Jevons)、庇古(A. C. Pigou)以及其他许多学者一样,赞成扩大政府职能。施蒂格勒对我们前辈经济学家的这种批评听起来似乎有些尖刻,毕竟他们面临着我们现在没有碰到的困难:他们人数很少,且大部分(特别是较优秀的)都致力于对价格体系分析的发展和完善。但我对他的主要结论还是赞成的。我已经说过,我们的知识非常有限,虽然我们能够阅读前人所写的所有东西。

施蒂格勒认为,经济学家对公共政策的制定缺乏影响力是因为无知。对这个断言,我不反对。"因为缺乏真正的专门知识,也缺乏传道似的热忱,经济学家在经济政策演化中影响力极小。"⑮ 但是,那毕竟是过去。在施蒂格勒看来,未来将完全不同:

> 我们当前所处的是数量化时代。我们现在所拥有的数量分析工具,其威力与未经正式训练的常识相比,就像鸟枪换炮一样大大增强……经济学家对经济现象进行具体衡量的愿望越来越迫切……这是一场重大的科学革命……我坚信经济学已最终站在其黄金时代的大门口——不仅如此,我们现在已经有一只脚跨过了这道门槛。在我们头脑中所发生的革命,已经开始触及公共政策问题,并且很快将向我们提出一些不可抗拒的要求。在不了解证券市场的边际需求是否会产生一个适度(modest)影响的情况下,认为这种需求会每年变动一次的结论将变得令人不可思议;研究进口配额体系而不进行成本收益核算,也是不可能的;使用外部经济这类术语或求助于完全竞争理论,来讨论特定经济活动中私人和政府的绩效,会为幽默的怀旧提供一个机会……我断言,不是我们应该着手进行我所希望的那些研究,而是没人能阻止它们的到来……毋庸置疑,我们是优秀的理论家……近半个世纪的经济学发展,证明我们在数量化研究的力度、广度以及勇气方面都有了巨大进步。不断扩展的理论和经验研究,必将深入触及公共政策问题,我们应该发展出对理性政策的制定至关重要的知识体系。因此,坦率地讲,我非常希望我们这些人能成为为民主社会增光添彩的人,也十分希望我

们提出的经济政策见解能获得全社会的普遍赞赏。⑯

当施蒂格勒发表这个演讲时,我在场;当他用这些振奋人心的话结束演讲时,我也很难不感到振奋;当这个雄辩和令人感动的演讲所产生的巨大即时影响力过去之后,他的断言使我想起蒲柏(Pope)*的诗行:"人类因胸怀希望而获得永恒;但是没有恩赐,只有祝福。"

然而,纵使不相信前景会这么灿烂,我们也毋需悲观绝望。我倾向于认为,一般情况下,经济学家虽然不能对经济政策的主要运行方针发挥决定性影响,但在一些小的方面,其观点可能发挥作用。比如,一个经济学家可以通过个人努力而推迟一个年花费1亿美元的政府项目——这是一个我所认为的适度成功(modest success)。他可以因此赚到抵得上一生薪水的收入。让我们来核算一下致力于公共政策或与之相关问题研究的所有经济学家的全部年薪,它可能达到2000万美元或相当于这个数字的支出。很明显,这样一笔(或者更大一些的)支出如果能带来GNP的一个微小增长,就应该是合理的。我们不必为了证明自己的工作对得起这份薪水而试图改变这个世界。我认为,施蒂格勒演说的主要目的不是为了提高我们的士气,而是促使经济学家改变思路,从而使其建议更值得采纳。如果我们达到了我所说的适度成功,就至少对得起这份薪水。如果施蒂格勒关于未来经济学家作用之观点是正确的,那么,我们的工作就将极大地使人类受益,而且工作的报酬大大低于其价值。

在过去,经济学家不得不提出的有价值建议——我把它们称作简单真理,虽然其范围受到限制,无疑是久经考验而得以肯定的理论体系的内涵。这个理论体系的假设前提,是生产者想赚尽可能多的钱而消费者想用他们的钱得到尽可能多的商品,或者,更一般地说,在更多应用层面上人们被假设倾向于追求自身利益最大化。这是一个被证明非常有活力的理论。但是,如果没有对人性的更广泛了解,即使这个理论可以得

---

* 蒲柏(Alexander Pope,1688—1744):18世纪英国最伟大的诗人,代表作有《批评论》(1711)、《夺发记》(1712)、《人论》(1734)等,翻译荷马史诗《伊利亚特》和《奥德赛》,并为牛顿写下著名的墓志铭。——译者注

出有用的推论,也会有许多不能回答的问题。但为什么在这种理论完全可以给出答案的情况下,人们往往忽视这个简单真理呢?对此,我很难解释清楚。

施蒂格勒把他的高尚愿望寄托于未来数理分析技术的发展。但我认为,这种数理分析技术的发展并不是没有代价的,它会吸引大量原本可能用在理论发展和经济体系中没有数量特征的经验研究的资源,使人们易于忽略经济体系中很难测量的方面,使经济学家的注意力从对经济体系本身转向对计量工具的关注。我并非暗示经济学家应该避开数量分析,但记得没有免费统计这回事对我们会有好处。

我愿意用非数量分析的方法表达观点,或者用最原始的数量分析,案例研究是有价值的。大约在 1960 年,参议员 Estes Kefauver 举行了一个关于药剂产业(特别是引进新药剂的具体措施)的听证会。听证会主要抨击了新引进药剂太高的支付价格,但这些新药往往只有很小的疗效,甚至疗效值得怀疑。最后,参议员 Kefauver 总结说,管制新药引进是顺乎民意的。在讨论他的这个提议时,孕妇使用反应停的悲剧性副作用开始浮出水面。结果,这个事件对新药管制产生了极大推动作用,以至 Kefauver 的提议在 1962 年被制成法律。但是,管制新药引进明智吗?施蒂格勒在新法律的效应被公众了解之前的 1965 年这样说过:

> 我问自己一个这样的问题:假设我是一个公共健康部门的医生,有人向我推荐一种新药,现在我有资格批准它能否上市。尽管我们不知道它的全部效果,而且通常在新药出现 5 到 10 年之内我们不会知道它的全部效果是什么。如果我批准它上市,并且像反应停那样的一系列悲剧出现了,我会面临什么?我肯定会被解除职务,而且我还会被揪出来让公众辱骂,公众会随便要求解雇当事人。事实上,如果我批准了一个我不该批准的药剂上市,那么,对我的惩罚将是非常惨重的。另一方面,假设这种药剂被证明是健康有效的,而且从长期来看,它的成就是了不起的,但我们现在还不知道这一点。如果我延缓这种新药上市长达 5 年,直到它的全部效果都被实

验出来,那么,很多人将由于它的未被使用而死亡。幸存者是不会抱怨我没有早点批准药剂上市的。给我的所有惩罚都是由于我太早批准药剂上市的错误,而对于我太晚批准药剂上市的错误却没人要求惩罚。这种奖惩机制似乎是不理想的。[17]

人们(包括政府管制者)倾向于关注个人利益的观点在这里得到一个简单应用:管制将导致新药引进出现相当大的延误。我们中的很多人已经看到,近年来,特别是二战以来,新发明药剂的应用已经促使公共健康发生很大改善。这不能不让人们感觉新药管制可能弊大于利。针对这种情形,洛杉矶加利福尼亚大学的萨姆·皮尔茨曼(Sam Peltzman)对新药管制效应的定量研究出现了。[18]这项研究指出:人们对立法的忧虑是完全合理的。在1963—1970年这段时期里,平均每年引进的新药数目大约是1951—1962年的40%。这种总体下降很可能要归咎于新法案的颁布。皮尔茨曼的研究还走得更远,它揭示出:虽然被立法排除在市场之外的部分新药是有效的,但其他药或者毫无疑问是不安全的,或者其疗效实际上等同于已经存在的药剂。皮尔茨曼继续对新药管制的可能收益和成本进行计算。结果是:因有效药剂不被引进市场所放弃的好处远远超过排除无效或有害药剂的收益。这个结论已经清楚地被施蒂格勒的非定量分析预测到,它是非定量推理的一个成功例证。

皮尔茨得出的结论并不令人惊奇。从标准理论就可推知:新立法的出台可能导致被投放市场的新药数目大大减少。只要知道新发明药剂的好处,这个结论就是可以想象得到的。令人惊奇的是:没有有力的证据表明无效药剂在全部投放市场的药剂中所占比例确实小于1962年以前(我们的理论也无法给出相应的预测)。这些情况并不表明医生和病人关于药剂使用的决定总是正确的,而是说明设计能运行得更好的替代制度是不容易的。

我相信,这是一般情况,但经济学家往往假定这是例外。经济学家之所以有这个乐观态度,原因在于:尽管大多数经济学家没有忽略市场运行机制的无效性,事实上他们倾向于夸大这种无效,但他们却往往忽视政府组织所固有的无效性。从而,我们也就对以下情况不会感到奇怪:大约近 100 年来经济学家倾向于支持(或默许)政府在经济事务中的职能扩张,也没有感觉到深入调查政府组织运行的需要。但经济学家的政策建议如果要有一个可靠基础,就必须同时考虑市场实际上是如何运行的和政府组织事实上是如何执行受托任务的。

所幸的是,上述情形在我看来似乎正在逐渐发生改变。经济学家(和其他学者一起)开始用更多的批评眼光来看待政府活动,我所提议的相关研究也正逐步展开。在过去大约 15 年里,已经出现了更多(比早先所有都多)对政府管制产业的严肃而深入的研究,特别是在美国。这些研究既有数量分析,也有非数量分析。我已经引述了对天然气和药品管制的研究,还有对诸如农业、航空业、银行业、广播业、电力供应、牛奶分销、铁路和卡车运输、出租车、威士忌商标和区域规划等许多不同活动的管制研究。这里指出的仅仅是我熟悉的一部分,无疑还有许多其他我不知道的研究成果。从这些研究中,可以明显得出的主要结论是:管制要么无效,要么即使有显著影响,但考虑到总体情况,这个影响反而是有害的,以致消费者可能得到更差的产品或更高价格的产品或这两者都作为管制结果而出现。这些结论是那么一致,以致让人产生困惑,因为在所有的这些研究中,人们希望至少有一些政府项目是利大于弊的。

在《社会成本问题》[19]一文中,我指出,在进行社会制度的选择时,决策应建立在它们实际上是如何运转的基础上。因为进行市场交易涉及成本,以及由此而来的生产要素再分配。这种再分配会自发地提高生产价值,但在必要的交易代价超过产生的产品价值收益时,这种再分配就不会发生。政府管制当然也会导致这种要素的再分配,政府管制也有成本——并且管制者可能除了考虑提高生产价值还会考虑个人目的。但对政府管制来讲,它是有机会改良市场的。我是这样写的:"直接的政府管制,不会必然带来比由市场或企业解决问题更好的结果,但是,我们同样也没有理由认为,某些时候的政府行政管制就一定不会提高经济效率。"[20]

我的困惑在于：为什么政府管制提高经济效率的机会会那么少，如果说不是不存在的话？一个解释是，那些研究涉及的刚好都是政府管制失败的案例，如果进一步深入调查就可能发现很多政府管制成功的例子。但是，我很难对这样的解释满怀信心。目前的研究已经那么多，而且涉及范围那么广，其中一些管制失败的案例还是在研究者期望政府管制成功的领域被发现的，比如，垄断管制、药剂管制、商标管制或区域规划管制等。尽管如此，我还是倾向于认为这个解释有一些道理。如果我们对那些直接影响交易成本的政府活动做进一步研究，我们的确会找到一些政府活动确实改善了市场状况的案例。但我不指望这样的案例会改变我的主要结论，即使它的确应被视为对我的主要结论的一个限制条件。

对政府不良绩效记录的另一种解释是，这是世道常情。政府的运行成本通常比市场交易达到同样结果所花费的成本更高。但我认为这是没有说服力的。

我要得出的结论是：导致政府绩效不良的最可能原因是政府想要做的太多，即它在如此大规模下运作，以至在许多活动中达到了经济学家所说的边际产出为负的阶段。如果允许一个组织的规模无限膨胀，我们就会看到这个阶段的到来。我猜测，这正是事情的真相。如果进一步的研究证实了我的猜测，那么，这种情况就只能通过减少政府在经济领域中的活动来纠正。但这并不容易达到，因为它与当前的主流态度背道而驰。说来奇怪，发现许多政府活动弊大于利的研究往往更容易被同情地接受。我们经常会读到这样的文章或演讲报告：第一部分指责一些政府项目的行政管理是无效和腐败的，但第二部分就会把读者的注意力吸引到亟需解决的社会问题上，接着就会建议政府应该建立一个新的项目或机构，或扩大一个老的机构以解决这个问题。显然，在决定政府是否应该担当新任务时，忽视政府在解决目前任务中的不佳表现是一条错误的思路。由这条思路所得出的政府将成功完成任务的乐天观点，倾向于导致政府在经济事务中的职能不断扩大。一般而论，老任务也曾是新任

务,政府开展新活动的企图会导致政府在那些业已从事的活动中的绩效
更糟。如果这个观点是正确的,那么,政府职能的继续扩张将不可避免
地导致我们到达这样一个境地:多数政府活动都是弊大于利。我猜测,
我们已经到达了这个阶段。

这种现实使当前经济学家的任务既容易又困难。容易的是,在目前
情况下,经济学家不得不给出的建议是:所有的政府活动都应该被缩减。
而困难在于:我们关于目前过度膨胀的政府机器运行的经验,对政府规
模被缩减到适当大小时,政府应担任什么样的任务的讨论没有多大帮
助。但是,我也可能夸大了这个困难。过渡到小政府不可能是一蹴而就
的事情,我们能够逐渐积累起有助于发现什么是政府应该保留下来的职
能的必要信息。

但是,所有这一切都是假定经济学家的研究能像施蒂格勒宣称的那
样,最终能对公共政策有决定性影响。经济学家在限制政府职能方面所
能发挥的作用,是否比在与市场运行和价格体系直接有关的政策方面更
有影响力,我们拭目以待。当然,就像我已经指出的,一个经济学家即使
只能获得一个适度成功也算不错。

注　释

① Milton Friedman, "The Methodology of Positive Economics", in *Essays in Positive Economics* (Chicago: University of Chicago Press, 1953), 5.
② Edmund W. Kitch, "Regulation of the Field Market for Natural Gas by the Federal Power Commission", *Journal of Law and Economics* (October 1968): 243.
③ Edmund W. Kitch, "The Shortage of Natural Gas", Occasional Paper of the University of Chicago Law School, no. 2(Chicago, 1971).
④ Adam Smith, *An Inquiry into the Nature and Causes of the Wealth of Nations*, vol. 1 of *The Glasgow Edition of the Works and Correspondence of Adam Smith*, R. H. Campbell and A. S. Skinner, eds. (Oxford, 1976), 524.

⑤　同上，526—27。

⑥　同上，527。

⑦　同上，534。

⑧　Edwin Cannan，"Why Some Prices Should Rise," written in 1915 in *An Economist's Protest*(1927)，16—17.

⑨　同上，18。

⑩　同上，23。

⑪　Frank H. Knight，"The Role of Principles in Economics and Politics"，*American Economic Review* (March 1951)：2—4.

⑫　同上，2。

⑬　同上，4。

⑭　George J. Stigler，"The Economist and the State"，*American Economic Review* (March 1965)：1.

⑮　同上，12。

⑯　同上，16—17。

⑰　George J. Stigler，"The Formation of Economic Policy"，in *Current Problems in Political Economy* (Ind.：DePauw University)，74—75.

⑱　Sam Peltzman，"An Evaluation of Consumer Protection Legislation：The 1962 Drug Amendments"，*Journal of Political Economy* (September-October 1973)：1049.

⑲　R. H. Coase，"The Problem of Social Cost"，*Journal of Law and Economics* (October 1960)：1—44.

⑳　同上，18。

5

商品市场和思想市场[†]

政府管制市场的常规措施使普通商品和服务市场与宪法第一修正案（First Amendment）所涵盖的演说、写作及宗教信仰活动等得以明确区分。为简明起见，我将演说、写作及宗教信仰活动称为"思想市场"。"思想市场"这种说法并不能很准确地描述第一修正案适用领域的边界，不过，这些边界看来也的确未曾被清晰地描绘过。但是，思想市场，或者说在演说、写作以及类似活动中表述见解，正是第一修正案所保护活动的中心内容，而且，对第一修正案的讨论也主要与这些活动有关——关于这一点，是没什么疑问的。

我将考察的论点，早在第一修正案（它显然吸收了人们已经持有的一些观点）通过之前就已存在，而将我们的讨论局限于第一修正案而不研究包含它在内的总体

† 本文是提交给 1973 年 12 月的美国经济学学会年度会议关于"第一修正案的经济学"的会议论文。它最初在《美国经济评论》（*American Economic Review*，May 1974）上发表，其版权为 © 1974 美国经济学学会，经允许转载于此。

性问题,这对经济学家来说有些危险,虽然对美国的法律研究者来说未必如此。这种危险在于,我们的讨论将倾向于关注美国法院的意见,尤其是最高法院的意见,结果,这会导致所采用的市场管制方法与法院的心意相合,而非经济学家所愿。这种情况已经在摧毁公用事业经济学发展方面发挥了重要作用,而且也已经在一般意义上大大损害了关于垄断问题的经济学讨论。这种方法的局限性还不仅在于此,因为当我们把注意力集中于美国宪法范围之内的议题时,就很难对别国的经验和思想加以关注。

我要考察的总体观点是什么呢?那就是,商品市场中需要有政府管制,而在思想市场中,政府管制是不适宜的,应该对政府管制加以严格限制。在商品市场中,一般认为政府有能力进行管制,且动机纯正。消费者缺乏进行恰当选择的能力,生产者则经常行使垄断权,一旦失去某种形式的政府干预,生产者就会不按提高公众利益的方式行事。在思想市场中,情况则截然不同,政府如果试图进行管制,也是无效和动机不良的,因而即便政府成功实现了预期目标,结果亦不受人欢迎。另一方面,消费者只要有自由,就可以运用其识别力对各种替代性观点进行选择;而那些生产者不论其经济实力强弱,虽然在其他市场上不讲信誉,但只要是《纽约时报》(New York Times)、《芝加哥论坛报》(Chicago Tribune)和哥伦比亚广播公司的出版商或工作者,就可以相信他们会依公众利益而行事。政治家的行为有时使我们痛心,但其口才却无懈可击。这种态度的一个荒诞特征表现在商业广告上,商业广告通常只是一种观点和实力的表述,因而本该受第一修正案保护,然而,它却被看作是商品市场的一部分。结果,人们会认为政府对广告中的观点表述进行管制(甚至禁止)是合适的,而如果这种观点出现在一本书或一篇文章中,则完全不在政府管制的范围之内。

通常,人们并不会对政府在商品市场和思想市场中所扮演角色的两面性加以抨击。在西方世界,人们大体上接受这种区分以及相应的政策建议。不过,这种情形的怪异之处也不是没被察觉,我在此想提请大家关注阿伦·迪莱克特(Aaron Director)的一篇力作。迪莱克特援引了法官威廉·O.道格拉斯(William O. Douglas)在一份最高法院鉴定中的铿锵陈述,这段陈述无疑旨在诠释第一修正案,但它显然包含了独立于宪法思想的观点。道格拉斯法官说:"言论自由、出版自由、宗教信仰自由,要另当别论;它们高于或超越了政策权力;它们不受诸如对工厂、贫民区、公寓、石油生产等管制的影响。"①迪莱克特在附录中谈及有关言论自由时说,这是"自由放任(*laissez-faire*)仍受到尊重的仅有领域"。②

　　缘何致此?部分原因可能是这样一个事实:人们对思想的自由市场之信念与商品的自由贸易价值之信念并非同根同源。再援引一下迪莱克特的话:"自由市场,作为组织社会精神生活的合宜方法,早在其成为组织经济生活之合宜方法得到提倡之前就已受到推崇。在承认商品和服务在竞争性市场自发交易的好处之前,自由交流思想的优越性就已被认可。"③我认为,近年来,特别是在美洲(指北美洲),诸如美国这样的政治制度(political institutions)的民主承诺已经滋养了关于思想市场的奇特地位的观点。人们认为,为了使民主制度有效运作,就必须有一个不受政府管制的思想市场。这个宽泛的话题我不想多作评论,我只想说,在实践中,这种特定的政治体系(political system)所实际达到的效果说明已经有大量"市场失灵"存在。

　　我认为,基于自由思想市场是维护民主制度之必要条件的观点和其他一些理由,知识分子已经表现出一种褒思想市场而贬商品市场的倾向。对我来说,这种态度有失偏颇。迪莱克特说:"人类的大多数,都将会为了可预见的未来而不得不将其有效生命中的大部分致力于经济活动。对于这些人来说,作为资源所有者,在有效而多变的机会中,如在就业、投资与消费领域中进行选择的自由,完全与参政议政的自由具有同样的重要性。"④我丝毫不怀疑这个论述的正确性。对于大多数国家(也许是所有国家)的大多数人来说,衣食住的供应要比"正确思想"的提供重要得多,即便假定我们知道这些思想是正确的。

　　姑且不论这两个市场的相对重要性,有关这两个市场中政府职能观点的差异也实在异乎寻常,需要给出解释。仅仅因为某一领域的活动对保证我们这个社会的功能十分重要,就说政府不应对其实施干预,这显然是不够的。即使对那些主要与下层社会有关联的市场,其运行效率的降低看来也是不合宜的。现在的悖论是:在一个领域中十分有害的政府干预,在另一个领域却又变得十分有益。当我们注意到,那些最为强烈地要求政府在其他市场扩展管制范围的人,通常正是最为迫切地要求强化第一修正案以禁止政府对思想市场进行管制的人时,这种悖论就更加引人注目。

如何解释这种悖论呢?迪莱克特的宽容本性使他只做了一些暗示性说明:

> 对知识分子言论自由的偏爱,表面上可以根据垂直利益加以解释。每个人都有夸大自己职业的重要性而缩小邻人重要性的倾向。知识分子投身于对真理的追求,而其他人则仅为谋生而已。有的人谋求一种学者的职业,而其他人则从事工商活动。⑤

我想把这个观点讲得更坦率些。思想市场是知识分子从事经营的市场。我们可以用自利(self-interest)和自尊(self-esteem)来解释上述悖论。自尊使知识分子夸大他自己所在市场的重要性,尤其是当知识分子中的很多人把自己视为就是在做管制工作时,他们认为别人应该受到管制的想法看来就会很自然了。但是,自利和自尊的混合,使他们自以为别人都应受到管制而自己却不该受到管制。于是,关于两个市场中的政府职能的矛盾观点就可能并行不悖了。这个结论很重要,它也许不是一个令人愉快的解释,但我认为,对此等怪状别无解释。

我们如果考察一下新闻界的行为,就会看到上述解释正是所谓思想市场神圣不可侵犯论点风行一时的主要原因。新闻界当然是最坚定的新闻自由信条的捍卫者,新闻在某种程度上可以说也是受市场无形之手支配的公众服务。如果我们考察一下新闻界的行为和观点,它们一以贯之的只有一点:那就是新闻界的自身利益。

让我们来看看他们提出的不应强迫新闻界披露其消息来源的论点,

该论点被称为捍卫公众的知情权,但对它的解释则意味着公众无权知道新闻界发布材料的来源。公众想知道故事来源并非是无所事事的好奇心,因为如果忽略了来源,就很难知道应该在多大程度上相信该信息,或者很难检验其准确性。对我来说,最大限度地公布所依据的原始资料,使之接受同行审核的学术研究传统,是理所应当的,这是探求真理的核心要素。当然,新闻界的抗辩并非无效。他们认为,有些人将不会诚实地表达自己的想法——如果要让公众知道是他们的实际想法的话。但是,这种论点也同样适用于所有观点的表达,无论在政府、企业还是私人生活中,保密之于坦诚是必要的。然而,当有益自身时,这种顾虑通常不曾妨碍新闻界揭示此类秘密。当然,在信息传递中,如果发生违反信托甚至盗窃文件等情况,就可能阻碍披露公开材料来源的信息的发表。在上述情况中,材料的获得不符合新闻界对其他人拥有高道德标准及恪守法律的期望。我很难相信水门事件(Watergate affair)* 的主要错误在于它不是由《纽约时报》组织的,也不想说在所有难以评估的事例中,就没有相互矛盾的考虑,我的观点是新闻界没有认识到自己是难以评价的。

现在来分析一下另一个更令人关注的例子:新闻界对政府的广播管制所持的态度。广播是重要的新闻和信息来源,它在第一修正案的保护范围之内,但广播电台的节目内容还要受到政府的管制。有人可能会认为,热衷于强化第一修正案的新闻界会对这种言论自由权的限制进行不断抨击,但事实上,他们并没有这样做。自 1929 年联邦无线电委员会(Federal Radio Commission)[现改为联邦通讯委员会(Federal Communications Commission)]成立后,新闻界对此政策几乎从未表示过异议。如

---

* 水门事件(Watergate affair):美国历史上导致尼克松辞职的政治丑闻。1972年美国大选,尼克松获胜,连任总统。但在总统竞选中,为取得民主党内部竞选策略的情报,共和党竞选班子成员潜入位于华盛顿水门大厦的民主党全国委员会办公室,偷拍文件和安装窃听器,当场被捕。《华盛顿邮报》的两位记者 Bob Woodward 和 Carl Bernstein 对整个事件进行了系列跟踪报道,他们报道的内幕消息揭露了白宫与水门事件之间的联系。国会以此弹劾尼克松,导致尼克松于 1974 年 8 月 8 日被迫辞职。——译者注

此渴望摆脱政府控制的新闻界竟没有努力为广播事业争得类似的自由！

为了免得让人以为我对美国新闻界怀有敌意，我将指出，英国新闻界的行为也大体如此。在英国的例子中，新闻界言行之间的反差甚至更为强烈，因为在英国，新闻和信息的来源是由政府控制垄断的。也许有人会以为这种对新闻自由信条的公然冒犯，会使英国新闻界震惊，但是没有。他们之所以支持广播垄断，在我看来，主要是因为他们还把英国广播公司（BBC）看作商业性广播，从而就牵涉到不断升级的广告收入竞争。如果新闻界不想展开广告收入竞争，他们也就不会希望进行新闻来源的竞争。因此，至少作为新闻和信息的供应者，他们尽最大努力钳制BBC。垄断刚建立之时（尽管仍然以英国广播公司命名），BBC不得广播从指定的某几家新闻机构之外获得的新闻和信息。BBC晚上 7 点之前不能播新闻，同时，由于面临其他的一些限制，广播可能对报纸销量产生一些负面影响。随着时间推移，新闻界与 BBC 之间进行协商的结果是这些限制逐渐被放松。但是，直到第二次世界大战爆发后，BBC 才能在晚上 6 点以前播送定时新闻报道。[⑥]

然而，也许有人会说，商人主要受金钱因素的影响并不算什么重大发现，对这些报界的淘金者，你会指望别的什么呢？而且，还有人可能会反对说，一种信条得到从中受益的那些人的鼓吹，这并不意味着该信条不好。毕竟，言论自由和新闻自由不也是那些高尚学者所倡导的吗？对这些高尚的学者来说，其信仰是取决于对真理的追求而非卑鄙的想法。无疑，没有比约翰·弥尔顿（John Milton）* 更高尚的学者了。他"为未经许可的印刷品的自由"而作的《论出版自由》（*Areopagitica*），可能是迄今为止捍卫新闻自由信条最著名的作品，因此，就我而言，考察他关于新闻自由之论点的性质是有价值的。就我的目的而言，弥尔顿的著作还有另一个好处，即它写于 1644 年，远远早于 1776 年，我们从中可以了解到，

---

*　约翰·弥尔顿（John Milton, 1608—1674）：英国诗人，政论家，以长篇诗《失乐园》闻名于世。1644 年发表《论出版自由》（*Areopagitica*），力主自由研究和讨论，表示深信真理最后必胜。——译者注

有关竞争性市场如何运行的一般性认知和现代民主观念诞生之前的观点之特点。

如果我说自己能充当解读弥尔顿思想的导读者，那就是自欺欺人。我对 17 世纪的英格兰知之甚少，也不能理解弥尔顿小册子中的很多内容。然而，这本小册子中的有些段落在跨越了数个世纪后，仍然可以在不需要什么学问的情况下也能对之进行诠释。

正如人们所期望的那样，弥尔顿坚持思想市场的至高无上："给我知的自由、说的自由、凭良心坦率争论的自由，这是高于一切的自由。"⑦它不同于商品市场，不应该像对待商品市场那样来对待它："真理和智慧不像那些可用票证、法规和标准进行垄断和交易的物品。我们不能想象将地球上的所有知识做成标准商品，像细毛织品和羊毛打包布那样做上标记，发放许可证。"⑧对印刷品发放许可证是对学者和学问的公然侮辱：

> 一个人在为世人写作时，就得调动理智与思维全力以赴；他调查探索、冥思苦索、孜孜不倦，很可能还要向有识之士请教、磋商；之后，他还得让自己熟悉要写的内容以及前人的著述。即使在他忠诚练达、臻于完美的岁月里，勤奋和以前的能力证明也不能使他不被误解和怀疑，除非他把自己通宵达旦、不懈努力的成果……送到一个忙忙碌碌、也许十分年轻、也许判断力极差、也许根本就不懂著书之艰辛的许可证发放者那里，以博得他的匆匆一瞥；如果他未遭拒绝或冷落，在出版的时候，还必须像个被监护的小东西，让审查官把手放在他的名称后面作为担保，表明作者不是白痴或引诱者。这不能不说是对作者、对书籍、对学问之殊荣和尊严的侮辱与贬损。⑨

发放许可证也是对普通人的冒犯：

> 这对普通人也无异于一种耻辱；因为倘若我们对他们如此猜忌，不敢把一本英文小册子放心地交给他们，这就等于指责他们为轻浮、堕落、无主见之人。在信任和辨别力如此病态和脆弱的状态下，也只有发放许可证者所喜欢的东西才能被记录下来。⑩

在思想市场上，正确的选择就是："让真理和谬误争斗；谁曾听说在自由和公开的冲撞中,真理会处于劣势。"⑪那些担任发证工作的人是不称职的。在弥尔顿看来,发证者应当"审慎、博学、明智",但我们遇到的发证者可能并非如此:"我们很容易就能预见今后会有什么样的许可证发放者:不是无知、傲慢、疏于职守,就是卑鄙地捞钱。"⑫发证者更可能压制的是真理而不是谬误:"如果要禁止,没有什么比真理本身更可能被禁止;在我们由于偏见和习惯而变得朦胧模糊的眼中,真理给人的第一印象比许多错误更丑陋,更难以置信。"⑬弥尔顿也没有忘记告诉我们,他著文反对的许可证安排是作为产业压力的一个结果而出现的:"它就是这样占了上风……,在这中间存在着某些老专利获得者和垄断者在书籍贩卖交易中的欺骗行为。"⑭

在弥尔顿观点的形成中,自身利益也许发挥了部分作用,但他的论点也包含了迪莱克特所提到的知识分子的骄傲。作家是一个学者,辛勤耕耘、值得信赖;许可证发放者可能无知、不称职、动机卑鄙,也许还"比较年轻",而且"判断力低下";常人通常愿意选择真理而不是谬误。但这种描述有点过于片面而不可全信。如果知识分子团体信服了这种说法(显然经常如此),那肯定是因为人们容易相信对自己有益的事情也会对国家有益。

我不相信商品市场与思想市场之间的区分是有充分根据的。这两个市场没有根本差异,在决定与之有关的公共政策时,我们必须考虑到相同的因素。在所有市场中,生产者都有理由诚实,也有理由不诚实;消费者掌握了一些信息,但信息并不充分,以至不能领会所掌握的信息;管理者一般都希望恪尽职守,但往往不称职而且受特殊利益集团的影响,因为像我们所有人一样,他们也是人,其最强烈的动机未必是最高尚的。

当我说对所有市场都应该加以同样考虑的时候,我的意思并不是说,所有市场上的公共政策都应该是一样的。每个市场的不同特征会使相同的因素在不同的市场发挥不同的作用,适当的社会安排就应随之变化,用同样的法律安排来管理肥皂、住房、汽车、石油和书刊的供应并非明智之举。我以为,在制定公共政策时,我们应该采用相同的方法(approach)来对待所有的市场。事实上,如果我们这样做,即把被经济学家称颂的用于商品市场的同种方法用于思想市场,那么,政府对思想市场的干预显然就会在总体上比对商品市场的干预强得多。例如,当市场运行不良——即出现一般称谓的邻近或溢出效应(neighborhood or spillover effects)或者"外部性"——的时候,经济学家通常提倡包括政府直接管制在内的政府干预。我们如果想象一下可能需要的产权制度(property rights system)和保证传播改革思想或建议之士都获得由此产生的利益或补偿由此导致的损害所必须开展的交易,那么就不难看出,在实践中,很可能存在大量的"市场失灵",这种情况通常会促使经济学家提倡广泛的政府干预。

再来考察一下有关消费者无知的问题,它常被视为政府干预的正当理由。很难相信,普通大众在评价众多相互竞争的有关经济和社会政策的观点时,会比在不同食品中进行选择时的处境要好。然而,人们却支持商品市场的管制,而不支持思想市场的管制。再来考察一下防止欺骗问题,对此,人们一般都提倡政府干预。难以否认的是,报载文章和政治家演说中充斥了大量错误和误导性言论,有时,它们除了错误和误导,再无别物。旨在控制虚假和误导性广告的政府行为被认为是极为合宜的,然而,仿效联邦贸易委员会设立一个"联邦新闻委员会"或"联邦政治委员会"的提议会被立即驳回。

第一修正案所享受到的热烈支持不会使我们避开政府实际上对思想市场进行的大量干预。我已提到了广播,但还有教育,它在思想市场中发挥着决定性作用,但它还是受到了相当多的管制。有人可能会认为,迫切希望制止政府对书刊和其他印刷品进行管制的人,也一定会对教育领域的这种管制感到反感,但是,这之间无疑是有区别的。政府对教育的管制一般都伴随政府融资和其他旨在增加人们对智力服务的需求从而提高其收入的措施(例如义务教育)。[15]因此,在总体上促使人们支持思想市场自由的自利(self-interest),却导致人们区别对待教育问题。

我不怀疑,深入的研究还会揭示:在其他情况下,如果政府管制和限制竞争会提高思想市场上从业集团的收入,他们就会支持这种政府行为,正像我们在商品市场上所看到的类似行为。但是,人们对思想市场进行垄断的兴趣可能不大,一个全面的管制政策会通过限制市场而具有减少智力服务需求的效应。但更重要的,或许是因为公众通常对真理与谬误之间的斗争比对真理本身更感兴趣,对作家和演说家所提供服务的需求,在很大程度上,取决于是否存在争论,而为了争论的存在,真理就必然不应该独立于不败之地。

不管人们如何考虑导致此现状被普遍接受的动机,事实上,哪个政策才是最恰当的这仍然是个问题,这要求我们对政府会如何履行所赋予的各项职能作出结论。除非我们摒弃对政府在两个市场上的表现所持有的矛盾态度,而采取更为一致的观点,否则,我相信,我们不会形成令自己信服的判断。我们不得不决定的是:政府在思想市场上是否像一般假设的那样无能,从而,我们就需要减少政府对商品市场的干预?或,政府在商品市场上是否如同一般假设的那样有效,从而,我们就需要增加政府对思想市场的管制?当然,人们可能持中间立场:政府既不像假设的那样在思想市场上无能、低劣,也不像假设的那样在商品市场上能干、高尚,从而,我们应当减少政府对商品市场的管制,同时增加政府对思想市场的干预。我期待着获悉,上述不同观点中哪一个会得到经济学界同行们的首肯?

注　释

① *Beauharnis v. Illinois*, 343 U.S. 250, 286 (1952).
② Aaron Director, "The Parity of the Economic Market Place", *Journal of Law and Economics* (October 1964):5.
③ 同上,3。
④ 同上,6。
⑤ 同上,6。
⑥ 关于新闻界对英国广播垄断的态度的讨论,参见 R. H. Coase, *British*

Broadcasting，*A Study in Monopoly*（*Cambridge*，*Mass.*，1950），pp. 103—10 and pp.192—93。

⑦　John Milton，*Areopagitica*，*A Speech for the Liberty of Unlicensed Printing*，with introduction and notes by H. B. Cotterill（New York，1959），44.

⑧　同上，29。

⑨　同上，27。

⑩　同上，30。

⑪　同上，45。

⑫　同上，25。

⑬　同上，47。

⑭　同上，50。

⑮　参见 E.G.West，"The Political Economy of American Public School Leg-islation"，*Journal of Law and Economics*（October 1967）：101。

6

国富论†

今天是 1976 年 3 月 9 日，我们在此相聚，纪念亚当·斯密（Adam Smith）的《国民财富的性质和原因的研究》（*An Inquiry into the Nature and Causes of the Wealth of Nations*，简称《国富论》）出版 200 周年。之所以如此，不只是因为此书具有经济学发展里程碑的重要地位，而且因为它是一本依然有着生命力、我们能不断从中受益的著作。我所做的评论，其价值只相当于对《国富论》本身的初次阅读或重读的开端。

《国富论》是一部杰作。它相互关联的主题，对经济生活的入微观察以及表达得清晰而优雅的有力思想，使它不可能不产生魔力。但是，该书内涵的丰富性意味着读者会对它仁者见仁、智者见智。它不像乘法口诀表或只有一些简单信息的教科书，一旦被吸收，就没有了重读的必要，

† 本文是洛杉矶加州大学（UCLA）一次公开演讲的演讲稿，它得到 UCLA 经济系和经济学研究与教学基金（Foundation for Research in Economics and Education）的资助，由基金印刷内部发行，后来在 *Economic Inquiry*（July 1977）上发表。现经允许，转载于此。

其中蕴涵了许多可供选择的观点和可供思考的问题。尽管会有那么一天，我们再也无法从《国富论》那里学到什么东西，更确切地说，我们从中学到的将和我们所要解决的问题毫不相关，但是，这一天还没有到来，在我看来，很长的时间里，这一天也不会到来。

亚当·斯密，1723 年出生；14 岁进入格拉斯哥大学（University of Glasgow）学习（根据 W. R. Scott 的观点，这一入学年龄在当时算较大的）；17 岁，即 1740 年，获得文学硕士学位；接着，他被选送到牛津大学进行一个我们现在所谓的研究生课题项目。在那里，他自学了 6 年，被那些如他在《国富论》中所评论的、不管上不上课都能领钱的老师们所忽视。1748—1751 年期间，他在爱丁堡开设文学、修辞学、法学的公开讲座。显然，他的法学讲座包含了《国富论》中一些主要思想的雏形。1751 年，他成为格拉斯哥大学教授，开始讲授逻辑学，但很快就转而讲授道德哲学。

1759 年，斯密出版《道德情操论》（*The Theory of Moral Sentiments*），该书包含了他大部分讲座的基本内容。他同时开设法学方面的讲座，在这些讲座中，他在"警察"（Police）* 这个标题下陈述了自己的经济学观点。正如埃德温·坎南（Edwin Cannan）指出的，我们或许会对此感到有些奇怪，因为亚当·斯密坚信，经济体系应该通过市场的运行来控制——很大程度上，也正是由于他的著作，这一点已成为我们绝大多数人的共识。如果亚当·斯密和他同时代或先前的教授一样，是坎南所说的"老式的贸易与产业政府控制论的信徒"，那么，"警察"当然是适合谈论价格决定的最自然标题。① 但是，让当时的格拉斯哥大学的听众感到惊讶的并不是他的标题，而是他的结论。

1764 年，亚当·斯密辞去教授职位，成为年轻的巴克勒公爵（Duke of Buccleuch）的家庭教师，并和他一起在法国待了两年半时间，这给斯密带来了每年 300 英镑的养老金收入。1766 年，斯密回到英国，其大部分光阴是在出生地卡

---

* 指 1763 年亚当·斯密在格拉斯哥大学所做的"法律、警察、岁入及军备"的讲座。——译者注

柯尔迪(Kirkcaldy)度过的,在那里,他继续从事研究,并进行《国富论》的写作。

从对亚当·斯密生活的描述中,我们可能觉察使《国富论》产生如此超乎寻常影响的特殊环境——抛开他的天分不说。首先,他的许多主要思想,很早之前,很可能在牛津大学的时候就已经形成。他对这些思想不断进行思考,通过阅读和观察来充实其分析。他先是在牛津,后来在卡柯尔迪度过了很长一段时间。他独立工作,与其他关注经济问题的学者很少或没有接触。斯密自称"孤独的哲学家",尽管他看起来是一个容易交往的人。他肯定是从自己的事业中获得了乐趣,并能够在无需外部激励的情况下独自出色工作。在卡柯尔迪,他给朋友大卫·休谟(David Hume)的信中写道:"我在这里的任务是研究……我的娱乐是独自在海边远距离散步,你或许会评判我怎么这么打发时光,但我个人觉得特别快乐、舒适和满足,我一生中的最大享受恐怕也莫过于此吧。"[②]

亚当·斯密思想独立、偏爱孤独,孤独使他的思想自由驰骋,这必然有助于撰写一部主题新颖的著作。也许这并不是什么巧合,亚当·斯密和伊萨克·牛顿(Isaac Newton)都是遗腹子。经济学思想史告诉我们,而且我也确信,亚当·斯密也受到诸如弗朗西斯·哈奇森(Francis Hutchson)[*]、伯纳德·孟德维尔(Bernard Mandeville)[**]等其他学者著作的影响,但他吸收了他们的思想并为己所用。

《国富论》之所以成功并广受欢迎的另一个原因,在于它的可读性。从亚当·斯密在爱丁堡以及后来在格拉斯哥所作讲座所涉及的主题中,我们可以清楚看出,他对写作艺术非常感兴趣(James Boswell[***] 是他的

---

[*] 弗朗西斯·哈奇森(Francis Hutchson, 1694—1746):苏格兰启蒙学派的代表,哲学家,发明了"最大多数人的最大幸福"这一功利主义概念,他是亚当·斯密的老师,其自由主义思想影响了斯密一生。——译者注

[**] 伯纳德·孟德维尔(Bernard Mandeville, 1670—1733):荷兰裔英国医生、作家,以《蜜蜂寓言》闻名,认为利己主义是商业社会的主要动力,其思想对功利主义有较大影响。——译者注

[***] James Boswell(1740—1795):中文译为詹姆士·鲍斯威尔,苏格兰著名传记作家。——译者注

学生之一）。约瑟夫·熊彼特（Joseph Schumpeter）用几乎嫉妒的口吻这样评价斯密的写作艺术："他不喜欢任何超过常识性的表达，即便头脑最愚笨的读者也能通读无碍。他娓娓道来，用细微而朴实的观察鼓励读者，使他们在阅读中一直感觉惬意。"③熊彼特的意思是说，《国富论》清晰、有趣、富有说服力，能使读者饶有兴趣地阅读。当然，亚当·斯密的写作风格和现代大部分经济学家迥然相异，因为现代经济学家们要么不会用简单的英语，要么就用晦涩的方式来故弄玄虚。

亚当·斯密工作独立，并耗费人生大半时间来撰写《国富论》，这是使它具有巨大影响力的品质的部分原因，但同时这也造成了一些不利之处。人们常常提到《国富论》的结构不够严谨，一些章节的安排不够恰当，实际上，斯密自己也认为一些太长的章节"离题"了。对这一问题，一般的解释是：斯密写作《国富论》历时很长，各章节在不同时期完成，如果要按一个更完善的结构要求来对以前完成的部分进行大量修改，那他会发现任务太繁重。看来有一点很清楚，亚当·斯密感觉写作异常艰辛，甚至就写作所耗体力而言，他也确凿无疑地感到力不从心，因此，他常常通过向文书助理口述来撰写。

《国富论》同时还有一些模棱两可和前后矛盾的问题。如果亚当·斯密不那么孤独，而是和更多人进行商榷，那么，这些缺陷或许可以消除，尽管我们必须承认，他同时代的人没有几个能透彻分析其作品。然而，另一个原因可以解释亚当·斯密为什么没有对本可消除的这些前后矛盾给予更多关注，那就是：他并不知道自己会成为亚当·斯密。如果他知道《国富论》在两百年后还会被讨论，那么，毫无疑问，他会对其写作更加谨慎。但是，我认为，我们或许应该为他没有预见到这种情况而感到欣慰。因为，如果他有此预见的话，他很可能根本就不愿意出版《国富论》。亚当·斯密在临死前把他剩下的手稿付之一炬，这虽令斯密作品的爱好者痛惜不已，但无奈，它已成事实。作为一个那么在意其作品没有恰当完成就拒绝将其公之于众的人来说，他必然会对《国富论》如今受到的仔细推敲而感到忧心忡忡。斯密临终前为自己建树不多而深感遗憾:"我可以做得更多一些。"④所有这些都表明,他从来没有意识到他所取得的成就:他全神贯注的研究铸成了经济学有史以来最重要的著作——一部天才之作。

亚当·斯密的贡献在于对经济学进行了清晰表述。他所讨论的主题、运用的方法,甚至各种论题的论述顺序都在现代经济学中重现。有一种观点认为,在过去的两百年中,经济学仅仅是做了一些"梳理工作",在此期间,经济学家们只是对《国富论》的分析工作进行一些补充、更正、提炼而已。

亚当·斯密通过一系列的绝妙手笔,成功造就了一个分析体系——我们的分析体系,其中一些我们非常熟悉,另外一些在我看来尚未得到充分发掘。众所周知,斯密思想的出发点是抛弃许多重商主义者所秉持的财富由黄金或货币构成的观点。对斯密而言,一国的财富是人们使用金钱所获得的东西,也就是直接由生产获得的或间接通过与别国交换得到的东西,这就是他在《国富论》开篇提到的观点:

> 一国国民每年的劳动,是最初供应他们每年消费的全部生活必需品和便利品的源泉。构成这种必需品和便利品的,或是本国劳动的直接产品,或是用这种直接产品从外国购买的产品。因此,一国国民所需要的全部必需品和便利品的供应是好是坏,依这种直接产品或用它换来的产品与消费者人数的比例如何而定。⑤

我们立即就能明白亚当·斯密关注的是某一时期实际商品和服务的流动,以及和消费这些商品的消费者数量之间的关系,他的重点是实际收入而不是货币收入:"劳动者是贫是富、报酬是高是低,与劳动力的实际价格而不是名义价格成正比"(p.51)。

亚当·斯密的分析出发点是:一国的福利有赖于它的生产,但生产的数量又依靠劳动分工:"劳动生产能力的最大提高,以及运用劳动所表现的更大技巧、娴熟程度和判断力,似乎都是分工的结果"(p.13)。即使是为了生产最普通的商品也需要众人的合作:

> 考察一下文明而繁荣的国家的最普通技工或日工的日用品吧!

你会看到,用他的劳动的一部分(虽然只是一小部分)来生产这种日
用品的人数是难以计数的。例如,日工所做的粗劣呢绒上衣,就是
许多劳动者联合生产的产物。为完成这种朴素的产品,必须由牧羊
者、拣羊毛者、梳羊毛者、染工、粗梳工、纺工、织工、漂白工、裁缝工,
以及其他许多人联合起来工作。(p.22)

亚当·斯密继续写了更多细节,并最后总结道:"如果考察这一切东西,
并考虑到投在这每样东西上的各种劳动,我们就会觉得,没有成千上万
人的帮助与合作,一个文明国度里的微不足道之人,即便按照我们的虚
幻想象过他最普通简陋的生活,也无法获得其日用品的供给。"(p.23)

熊彼特这样评论:"在亚当·斯密前后,从来没人想过要赋予劳动分
工如此重任。"⑥亚当·斯密关于劳动分工重要性的观点是正确的,但是
我们却错误地轻视了它。因为对劳动分工的关注,使经济学转向对社会
中人的研究,并提出了一个非常棘手的问题:世界各地数量众多的人们
之合作是如何形成的? 即便用最低生活标准来衡量,这种合作显然也是
必要的。亚当·斯密的答案是:利用贸易或交换,使用由自利(self-
interest)所推动的市场。

人类几乎随时随地都需要同胞的协助,但要想仅仅依赖他人的
仁慈,那一定是不行的。如果能够刺激他们的自利心,并表示对他
们自己有利,那么,他们的行动就容易展开。不论是谁,如果要和他
人做任何生意,请首先照这样做:请给我所要的东西吧,同时,你也
会获得你所要的东西——这是交易的通义;我们所需的大部分商品
是以这种方式获得的。我们每天所期望的食物,不是出于屠夫、酿
酒师或面包师的仁慈,而是出于他们自利的打算。我们不要讨论他
们的人道,而要讨论他们的自爱(self-love),不要对他们讲我们的需
要,而要谈对他们的好处。(pp.26—27)

这是一段我们大家所熟知的、在教科书或其他地方见过无数次的
《国富论》引文,它似乎表明,人类完全是由自利(self-interest)而根本不是
由什么仁慈感情(feeling of benevolence)所主宰。此外,它似乎意味着仁

慈（benevolence）或爱（love），不能构成经济组织赖以运行的基础。但是，这些推理都是不正确的。正如斯密在《道德情操论》(*The Theory of Moral Sentiments*)中所说，人类的行为，受仁慈感情的影响；家庭，甚至是大家族（extended family）中的劳动分工，都可能是由爱和仁慈得以维系的。我相信，亚当·斯密给出的是一个比我们通常的假设更微妙也更重要的观点。仁慈或爱是个人化的（personal）；它在家庭中表现得最为强烈，也可能存在于同事和朋友之间。然而，随着关系的疏远，相互之间的爱或仁慈就会减弱，但总的来说，我们受爱或仁慈这些感情的影响。这正是亚当·斯密在《道德情操论》中所要讨论的。

我很有必要提醒人们，在引用这一著名段落时（它在无数场合被引用），也要同时考虑亚当·斯密在此之前所说的话，"在文明社会，人随时需要多数人的合作与协助，而一个人穷其一生也难以博得几个人的友谊"(p.26)。如果你和我对这句话的理解是一样的，那么，你就会完全改变对斯密观点的理解。依靠仁慈来提供充分的劳动分工是不可能的，我们需要大多数人的合作。这些人中的许多人，我们甚至是素昧平生，因此，我们既不可能对他们怀有仁慈，他们也同样不会对我们表示仁慈。如果我们确实了解他们，他们的生活、背景很可能与我们迥异，这就很难让我们对他们表示同情。依靠自利不单是实现必要劳动分工的一种途径，对于文明生活所必需的劳动分工而言，也是唯一途径。

我们只是没有时间了解谁从我们的劳动中获益，他们的背景又如何，所以我们无法感觉到对他们的仁慈，即使我们完全知道应施加仁慈。当讨论亚当·斯密对劳动分工的论述时，经济学家常常引用他关于制针厂（每个人限制在单个工厂之内）的著名例子，而不是我前面引用的例子（那个例子中劳动分工是在世界范围内），制针厂的例子也有助于我们把注意力从仁慈在现代经济劳动分工中所发挥的极其有限的作用中转移开去。

我已经提到，一个人"穷其一生也难以博得几个人的友谊"这个句子从来没有被引用过，同样奇怪的是，在那段著名引文之后的句子也鲜为

人所引:

> 社会上,除乞丐以外,没有一个人愿意全然依靠别人的恩惠过
> 活。而且,就连乞丐也不能一味依赖别人……他的大部分临时需要
> 和其他人一样,也是通过契约、交换和买卖而得到供给。他把一个
> 人给他的金钱拿去购买食物,把另一个人给他的旧衣,拿去换成更
> 合身的旧衣,或交换一些食物和寄宿的地方,或者换成货币,再用货
> 币随时购买自己需要的食物、衣服和住所。(p.27)

在我看来,亚当·斯密的主要观点并不是说仁慈和爱不是现代社会
经济生活的基础,而是说它们不可能是。在自利动机下,我们必须依靠
市场。如果人类天生只能对仁慈感情作出反应,我们将依然在洞穴中过
着肮脏、野蛮而短命的生活。

市场的有效运行是维持和提高舒适生活标准的关键。亚当·斯密
首先表明,在一个有效的市场系统(market system)中,由于物物交换
(barter)的不便,我们使用货币,用货币来表示所有价格;然后,他表明,
价格体系(price system)是一个自我调节的机制,它能够引导资源在生产
中以发挥最大价值的方式被加以利用。"每个人都在不断努力以寻求与
其能力相称的最具优势的就业。这确实是出于对他自身利益而不是对
社会的考虑。但是,对他自己有利的努力,自然或相当必然地导致他选
择对社会最有利的就业"(p.454)。他受"看不见的手的指引,去尽力实
现一个并非其本意所要达到的目的。没有考虑社会利益,并不见得就会
对社会有害。一个人通过追求自身利益,往往会促进社会利益,比他有
意要促进社会利益还要有效"(p.456)。

对我们而言,亚当·斯密的分析体系可能显得有些原始,但实际上,
他所得到的结论在今天也被认为是正确的。他所使用的自然价格概念,
就是我们所谓的长期供给价格,有效需求(effectual demand)就是这一价
格下的需求数量,以下是亚当·斯密对均衡的描述:

> 如果市场上这种商品的量不多不少,恰够供给它的有效需求,
> 市场价格便和自然价格完全相同,或大致相同。所以,全部商品量

都能以自然价格售出,而不能以更高价格售出。各商人之间的竞争使他们都接受这一价格,而不是更低的价格。(p.74)

他也假设,在均衡价格下,供给量少于需求量的情况,并描述了整个运行过程,就像经济学课程所介绍的那样:

> 市场上任何一种商品的供给量,如果不够满足对这种商品的有效需求,那些愿意支付这种商品出售前所必须支付的地租、工资和利润之全部价值的人,就不能得到他们所需要的数量。他们当中有些人,宁愿支付更高的价格,而不愿得不到这种商品。于是竞争在需求者之间发生,而市场价格便或多或少地上升到自然价格之上。(pp.73—74)

当然,他同时也考察了在均衡价格下供给量超过需求量的情形:

> 当市场上这种商品的供给量超过它的有效需求时,这种商品就不能全部卖给那些愿意支付这种商品出售前所必须支付的地租、工资和利润之全部价值的人,其中一部分必须售给出价较低的人。这一部分价格的降低,必使全体价格随着降低。这样,市场价格便或多或少地下降到自然价格以下。下降程度的大小,要看超过额是怎样加剧卖方的竞争,或者说,要看卖方是怎样急于把商品卖出的。超过程度尽管相同,与耐久商品相比,易腐烂商品输入过多会引起卖方更为激烈的竞争。例如,柑橘输入过多就会比旧式铁器输入过多所引起的卖方竞争更为激烈。(p.74)

亚当·斯密考察实际情况时,使用了一个例子,是他对国丧期间增加黑棉布需求的讨论:

> 国丧期间,黑棉布存货往往不足,导致价格上扬,因而持有多量黑棉布的商人利润增加。可是,所增加的仅是商人的利润,而对纺织工的工资毫无影响。因为这时市场上不足的是商品,而不是劳动,换而言之,是产成品不足,而不是在产品不足。不过,国丧虽不能影响纺织工的工资,却会抬高缝工们的工资。因为,此时要干的活比能完成的多,劳动力就会不足。国丧降低了花丝绸和花棉布的

价格,从而降低了持有过量花丝绸和花棉布的商人的利润,以及精制这些商品的劳动者的工资。因为这时候,对于这些商品的需要都不免要停顿半年或一年,于是,这类商品与这类劳动都供过于求。(pp.76—77)

上述分析展现了亚当·斯密一针见血的分析能力,他的工具可能是原始的,但他运用工具的技巧是超一流的。他可能没用任何需求曲线,但在他的分析中已包含着一个观点:如果一个人要制作一个需求表,则在更低的价格下就会对应一个更高的需求量。再考虑一下斯密关于价格管制的讨论:

> 当政府为救济粮食匮乏所造成的困苦,命令所有的销售商按它所认为的合理价格出售谷物时,其结果,或者是使他们不把谷物提供给市场,这有时甚至导致在季节开头就闹饥荒;或者,如果他们将谷物提供给市场,又鼓励人们快速地进行消费,从而必然会在季节结束前闹饥荒。不受限制、没有约束的谷物自由贸易,是防止饥荒灾难产生的唯一有效办法,也是减轻粮食短缺痛苦的最佳办法,因为真正粮食短缺的痛苦无法消除,而只能予以缓解。(p.527)

如果我们今天讨论政府对石油或天然气价格的管制,能做得比这更加出色吗?

但是,亚当·斯密对于经济学分析的运用并没有获得普遍赞誉,他处理方法的笨拙和不完整受到一些经济学家的强烈批评,这些批评是如此强烈,以至好像如果他们生活在1776年前后,亚当·斯密就没有必要了。许多经济学家批评过亚当·斯密区别对待"使用价值"和"交换价值"的论述:

> 使用价值很大的东西,往往具有极小的交换价值,甚或没有;反之,交换价值很大的东西,往往具有极小的使用价值,甚或没有。没有什么东西比水的用途更大,但我们不能以水购买任何物品……金刚石几乎没有使用价值可言,但须有大量其他货物才能与之交换。(pp.44—45)

诚然,这段话既非原创,也非特别有用。但亚当·斯密的经济学丝毫未因他也没有告诉我们边际效用递减理论而受损。效用理论通常只是经济学分析的一种装饰,而非经济学分析的组成部分。

另一段令经济学家反感的文字是亚当·斯密关于垄断价格的陈述:

> 垄断价格在各个时期都是能够得到的最高价格。反之,自然价格或自由竞争价格,虽不是在各个时期,但在长期内,却是可能有的最低价格。垄断价格是在各个时期都能向买者榨取的高额价格,或是可以想象得到的买者愿意支付的最高价格。而自然价格或自由竞争价格,却是卖者一般能接受的最低价格,也就是他能够继续营业的最低价格。(pp.78—79)

让人产生异议的是,斯密讲述的是可能的最高价格而不是使利润最大化的价格,好像他没有考虑价格更高需求量会更少,或者,他是转而假设需求量的减少会以不连续的形式发生。但是,从我前面列出的引文以及《国富论》的其他地方可清晰看出,斯密是知道需求曲线向下倾斜的。有一点似乎是清楚的,即他不能用古诺(Cournot)式的严密方式将垄断价格的决定公式化。然而,斯密关于竞争的观点是相当有力的,如前面所引用的那样,他将竞争视为一个过程(process),而不像大多数现代经济学家那样,把竞争视为一个用高需求弹性定义的条件。我不需要隐瞒自己的信念,我认为,斯密关于竞争的观点,最终会被广为接受。

亚当·斯密还讨论了竞争者数量与可能出现的价格之间的关系。他说,如果交易"在两个不同的杂货商之间瓜分,他们的竞争将使售价低于商品只为一家所有时的情况;如果交易在 20 个商人之间瓜分,他们之间的竞争就将更加激烈,为了提高价格而合并的机会就会更少"(pp.361—62)。斯密相信,竞争者数量越多,将直接通过竞争过程和间接通过减少相互联合的可能性而使价格下降。这不是一个十全十美的论述,但是,我相信,现代经济学家不会做得比这更出色。我们不应当因为斯密留给我们一些尚未解决的问题而拒绝他的观点,尽管我们有理由抱怨,自《国富论》出版两百年以来,我们在解决这些问题方面进展甚微。

亚当·斯密说明市场运作是如何调整一个经济体以实现产值最大化的,为了实现这个目标,就要求政府给予最少的帮助:

> 每个人只要没有违反公正的法律,他就应当有完全的自由以自己的方式追求自身利益,使自己的产业和资本能与其他人展开竞争……自主权完全来自职责,在履行职责的努力中,人必然会有无数的谬见,任何人的智慧或知识对恰到好处地履行职责都是远远不够的;管理民众事务的职责与引导最符合社会利益的就业的职责亦是如此。(p.687)

注意,当斯密说"公正的法律"时,表明他看到了设立政府——即我们所说的产权制度的必要性,但是,他对除此之外的政府行为并不赞成。

亚当·斯密反对更广泛的政府活动,并不是因为他认为没有这个必要,而是他觉得政府行为通常会使事情变得更糟。他认为,政府既缺少管理经济体系的知识,也缺少出色工作的动机。他说:"地大物博的国家,尽管有时会被政府的奢侈妄为弄得穷困,但从来不会因私人而贫穷。"(p.342)

> 这是最大的放肆和专横……在王公大臣中,倡言要监督私人经济,节制铺张浪费……而他们自己,却总是无一例外地是社会上最挥霍之人。他们只要好好注意自己的花费就行了,人民的费用可以让人民自己去管。如果他们的挥霍不会使国家灭亡,人民的浪费哪里谈得上呢?(p.346)

亚当·斯密进一步解释,政府管制通常受到能从中受益的那些人的影响,结果就未必对整个社会有益:

> 商人的利益……不论是何种商业或制造业,在若干方面,往往与公众利益不同,有时甚至相反。扩大市场,减少竞争,通常符合商人的利益。扩大市场,虽然往往对公众有利,但减小竞争却不符合公共利益,只会使商人能够为了他们自己的利益而将其利润提高至高于他们本来所应该得到的,而其余国民却要为此承受不合理的负担。因此,这一阶层所建议的任何新商业法规,都应当小心听取;如

85

果没有经过长期而仔细、严谨、质疑的考察，就决不应采用。因为他们这帮人的利益，从来不是和公共利益完全一致。一般来说，他们的利益在于欺骗公众，甚至在于压迫公众。事实上，公众亦常常为他们所欺骗和压迫。(p.267)

在亚当·斯密看来，政府只有三个职责。第一，使社会免于"其他独立社会的暴力和侵犯"(p.689)，如他所说："国防……比富裕重要得多。"(pp.464—65)第二，通过他所指的界定个人权利的法律体系（legal system）来建立一个公义体系（system of justice）。经济学家倾向于认为，斯密仅仅是提倡使用定价系统（pricing system），但通读《国富论》后，我们会发现，他是在讨论价格体系运行所依赖的恰当制度框架。不管人们是赞成还是反对斯密关于学徒年限法、土地租赁、合股公司、司法管理或教育体系的观点，有一点可以把斯密方法与很多从那时起就开始存在的方法区别开来，那就是：他显然认为，对上述这些制度问题的讨论，是一个经济学家不可或缺的正确而重要的一部分。我相信，只是在最近，才有一些经济学家开始认识到制度框架的选择是值得系统研究的课题。

斯密认为，政府的最后一个职责，是建立某些公共工程和公共机构。他所指的主要是公路、桥梁、运河等诸如此类。在我看来，斯密所认为的政府应该承担的公共项目的目录尽管很有限，但会越来越广泛，因为斯密没有预见到现代公司和现代资本市场的潜力*，它们的历史可以追溯到斯密那个时代的合股公司，而斯密对合股公司是不赞成的。但这丝毫未损害他对此所做的非凡论述。在关于这些公共工程该如何得到融资和管理的探讨中，斯密认为，它们应当用消费者的付费来融资，而不是靠公共收入融资：

> 这些公共工程的支出，似乎不必由通常所说的公共收入来支付。公共收入的征收和使用，在大多数国家由行政权力经办。这种

---

* 此处是指现代公司和现代资本市场为建设公共工程提供融资的能力。——译者注

公共工程的大部分,可能很容易这样来进行管理:使之被支付一种特定收入以足够支付建设它们所需要的费用。这样,就不会对社会的整体收入带来任何负担。

例如,在大多数场合,公路、桥梁、运河的建筑费和维持费,都可出在对车辆船舶所收的小额通行费;港湾的建设费和维持费,都可出在对上货和卸货船只所收的小额港口税……公路、桥梁、运河等等,如由利用它们的商业来建造和维持,那么,这种工程就只能在商业需要它们的地方兴建,因而,就只能在易于兴建的地方兴建……宏伟的大道,断不能在无商业可言的荒凉国境内建造,也断不能单为通达州长或州长所要献媚的某大领主的乡村别墅而建造。同样地,不能在无人通过的地方或单为增设附近宫殿凭窗眺望的景致,而在河上架设大桥。在公共工程建设费不由该工程本身提供的收入支付而由其他收入开支的国家中,这类事情有时亦会发生。(pp.724—25)

有一点很清楚,如果把边际成本定价的提议拿给亚当·斯密,他一定会理解它的优点,但他也不会忽视这样的政策对所提供的公共工程所产生的影响。

在对《国富论》的综述中,我主要关注了自己所认为的亚当·斯密对经济学的主要贡献:劳动分工、市场运行、经济体系中的政府角色。我深深地意识到,这样对待斯密的巨著是有失公平的,然而,这些主题仍然还需要很多演讲和很多演讲者来做。《国富论》所探讨的其他很多主题,无疑和我已经提到的那些一样重要,比如关于经济发展、公共财政、教育、宗教创立、殖民地(特别是美洲殖民地)等的讨论都是非常值得关注的。在上述的所有主题和其他一些主题中,亚当·斯密的论述都是意义深远的。看起来,他的思想令今天的一些读者触动很大,令人啼笑皆非的是,我们甚至可以说,令今天的一些读者感到新奇。

我将通过在这个场合难以回避的一个主题来说明这一点。这就是亚当·斯密关于美国革命(American Revolution)的观点。在《国富论》

中，美洲事实上是价格体系运行这个大主题下的一个小主题。如 Fay 所说："美洲从来没有离开过亚当·斯密的思想，事实上，它最终成为他的一种执迷。"⑦斯密的观点是自由主义的，他看到了未来美国的强大：它将成为"世界上出现过的最强大无敌的帝国之一"(p.623)。他不相信英国实施的政策。1776 年 6 月，在《独立宣言》发表的前一个月，斯密在卡柯尔迪所写的一封信中说："美洲战争已陷入僵局，我希望——我不敢说是预期，战争会更好地结束。现在的英格兰虽然培训出各行各业的高水准专业人才，如伟大的律师、制表商、制钟商等，但它似乎没有培训出政治家或将军。"⑧

亚当·斯密没有低估美洲军队的作战能力。在讨论国防开支时，他认为尽管美洲民兵表面上不及英国常备军，但在若干年以后，它们将达到同等水平。他进一步说："难道要通过另一场战役来拖延在美洲的这场战争吗？美洲军队可能在各个方面都与英国常备军不相上下，包括他们所表现的英勇……也不会比法国和西班牙最英勇善战的部队差。"(p.701)无疑，正是在这种思想的影响下，斯密在《国富论》的其他章节中谈到："他们非常脆弱，但还自以为……能通过武力轻易征服我们的殖民地。"(p.623)在 1778 年的备忘录中，斯密给出美洲冲突的四种可能结局，而其中之一已经成为事实。⑨在战争临近结束时，他给谢尔本(Shelburne)勋爵写了封引荐信，谢尔本勋爵站在里查德·奥斯瓦尔德(Richard Oswald)也就是与美洲谈判的英方总代表的一边，谢尔本勋爵后来成为首相。1782 年，奥斯瓦尔德代表英国在和平草案上签字，他后来被指责为代表美洲利益而非英国利益，并因此丢了差使。事实也差不多如此吧。例如，奥斯瓦尔德不但转达而且好像还赞成本杰明·富兰克林(Benjamin Franklin)关于将加拿大割让给美利坚合众国的提议。⑩

然而，所有这些无疑都支持了亚当·斯密的态度，虽然他决不是美洲事业的热烈支持者。在《国富论》中，他对美洲领导人的动机做了如下描述：

> 人们之所以要参与公共事务的管理，主要是因为参与公共事务的管理可以取得重要地位……美洲领导人和一切其他国家的领导

人物一样,想保持自己的地位。他们觉得或者想象,如果他们的议
会——他们把它叫做国会,并认为其权力和英国议会相等——大权
旁落,仅仅成为英国议会低声下气的臣仆或执行官,他们自己的重
要地位就会大部分丧失。所以,他们拒绝议会征税的建议,像其他
野心勃勃、趾高气扬的人一样,宁愿拿起武器来捍卫自己的重要地
位。(p.622)

对亚当·斯密而言,美洲领导人想要的不是自由,也不是民主,而是地位。
为此,他设计了一种能够给予他们这种地位的方案:在英国议会中,根据殖
民地在公共税收中所占的比重,给予其相应的席位。如果这样做:

那么,各个殖民地的领袖,就有了一种获得重要地位的新方法,
就有了一个崭新的更加灿烂的野心目标。他们不再为在殖民地派
别的小小彩票中可能得到的小奖而去浪费光阴,而是在天生就具有
的对自己能力和幸运的妄想下,希望在英国政治的巨大国家彩票的
车轮中抽到某种大奖。(pp.622—23)

这就是说,一个充满野心的美洲人有希望成为首相,即实际上成为
大英帝国的统治者。亚当·斯密也认为,美洲人最终期望大英帝国的资
本能够越洋而来:

美洲在财富、人口和土地改良方面的进步一向是如此迅速,或
许在不超过一个世纪的时间里,它的纳税额就会超过英国的纳税
额。到那时,帝国的中心自然就会迁到对整个帝国的一般国防和支
持作出最大贡献的那个地方去。(pp.625—26)

乔治·J.施蒂格勒引用亚当·斯密关于美洲领导人动机的论述,赞
同这一"对政府行为的完全冷血的理性表述",并认为斯密的方案是精明
的。斯密的这个论述,与《国富论》中其他称人们表面上"热血"(hot-
blooded)或者在政治行为中甚至"非理性"(irrational)的论述是相抵触的,
而这些论述与政治行为是"冷血"(cold-blooded)的和"理性"(rational)的
观点不一致,因此存在错误之处。⑪但是,美国人在革命中的行为,证明
人兼具冷血和热血特征。我自认为,乔治·华盛顿(George Washington)

和托马斯·杰斐逊(Thomas Jefferson)支持美国革命的动机并不难理解——亚当·斯密充分解释了他们动机的很大一部分。但是,他们为什么会获得受尽磨难甚至不惜牺牲生命的群众的支持呢? 在解释革命者行为时,追求自身利益成功实现的动机显得不够充分。对于所有参与革命的人来说,革命是充满风险的事业,如果革命胜利,奖励将给予成功的革命领袖。

亚当·斯密确实解释了为何美国领袖们会拥有追随者,但这并不是在《国富论》中,而是在《道德情操论》关于等级差别的讨论中。"最伟大的暴民都是仰慕者和崇拜者,也许更令人吃惊的是,他们常常还是对财富和伟大了无兴趣的仰慕者和崇拜者。"[12]亚当·斯密解释说,服从基于等级差别的权力,是人类维护次序所必需的天性。但是,我们也会看到,这种天性偶尔也能制造混乱。

对普通美国人而言,摆脱大英帝国的统治是不是更好呢? 当然,这使他们摆脱了斯密所谴责的为了英国商人和制造商的利益而强加于其上的荒谬的贸易限制,但是,美国政府将通过它的关税政策,把符合美国商人和制造商利益的相似荒谬政策重新强加于他们。独立以后的关税就会比独立前更低吗? 如果英国在美洲的支出主要用于防御,那么,在亚当·斯密看来,征税问题就变得简单:谁是低成本防御的提供者? 如果是英国政府,殖民地人民会支付防御费用吗? 如果他们不支付,英国就没有理由来维系它的控制。"如果大英帝国的任何省份不能对维持整个帝国作出贡献,英国就应当从战时保卫这些省份以及和平时期支持它们的民用或军事建设所支付的花费中解脱出来,并努力使其前景和规划适应自己真实而平凡的处境。"(p.947)这是《国富论》的最后一句话。

的确有理由认为亚当·斯密可能参与了查尔斯·汤曾德(Charles Townshend)*的征税方案,而这些方案有助于加速美国革命的爆发。[13]

---

* 查尔斯·汤曾德(Charles Townshend, 1725—1767):英国政治家,曾任财政大臣。他引荐斯密认识大卫·休谟,并邀请斯密担任他的儿子,也就是后来的巴克勒公爵的私人家庭教师。——译者注

亚当·斯密将税收视为殖民地对宗主国所提供服务的付费,而殖民者,或更确切地说,殖民者领袖将经济问题转化为了政治问题。但是,如果斯密的整个方案获得通过,美国革命也许就不会发生。我从芝加哥电台听到一个孩子关于1776年所写的一篇论文中有这样一个句子:"如果不是1776年,英格兰现在还统治着美洲。"但是,如果亚当·斯密的方案获得实施,1776年也许什么都不会发生,美洲仍在英格兰的统治之下,那么,我们今天纪念亚当·斯密,就不会仅仅视其为《国富论》之作者,还要欢呼其为建国之父。

《国富论》是一部要人们怀着敬畏之心进行深思冥想的著作。它分析之敏锐、范围之宽广超越了其他任何经济学书籍。然而,它的卓越令人心绪不宁。在过去两百年里,我们究竟都做了些什么?我们的分析当然越来越复杂,但是,我们并没有显示出关于经济体系运行的更高明洞见。而且,在某些方面,我们的方法还不如亚当·斯密。当我们讨论有关公共政策的观点时,我们会发现被我们忽略的一些命题,亚当·斯密已经论述得几近"不证自明"。我真的不明白为什么会是这样,或许,部分答案就在于我们没有读过《国富论》吧!

注 释

① Adam Smith, *An Inquiry into the Nature and Causes of the Wealth of Nations*, editor's introduction (Modern Library, 1937), xxix—xxx.

② E.G. West, *Adam Smith, the Man and His Works* (1969), 153.

③ Joseph A. Schumpeter, *History of Economic Analysis* (1954), 185.

④ John Rae, *Life of Adam Smith* (1895), 434.

⑤ 引自亚当·斯密的《国民财富的性质和原因的研究》,第一卷,R.H. Campbell & A.S. Skinner 主编的《亚当·斯密作品与通讯格拉斯哥选集》(1976),第10页。除另有说明,下文中所有的引文都来自《国富论》,标注的引文页码对应的是格拉斯哥选集。

⑥ Schumpeter, *History of Economic Analysis*, 187.

⑦ C.R. Fay, *Adam Smith and the Scotland of His Day* (1956), 98.

⑧ W.R.Scott, *Adam Smith*, *An Oration*(1938), 23.

⑨ Fay, *Adam Smith and Scotland*, 110—14.

⑩ Richard Oswald, *Memorandum on the Folly of Invading Virginia*, ed., with an essay on Richard Oswald, by W. Stilt Robinson, Jr.(1953), 34—43.

⑪ George J. Stigler, "Smith's Travels on the Ship of State", *History of Political Economy* 3(Fall 1971): 265, 270—72, 273.

⑫ Adam Smith, *The Theory of Moral Sentiments* (Glasgow edition, 1976), 62.

⑬ Fay, *Adam Smith and the Scotland of His Day*(1956), 115—16.

7

亚当·斯密论人性[†]

亚当·斯密是一位伟大的也许是到目前为止最伟大的经济学家。今天，我将讨论他关于人类天性的一些观点。之所以这样做，并非是我认为斯密对人类天性的理解比他同时代的人更高明。据我判断，他关于人性的观点，不仅在苏格兰，在 18 世纪欧洲的其他地方无疑也都被广为接受。虽然亚当·斯密不是心理学之父，但我相信，了解他关于人类天性的看法，对我们加深对其经济学的理解是重要的。很多时候，人们都认为斯密假设人类仅为自利（self-interest）动机所驱动，当然，在斯密看来，自利的确是人类行为的一个强大动机，但绝不是唯一动机。我想，认识到这一点是重要的，因为把其他动机包含进斯密的分

---

† 本文是 1976 年在芝加哥大学法学院举办的"1776 年：社会思想的革命"系列讲座中一次公开演讲的演讲稿。这些演讲讨论了 1776 年这一具有特殊意义的年份，这一年所出版的一些书籍改变了我们思考的方式，同样在这一年所发生的事件也引导世界走向现代社会。这些演讲的内容在 *Journal of Law and Economics*（Oct.1976）上发表。本文的版权为©1976 罗纳德·H. 科斯。

析，非但没有削弱反而强化了他对经济事务中运用市场而限制政府行为的观点。

亚当·斯密关于人性的观点，并没有集中在一个地方论述，我们不得不从《道德情操论》(*The Theory of Moral Sentiments*)和《国富论》(*An Inquiry into the Nature and Causes of the Wealth of Nations*)的有关论述中进行推断。在《道德情操论》中，斯密对人类心理进行了深入广泛的讨论，这看起来似乎是为了揭示那些被我们称作仁慈感情和行为的心理基础。"人无论多么自私，在他的天性中显然都会有一些原则使他关心他人的福祉，并以他人得到必要的幸福为报偿，尽管他除了因感知他人幸福而快乐之外，并不能从中得到什么好处……最凶悍的暴徒、最顽固不化的不法分子也不会没有仁慈。"①

亚当·斯密将同情作为我们关心别人的心理基础。我们通过设想在相似环境中自己的感受来形成关于他人如何感受的想法。意识到某些事情会使自己的同伴感到悲伤，这使我们也感到悲伤；意识到使同伴感到高兴的事情也使我们感到高兴。之所以如此，是因为我们通过想象，设身处地地用自己的想法来体会别人的想法。尽管我们可能没有他们感受得那么强烈，但两者是同一种感受。

人们对同情的偏好由于相互同情本身所带来的快乐而得到强化："没有什么比满腔同情地观照别人更令人愉快的了。"(p.13)相互同情本身是快乐的，它"能激起快乐并减轻悲伤。它提供了另一种使人满足的源泉，从而使我们更快乐；它通过几乎是当时唯一可接受的合宜感觉潜入人的心灵以减轻悲伤"(p.14)。亚当·斯密表述了这样一个事实："爱是一种令人愉快的激情，恨是一种令人不愉快的激情；从而，我们希望朋友接受我们友谊之心情不及希望他们体会我们怨恨之心情的一半急切……爱和快乐这两种令人愉快的激情不需要任何附加的乐趣就能满足和激励人心，而悲伤和怨恨这两种令人苦恼痛心的情绪则强烈地需要同情来平息和抚慰。"(p.15)

如果同情的存在使我们关心他人，那么，设身处地地想象他人感受的做法,也会让我们想象他人是如何感受我们的,这不仅包括那些直接受我们行为影响的人,也包括那些看到我们如何对待他人的第三方。从而,我们倾向于根据别人如何看待我们来看待自己。当我们决定行为方式时,这强化了我们把行为对他人产生的影响考虑在内的倾向。

亚当·斯密在论述这个观点时,举了一个能代表他的一般性方法论的绝佳例子。他说:"和与我们没有特殊关系的人的最重大事情相比,我们自己利益的微小得失将显得更为重要,它能激起强烈得多的快乐或悲伤、渴望或反感。"(p.135)接着,他假想了一个例子:

> 让我们假设,中华帝国连同她所有的亿万居民一起突然被地震吞噬,并让我们设想有一位在欧洲的和中国没什么联系的富有人道的人士在获悉可怕的灾难时会受到影响。我想象,他首先会对那些痛苦的人们所遭遇的不幸表达强烈的悲伤,他将对朝不保夕的人类生活和全部劳动化为乌有表现出许多忧郁的反应,它们在顷刻之间就这样毁灭掉了。如果他是投机商,或许会推而广之考虑到,灾难可能对欧洲的商业和世界整体的贸易与业务产生影响。而一旦做完所有这些精细思考后,一旦充分表达完所有这些人道情感后,他将继续悠闲平静地从事他的生意或追求自己的享乐,就跟未曾发生过这个事件一样轻松与平静。那种可能降临到他身上的最微小灾难,有时也会引起他现实的心绪不宁,如果他明天将失去小手指,今晚他定然辗转难眠;但是,倘若他从未见过中国的亿万同胞,那么他在知道了亿万同类生命毁灭的消息后,会依然安然入睡,亿万人的毁灭在他看来仅仅是一件平常小事,同他自己微不足道的不幸相比,显然是更加微不足道的事情。(pp.136—37)

注意,亚当·斯密认为,人们的行为方式确实如上例所生动描写的那样——如果我们回想一下我们中有多少人有兴趣倾听近几年在孟加拉、乍得或危地马拉以及其他地方大量人员伤亡的消息,那么,我们就无须怀疑亚当·斯密论述的正确性了。在我看来,上述引文很显然可以作为斯密关于决定人类行为的自利力量的诠释。但乍看令人有些奇怪的是,上述引文出现在"论良心的影响和权威"一章中,在这一章中,斯密似乎把有人道的人对中国所遭到的灭顶之灾的反应看作良心缺失的明证。

但如果这样理解,就忽视了亚当·斯密思想的精妙之处。假定人们对这场灾难会作出那样的反应,他现在就会这样问道:"假如牺牲他的一个小手指就可以拯救亿万生灵,难道一个有人道的人会不愿意作出这种牺牲吗?"他给出了如下答案:

> 人类的天性想到这一点就会惊愕不已:世界堕落和腐败到极点,也绝不会生出一个能够以此为乐的坏蛋。但是这种差别是如何造成的呢?既然我们消极的感情通常是如此卑鄙和自私,积极的道义又怎么能够常常如此慷慨和高尚呢?既然我们总是深深地为任何与自己相关的事情所动而不为任何与他人有关的事情所动,那么,是什么东西促使高尚的人在一切场合,以及平常人在许多场合为了他人更大的利益而牺牲自己的利益呢?这不是人道的温柔力量(soft power),也不是大自然(Nature)在人类心中所点燃的能抑制最强烈自爱冲动的荧弱的仁慈之火……它是一种更强烈的爱,一种更有力的情感,通常会在那样的场合产生:一种对光荣崇高的爱,一种对伟大和尊严的爱,一种对自己优秀品格的爱。(p.137)

A.L.Macfie认为斯密在这一段雄辩文字的结尾表达了一个错误的观念,[②]但我并不这样认为。恰恰是最后一句话(对我们现代人的风格来说,无疑是有些过于修饰了)道出了亚当·斯密思想的精髓:并不是人类的爱促使"有人道的人"愿意作出这样的牺牲,而是他通过公正旁观者的眼睛来审视自己。就像我们今天所说的,如果他不那样做,而是选择了保留他的小手指,而让亿万人死去,那么,他将再不能心安理得。我们必须首先看得起自己。当他不得不面对这样的抉择时,并不是出于对中国人的爱(或许他对他们压根就没感情),而是出于对尊严和自己优秀品格的爱,才使得有人道的人选择牺牲自己的小手指。

当然,亚当·斯密向我们讲述的是一个极端的例子,但这使他能够在一个不容反驳的背景下充分解释自己的观点。不难想象,如果有人道的人必须面对的不是失去小手指,而是失去胳膊或大腿,并且他的牺牲所拯救的中国人数是一百人而不是一亿人,那么,他很可能作出不同的决定。但是,这并不影响亚当·斯密的立论。他当然知道,采取某种行动的程度依赖于它的代价,对食品、衣物和住所的需求取决于它们的价格。当我们讨论经济体系的运行时,没人会怀疑价格的重要性。

在影响人类行为时,良心的力量当然也由于斯密所提到的一个事实而被削弱。这就是:尽管一些人慷慨、高尚,但另一些人却吝啬、卑鄙,他们对公正旁观者的敦促反应迟钝。但是,斯密对削弱公正旁观者之影响力的另一更重要因素进行了详尽论述。我们倾向于自以为比实际能保证的要高尚,因为这令人愉快。斯密说:"我们所有的人都天生地倾向于高估自己品格的优点。"(p.133)对于人类沉湎于自我欺骗的倾向,他这样说:

> 我们对自己品格的看法完全依对自己过去行为的判断而定,反省自己的罪恶是如此令人不快,因而,我们常常故意不去正视可能导致作出令人不快之判断的那些情况。人们认为,那个为自己人动手术而手不发抖的人是一个勇敢的外科医生;人们也常常认为,那个毫不犹豫地揭开自我欺骗这层遮挡观察自己行为缺陷之神秘面纱的人,同样是勇敢的人。……自欺,作为人类的致命弱点,是人类生活混乱的重要根源。如果我们用他人看待自己的那种眼光来看待自己,或者用他们如果了解一切就会用的那种眼光来看待自己,我们通常会不可避免地作出某种改进,否则就无法忍受这种眼光。(p.158)

然而,亚当·斯密又说:"大自然(Nature)……没有……完全听任我们受自爱的欺骗,我们对他人行为进行不断观察,这不知不觉引导我们为自己订立一些有关什么事情是合宜的和应该做的,什么事情是不合宜的或不应该做的一般行为准则。"(p.159)这些行为准则非常重要,它代表了"大多数人能够用以指导行动"(p.162)的唯一准则。

在《道德情操论》中,亚当·斯密呈现给读者的是一幅充满自爱的人类画面。斯密说："我们不要……怀疑任何有自私缺点的人。"(p.304)但是，人类的确也关注自己行为对他人的影响。这种关注，由于同情反应的存在而发生，由于相互同情所产生的愉悦而加强，并通过斯密所谓的公正旁观者或良心的复杂而重要的影响得以强化，它使我们按照一种局外观察者所赞成的方式行事。由这些因素诱致的行为体现在人类行为准则中，又由于只有遵守这些准则才能获得赞同和敬佩，所以，这些准则又影响着人类行为。斯密认为每个人的行为都受到这些因素的影响，只是影响程度因人而异。

可见，亚当·斯密对人类道德情操形成的解释，关键在于自我中心（self-centered）。我们以同情反应来关注他人，是因为我们像他们一样感觉，因为我们从同情中获得快乐，也因为我们希望在自己眼中变得令人敬佩；我们遵守社会行为准则，在很大程度上是因为我们希望得到别人的敬佩。但这些因素的巨大影响由于这样一个事实而被削弱，即产生仁慈情感的力量必须克服来自自利的力量，而且，当我们对行为结果的感知被自我欺骗扭曲得越厉害时，我们的想法就越狭隘。

亚当·斯密没有设法估测导致仁慈行为的各种因素的相对重要性，但他的确指出了能够产生最大影响力的整体环境因素。斯密在"论天性致使个人成为我们关心和注意的对象所依据的次序"一章中讨论了这个主题，他这样说：

> 每个人……首先并主要关心的是他自己，无论哪个方面，每个人当然比他人更适宜也更能关心自己，每个人对于自己的快乐和痛苦的感受比对他人快乐和痛苦的感受更为灵敏……他自己的家庭成员，那些通常和他住在同一所房子里的人，他的父母、孩子、兄弟姐妹，自然是他那最热烈感情所关心的仅次于他自己的对象。他们当然常常是这样一些人——他们的幸福或痛苦必然最深刻地受到他的行为的影响。他更习惯于同情他们，他更清楚地知道每件事情可能如何影响他们，并且对他们的同情比对其他大部分人表示的同情更为贴切和明确。总之，这更接近于他关心自己时的感受。(p.219)

亚当·斯密继续思考存在于同一家庭内更远关系间的同情：

> 兄弟姐妹的孩子由这样一种友谊天然地联结在一起，这种友谊在各立门户之后，继续存在于他们的父母之间。孩子们的情投意合增进了友谊所能带来的愉快，他们的不和会搅扰这种愉快。然而，由于他们很少在同一个家庭中相处，虽然他们之间的相互同情比对其他大部分人的同情重要，但同兄弟姐妹之间的同情相比，又显得不重要得多。由于他们之间的相互同情不那么必要，所以不很惯常，从而相应地较为淡薄。表［堂］兄弟姐妹们的孩子，因为更少联系，彼此的同情就更不重要；随着亲属关系的逐渐疏远，感情也就逐渐淡薄。（p.220）

然而，我们对天然情感的感受超出了家庭，甚至超出了大家族（extended family）。

> 在彼此有好感的人们之间，相互顺应的必要与便利常常能缔结一种友谊，这和生活在同一家庭中的人员之间的友谊没有什么区别。办公室同事、贸易中的合作者，彼此称兄道弟，而且常常感到彼此像真的兄弟一样……即使是住在同一区域中的人们的生活细节，也会对道德产生类似影响。（pp.223—24）

然后是我们自己国家的居民和我们所属国家内的特殊集团的成员：

> 每个人同自己的特殊阶层或社会团体的关系，自然比他同其他阶层或社会团体的关系更为密切。他自己的利益、名誉，他的很多朋友和伙伴的利益和名誉，都在很大程度上同他雄心勃勃地拓展这个阶层或社会团体的特权与豁免权密切相关——他热衷于保护这些权益，防止它们受其他阶层和社会团体的侵占。（p.230）

亚当·斯密似乎认为，仁慈在家庭中表现得最为强烈，当我们身处家庭之外，对于我们的朋友、邻居和同事，以及对于除此以外的人，关系越远，仁慈的力量就变得越弱，也越疏于联系。而对外国人或利益与我们相抵触的其他部门或集团的成员，我们不仅是缺乏仁慈，简直就是心怀恶意。

当两国交恶，每个国家的公民很少注意到外国人对其行为可能持有的看法。他的全部奢望就是获得自己同胞们的赞同；当他们都为相同的仇视之激情所振奋时，他就只能通过激怒和冒犯共同的敌人来取悦他们。有偏见的旁观者近在咫尺，而公正的旁观者却远在天涯。因此，在战争和谈判中，很少有人遵守正义法则。真理和公正几乎完全被人忽视……无论在平民间还是在基督教会中，敌对派别之间的仇恨常常比敌对国家之间的仇恨更为强烈，他们各自对付对方的行动也往往更为残暴。(pp.154—55)③

亚当·斯密所描绘的人类画面不具有教化意义。人类并不是没有更美好的感情，他疼爱孩子、孝敬父母、善待朋友。但是，如前所说，他为自爱所主宰，生活在一个自我欺骗的世界里，充满自负、妒忌、恶毒、挑衅和愤恨，这也是一个不争的事实。实际上，斯密所刻画的是我们所了解的人，这一点，《道德情操论》的评论者通常没有提醒我们注意。引用雅各布·瓦伊纳(Jacob Viner)的话，《道德情操论》这本书通常被认为是描述了"一种在神的指引下，通过个人偏好的作用来增进人类福利的自然和谐次序的未经修饰的学说"。④这种对人类天性的非常直白的描述是如何形成的呢？这正是我所要探究的。

亚当·斯密并没有致力于解决人类偏好是否天然和谐的问题，但我们能够从他的各种言论中推断出瓦伊纳的概括与事实相差不大。比如，斯密讲述了这样一个事实，即我们是根据一个人所做的而不是想做的来判断他。尽管在评价他的品质时，反过来似乎更合理。

当大自然(Nature)……在人们心中播下这情感无常变化(irregularity)的种子时，像在其他一切场合一样，她似乎已经想到了人类的幸福和完美。如果只要有伤人的动机、狠毒的感情就能激起我们的愤恨，那么，如果我们怀疑某人有这种动机和感情，即使他没有将其付诸行动，我们也会感觉到对他的激情之满腔愤怒。情感、想法和意图都将成为惩罚的对象；而且，如果人类对它们的愤怒达到同对行为的愤怒一样的强烈程度，如果没有产生任何行为的卑鄙想法在世人心中同卑鄙行为一样会唤起复仇之心，那么，每个法庭便会成为真正的宗教法庭。毫无恶意和小心谨慎的行为也将毫无安全可言……从而，造物主（Author of nature）就会把实际犯罪和企图犯罪的行为以及使我们对它产生直觉恐惧心理的行为，都变成人们惩罚和愤恨的合宜对象。尽管人们是根据冷静理性的人类行为，从情感、打算、意向中推论出所有的优点（merit）或缺点（demerit），但是，我们内心的伟大法官还是把情感、打算、意向置于人类的各种法律限制之外，并把它们留给自己内心那公正无私的法庭来审理。从而，有关正义的必要法则，即人们在生活中不应为他们所具有的动机和意图而只应为他们的行为受到惩罚，就是建基于人类情感对优点和缺点判断的反复无常上。这个有益有用的无常变化，乍看起来，是荒谬的、无法解释的，但是，如果我们仔细观察，就可以看到，人性的每一部分都同样证实了大自然（Nature）的深谋远虑；即使在人们的弱点和愚行方面，我们也会钦佩神的智慧和仁慈。（pp.105—6）

亚当·斯密解释了"情感的无常变化"（irregularity of sentiment）并不是没有积极效用的。

人是行动的，并会尽其所能地促进自己和他人所处的外部环境向最有利于一切人幸福的方向变化。他必定不满足于消极的仁慈，也不会把自己幻想成人类的朋友，因为他在内心深处更希望有助于世界的繁荣。大自然（Nature）教导他：为了达到他欲促其实现的目的，他可能要集其全部心智，绷紧每根神经，除非他实际上达到了这些目的，否则自己和他人都不会对他的行为感到十分满意，也都不会对他的行为给予最高赞扬。大自然（Nature）使他明白：对没有带来值得嘉奖之良行的美好意愿的赞美，可能会然而却很少激起世人最响亮的喝彩，甚至也很少激起最高规格的自我赞许。（p.106）

亚当·斯密多次评论，人类天性中看似应当受到严厉谴责的方面，实际上却符合社会之目标。"大自然（Nature）……即使在当前人类状态下，也并不见得对我们如此无情，以致赋予我们从整体和各方面来看都是罪恶的天性,或者赋予我们没有一点也没有一个方面能成为称道和赞同的合宜对象的天性。"(p.77)思考一下他对骄傲和虚荣的探讨:

> 我们对骄傲和虚荣的厌恶,通常使我们倾向于把我们所指责的具有这两种恶习的人置于一般水平之下而不是之上。然而,我认为,我们的这种判断经常会使我们犯错误;骄傲的人和爱虚荣的人常常是(或许绝大部分是)大大高于一般水平,虽然并不像骄傲的人实际自认为的那么高,也不像爱好虚荣的人希望别人所看的那么高。如果我们把他们同他们的自我吹嘘相比,则他们好像是适合的鄙视对象。但是,如果我们把他们同他们的大部分对手和竞争者真正具有的水平相比,他们的水平就大不一样,很可能大大超过一般水平。骄傲和虚荣的真正优越在于:骄傲常常会伴随一些令人尊敬的美德——诚实、正直、高度荣誉感、热诚和始终如一的友谊、不可动摇的坚韧和毅力;虚荣心常常会伴随许多令人感到亲切的美德——仁爱、礼貌、对人施以小恩小惠的愿望,有时在一些重大事情上的真正慷慨——然而,这种慷慨,是虚荣心所能展示的最绚丽色彩。(pp.257—8)

对于我们这些关注经济体系运行的人来说,更感兴趣的是亚当·斯密对如下观点的讨论:美德完全由仁慈或爱组成,而任何自私动机的掺杂都会有损这种美德的价值——这也是他的老师哈奇森(Francis Hutcheson)的观点。根据斯密的理解,哈奇森认为,如果:

> 一个人被假定出自感激之心的行动,被发现是出自一种想得到某种新的恩惠的期望,或者,如果一个被理解为出自公益精神的行动,被发现其根本动机在于希望得到金钱报酬,这样的发现,就会完全打消这些行动具有优点或值得称赞的全部想法……最高尚的情感是以一切有理智生物的幸福为自己奋斗目标的感情。具有最少德性的感情……是仅以个人的幸福,如儿子、兄弟或朋友的幸福,为目标的那种感情。(pp.302—3)

正如我们所看到的那样,亚当·斯密既没有否认仁慈的存在,也没有否认它对人类福祉的贡献,但他认为哈奇森的信条过于极端。

> 对我们自己个人幸福和利益的关心,在许多场合也表现为一种非常值得称赞的行为原则。节俭、勤劳、谨慎、专心致志和思想集中的习惯,通常被认为是根据自利动机养成的,同时也被认为是一种非常值得赞扬的品质,应该得到每个人的尊敬与赞同……仁慈,或许是神的行为的唯一原则。而且,我们有一些可靠的理由有助于说服我们相信这一点……尽管上帝是这样的,但是,对于人——这种不完美的生物来说,维持自己的生存却在很大程度上需要助于外界,他必然常常根据许多别的动机行事。如果人类那些非常自然的、经常影响我们行为的情感,没有机会被称作德性,或不值得从任何人那里得到尊重和嘉奖,那么,人类天性的处境就会特别艰难。(pp.304—5)

斯密进一步指出,作为包含"人类一般幸福"的仁慈观念,要求人们做一些上帝无疑能做但超乎人力的事情:"对宇宙巨大机体的管理,和对世上所有理智的和有知觉生物的关爱是上帝的职责,而不是人的职责。虽然对他自己的幸福、他的家庭、他的朋友、他的国家的关心是分给人类的非常微小的一部分职责,但它更适合人的脆弱能力和狭隘的理解力。"(p.237)

斯密通常并不宣称人类心理偏好中存在着天然和谐。他一般会指出人类的一些特殊品质以各种令人不愉快的方式抵消社会利益。人性,似乎难以取悦我们吹毛求疵的品位,但是,人显然能适应他赖以为生的环境,就如他身上的寄生虫之于他一样。斯密的各种言论,似乎都在暗示人类天性的任何改变都将使情况变糟,但是,斯密避免陈述这个一般化的结论。我们不难理解斯密为何显得如此谨慎。如果他断言存在这种天然和谐,那么,它是如何会成为这样的?我猜测,在那时,斯密是将宇宙设想成一架大机器。他确实也提到"巨大的宇宙机器凭借其神秘的轮子和弹簧,永恒地呈现出的各种变化"(p.19)。如果在人类天性中存在那样的天然和谐,那么,人类是怎样被塑造成这个样子的呢?根据瓦伊纳的理解,斯密认为这是受神的指引。也就是,人之所以呈现出这种和谐,是因为他是上帝创造的。我们要完全领会一个生活在两百年前的人的思想是困难的,但我认为,瓦伊纳夸大了斯密信奉上帝的虔诚程度。如瓦伊纳自己所注释的,在那些我们想着会使用"上帝"(God)这个单词进行讨论的地方,这个词却很少被使用,取而代之的是"大自然"(Nature)(p.86)这个词,或其他诸如"智慧的设计师和指挥"(all-wise Architect and Conductor)(p.289)或"自然的伟大导演"(great Director of Nature)(p.78),甚至偶尔用"看不见的手"(invisible hand)(p.184)这些词。

我认为,似乎可以从斯密在《国富论》中提到的人类对"繁衍、生命、成长和动植物的消亡"等"壮观自然现象"的好奇心使得人类"调查其中之奥妙"的言论中,判断斯密信仰的程度。斯密评论说:"迷信,首先是通过将这些令人困惑的现象归于神的直接力量来满足这种好奇心。哲学,则尽力从更为人熟悉的原因或从比神的力量更为人类所熟悉的东西出发来解释它们。"⑤这一言论很难让人相信是出自一个坚定的甚至是温和的自然神论者之口。

事实上,在1759年,人们除了相信是神创造了一切,没有办法解释这种天性的和谐是如何形成的。在达尔文(Darwin)、孟德尔(Mendel)、克里克(Crick)*和怀特森(Watson)之前,正如亚当·斯密所认为的那样,如果一个人不愿意接受上帝造人的观点,那么,他就无从解释所观察到的人类天性中的和谐。我本人的感觉是,斯密不愿意接受这种解释,他运用"大自然"(Nature)这个词和其他迂回称呼作为一种回避给出问题答案的方式,而不仅仅是作为一种称呼而已。既然斯密只能感知存在

---

* 孟德尔(Gregor J. Mendel,1822—1884):奥地利遗传学家、孟德尔遗传学派创始人,原为天主教神父,发现遗传基因原理(1865),总结出分离定律和独立分配定律,提供了遗传学数学基础。克里克(Francis Harry Compton Crick,1916—2004):英国生物物理学家和遗传学家,因参与制成 DNA 的分子结构模型,为分子遗传学奠定了基础,与 J.Watson 和 M.Wilkins 共获 1962 年诺贝尔医学奖。——译者注

其他替代性的解释,那么,他的正确反应就是搁置信仰立场。在我看来,他的立场基本上就是这样的。今天,我们能将这种人类天性的和谐解释为自然选择的结果,心理特性的特殊结合有助于生存。事实上,斯密在某些方面已经非常清楚地看到了那些大自然(Nature)似乎已经选择的特性和那些能增加生存可能性的特性之间的关系。

思考以下《道德情操论》中的段落:

> 至于所有那些目的,由于它们的特殊重要性可以被认为是大自然(Nature)所中意的目的……大自然(Nature)通常不仅使得人们对于她所确定的目的具有一种欲望,而且为了人们自己的缘故,同样使他们具有对某种手段的欲望,而只有依靠这种手段才能达到上述目的,而这同人们生产它的倾向无关。自卫、种族繁衍就构成了大自然(Nature)在构造一切动物的过程中似乎已经确定的重要目的。人类被赋予一种对那两个目的的欲望和一种对与两者相反的东西的厌恶……虽然我们……被赋予一种对这些目的非常强烈之欲望,但我们理性的缓慢而优柔的决断,却没有被寄予厚望以发现达到这些目的的合适手段。大自然(Nature)通过原始和直接的本能引导我们去发现达到这些目的的绝大部分手段。饥饿、口渴、两性结合的激情、趋乐、避苦,都促使我们为了自己去运用这些手段,丝毫不考虑这些手段是否会导致那些有益的目的,即伟大的大自然(Nature)想通过这些手段达到的目的。(pp.77—78)

这和现代观点非常相近。终生未娶的亚当·斯密将"大自然(Nature)使两性得以结合的激情"(p.28)或爱情视为"经常以某种方式显得荒诞不经……这种激情每个人都有,但是对它的感知完全与目标价值不成比例"(p.31)。当然,使两性结合的激情保证了种族繁衍,如果理性阻碍了这一点,我们能够依靠伟大的自然导演(Director of nature)来保证人在这一领域是不理性的。类似地,我们关心年轻人甚于老年人,"为了最明智的目的,在大多数人(可能是所有人)当中,大自然(Nature)使父母对子女的亲情比子女对父母孝顺的感情更加强烈,种族的延续和繁衍总体上依赖于前者,而不是依赖于后者"(p.142)。"在大自然(Nature)的眼中,孩子似乎是比老人更加重要的东西,激起更浓厚也更普遍的同情,应该这样做……在通常情况下,一位老人的去世并不会使任何人感到遗憾,而一个小孩的夭折却很少不使人的心灵破碎。"(p.219)

如亚当·斯密陈述的那样,在所有这些事例中,大自然(Nature)或如我们所称的自然选择,保证人类具有那些偏好,以确保种族繁衍。⑥但是,即使斯密已经认识到自然选择法则,这在本质上也不能解释人的心理偏好中为何会存在天然和谐。调整性活动和关心后代的本能是自然选择的结果,这一点今天看来已无可争议。毕竟,这是人类和其他哺乳动物一样的本能,是自然选择长期作用的结果。但是,老虎、狼甚至黑猩猩的社会安排与人类的社会安排之差异是很大的,除非有很长的一个时期让自然选择塑造人类天性,否则,我们不能确信人的心理偏好是根据人类社会环境所作出的合适调整。

下面的观点既是大卫·休谟的,也可能是亚当·斯密的,即,有记载的历史所揭示的人类天性都是非常相似的:

> 野心、贪婪、自爱、虚荣、友谊、慷慨、公益精神,这些激情以各种程度混合并在整个社会分布。它们来自混沌之初,并一直是所观察到的各种行为和人类事业的动力源泉。你想知道希腊人或罗马人的情感、爱好和生活历程吗?那就好好研究法国人和英国人的脾气和行为……在一切时代和地方,人类是如此相同,以致历史并没有告诉我们什么特别新奇的东西。⑦

除非有记载的历史仅仅是人类历史中很少的一部分,否则,即使没有大主教厄舍尔(Usher)的年代学的束缚,对亚当·斯密来说,也仍然很难用自然选择来解释他认为自己所观察到的现象,即人类天性中的和谐。这就必然存在一个更早的时期,那时,人类的天性和现在不同。

幸运的是,我们近年来对古人类有了大量了解。我们现在知道——而亚当·斯密不可能了解——现代人[智人(homo sapiens)]可能存在于50万年前,猿人存在于150万年以前,而那些可能或还不能归为人的但差不多可以肯定人类就是从此进化而来的生物,则在数百万年前就已经存在。⑧这样,我们就可以用自然选择法则、遗传机制和让自然选择发挥作用的漫长时间来填补斯密观点的不足。斯密关于人类天性和谐的观点不需要我们再假设一个神圣的创造者,他用大自然(Nature)这个词非常合适。然而,人类心理偏好的和谐,应当被视为应付生存,而不是为了人类的"完美和幸福"所形成的各种品质的混合物。这个观点为人类心理学研究提供了基因基础,并在今天获得了一些支持。⑨

我在《道德情操论》和《国富论》中,没有发现斯密关于人类天性的论述有什么实质性差别。当然,《国富论》中的主题没有进行系统组织,亚当·斯密关于人性的观点必须从较不重要的论述中进行推断。但是,自爱在任何地方都体现得很清楚。关于商人和制造商的自爱对其行为的影响,我们比较熟悉,但实际上,无论从事何种职业,所有人都一样。当谈到教师时,他这样说:"在每一种职业中,大部分从业者所做努力的程度,总是与他们做这种努力的必要性的大小成正比。"⑩他认为那些从事"政府管理"的人,"总是倾向于使自己和直接依靠他们的人尽量多地受益"。⑪

自爱也在"更多的人是对于自己能力的过分自负"和"对自己好运的荒谬假设"⑫中暴露出来,这是亚当·斯密对人们为何买彩票、投资金矿、成为律师、从事走私、入行伍或去航海所作的解释。自爱,有时会导致自我伤害(self-harm),这看起来似乎令人诧异,但其中的缘由是因为自爱产生了自我欺骗(self-deceit),而自我欺骗歪曲了我们对替代性行动结果的感知。这与斯密关于人们总是高估两种恒定状态的区别的观点是一致的,"贪婪,使人们高估贫穷和富有之间的区别;野心,使人们高估私人职位和公众职位之间的区别;虚荣,使人们高估籍籍无名和德高望重之间的区别"(p.149)。斯密是通过探讨野心(ambition)来展开这个主题的,他特别举了一个穷人儿子的例子来诠释这一点:

> 他在某些艰苦岗位努力钻研以干得出色,他以毫不松懈的勤奋
> 夜以继日地埋头苦干,以获得胜过竞争者的才能。然后,他尽力在

公众面前显示这种才能,殷勤地乞求每一个就业机会。为达目的,他向所有人献媚,为自己所痛恨的人奔走效劳,向自己所轻视的人卑躬屈膝。他用自己的整个一生,来追求也许永远不能实现的某种造作的、讲究的宁静生活之理想。为此,他牺牲了自己在任何时候都可以得到的真正安逸。如果他在垂暮之年最终得到它,他就会发现,无论在哪方面,它都不比业已放弃的那种微末的安定和满足好多少。(p.181)

然而,即使野心勃勃的人不能从驱策其行动的内心力量中获得快乐,我们其余的人仍会从中得到收益。斯密说:"同时,天性很可能以这种方式欺骗我们,正是这种欺骗不断地唤起和保持人类勤劳的动机。正是这种欺骗,最初促使人类耕种土地,建造房屋,创立城市和国家,在所有的科学和艺术领域中有所发现、有所前进。这些科学和艺术,提高了人类的生活水平,使之更加丰富多彩。"(p.183)

仁慈,在《国富论》中并没有被忽视,如在《道德情操论》中一样,它被置于应有的地方。思考斯密的如下观点:奴隶制在制糖和烟草行业中"能够支付奴隶耕作的费用",但在谷物行业中却不能够。他通过这样一个观察来支持他的结论:"最近,宾夕法尼亚教友派教徒释放他们所有黑奴的决议,可能使我们确信黑奴的数量不可能很大。如果奴隶是他们财产的大部分,这个决议就决不可能被通过。"⑬这段引文揭示了斯密赋予仁慈的权重。给奴隶以自由,固然是仁慈行为,但如果其代价是个人的完全破产,那么,这种行为就很难被实施。

阿瑟·H.科尔(Arthur H. Cole)在引用这些段落后,得出的结论是:斯密"总体来说,对人类的评价相当低"。他发现上述描述很难与斯密所描绘的"友善和慷慨"⑭的人类画像协调起来。但是,我认为,这并不是什么问题。斯密像看待有瑕疵的产品那样看待人类缺点,在他看来,自利催人勤奋,怨恨阻止别人的过激行为,虚荣导致友善举动等等。此外,如果一个人相信人们没能力用别的方式行为,那么,即使这些行为在某些方面令人不满意,他也几乎不会因此而烦扰。任何对猫有所了解的人，都不会在探究猫为什么对老鼠怀有敌意这个问题上花费工夫。

许多经济学家认为，在《道德情操论》和《国富论》之间存在某些不一致，⑮雅各布·瓦伊纳是这样论述这个问题的："德国人似乎按照他们的方法论风格同时阅读《道德情操论》和《国富论》，结果他们创造了一个有趣的词——'斯密问题'（*Das Adam Smith Problem*）以表示一方试图解释另一方时所产生的困惑。"⑯瓦伊纳自己所发现的不一致之处是：斯密在《道德情操论》中假设存在一个天然的和谐，而在《国富论》中，他似乎又放弃了这种信念，正如他在提到合意的政府活动时所显示的那样。而我认为，瓦伊纳的观点是对这两部著作的误解，《道德情操论》研究的是人的心理，而《国富论》研究的是经济生活的组织，人类天性中的和谐并不意味着不需要政府活动来实现适当的经济活动的制度结构。

然而，大多数认为亚当·斯密在这两本书中的立场不一致的经济学家，之所以得出这个结论，是因为他们认为，在《道德情操论》中，人的活动受仁慈的影响，而在《国富论》的讨论中，显然缺少仁慈这个动机。《国富论》中一个被广泛引用的段落支持了这个观点："我们所期望的食物并不是出于屠夫、酿酒师或面包师的仁慈，而是出于他们自利的打算。我们不要讨论他们的人道，而要讨论他们的自爱，不要对他们讲我们的需要，而要谈对他们的好处。"⑰但人们却很少提到亚当·斯密在同一段落的前面几句话："在文明社会，人随时需要多数人的合作与协助，而一个人穷其一生也难以博得几个人的友谊，"⑱这就使情况成为完全不同的一种复杂局面。维持文明的生活标准，要求广泛的劳动分工，我们需要遍布全世界的大范围合作，而这种合作没有办法通过仁慈的运行来保证。在家庭或同事好友之间，仁慈或爱，可能是主导性的，至少也是一个重要因素，但正如斯密所阐释的那样，在面对陌生人时，它们所起的作用微乎其微，甚至根本没有。仁慈是高度个人化的（personal），而许多受益于我们所从事的经济活动之人，压根就与我们素昧平生，即便是相识，也未必是我们眼中的所爱。对那些不得不依赖我们的仁慈以获得他们之必需的陌生人来说，在大多数情况下，这意味着他们不可能得到满足：

"人类几乎随时随地都需要同胞的协助,但要想仅仅依赖他人的仁慈,那一定是不行的。"⑲

这样看来,亚当·斯密对通过市场来组织经济活动的立场要比通常人们所认为的更为坚定。市场,不只是个创造性机制,它以自利为动力,来保证个人之间在产品和服务生产中的合作。在多数情况下,市场是唯一途径,而政府管制或操作不会是令人满意的出路。一位以仁慈为行为动机的政治家,无论他是否由民主选举产生,他都会倾向于眷顾家庭、朋友、同僚、他所在地区的人民以及国家,但是,这种仁慈并不必然促进社会总福利的提高。然而,如果他纯粹受自利动机的驱使,而不带任何仁慈动机,不难看到,结果可能更令人不满。

市场的最大优势,在于它能够运用自利力量来抵消仁慈的弱点和偏见,这使得那些默默无闻、缺乏吸引力或微不足道的人都能得到满足。但这并不会使我们忽视仁慈和道德情操在市场系统(market system)的形成中所发挥的作用。例如,对孩子的照顾和培养,很大部分是在家庭内进行,由父母的奉献得以维持。如果没有爱,抚养孩子的任务就在另外一种制度中由自利的人们来完成,那么,这个人类社会成功运作所依赖的工作,就可能被干得很糟。不管怎么说,斯密的观点是:"家庭教育是天然的制度,公共教育是人的发明。哪种制度是最明智的? 这不言自明。"(p.222)再有,对道德法则的遵守必然大大降低做生意的成本,从而必然有利于市场交易。正如斯密所评论的,"社会……不能由那些总是想损害和伤害其他人的人来维系"(p.86)。

亚当·斯密考虑到人类行为存在着大量的愚蠢行为,但这并不能使他倡导扩展政府的作用,政治家和政府官员也是人。作为私人个体,他们会从蠢行的结果中遭受损害,所以,他们会对自己的错误蠢行有所节制,"对平民百姓而言,破产可能是降临到头上的最大也最难堪的灾祸,因此,大多数人会尽可能避免发生这样的情况"。⑳但使城市或国家破产的人,并不必然使自己破产,因此,斯密接着说:"地大物博的国家,尽管有时会被政府的奢侈妄为弄得穷困,但从来不会因私人而贫穷。"㉑而后,他说:"(王公和大臣)无一例外总是社会上最挥霍之人。他们只要好好注意自己的花费就行了,人民的费用可以让人民自己去管。如果他们的挥霍不会使国家灭亡,人民的浪费哪里谈得上呢?"②

亚当·斯密对人类理性的行为控制缺乏信心。在讨论"自卫和种族繁衍"时,斯密说,保证这些目的是如此重要,以至于人类"并不寄希望于理性缓慢而优柔的决断",而是"通过原始和直接的本能"(pp.77—78)。雅各布·瓦伊纳也表达了类似观点:"对斯密的解说者而言,最重要的是要注意到,在人类行为的画面中,理性作为影响人类社会行为的一个因素,其作用是多么的不起眼。(出于本能的)情感是天生的……在正常情况下,情感不会犯错,而理性常常出错。"㉓

通常,人们错误地认为,亚当·斯密将人视为一个抽象的"经济人"(economic man),他只单纯追求自身利益。但是,斯密不可能认为将人看作一个理性的效用最大化者的观点是合理的。他认为,人实际上受自爱主宰,但并非不顾及别人;人能够推理,但未必以这种方式达到正确目的;人仅仅是透过自我欺骗的面纱来感知自己活动的结果。无疑,现代心理学家已经给这个18世纪的人性论观点添加了很多内容——有一些是正确的。但如果我们愿意有保留地接受斯密有关人性的即使不全是真理至少也是大部分正确的观点,意识到他的思想比通常认为的有更宽宏的基础,这会使他关于经济自由的观点更加强大,结论也更具说服力。

注 释

① 亚当·斯密:《道德情操论》(1976年格拉斯哥版),以后引自《道德情操论》中的引文均出自此书。

② A. L. Macfie, *The Individual in Society*: *Papers on Adam Smith* (1967), 96.

③ 持类似观点的 Jacob Viner 指出,亚当·斯密的情感随着"社会距离"而变弱。参见 Jacob Viner, *The Role of Providence in the Social Order* (1972), 80—81.

④ Jacob Viner, "Adam Smith and Laissez Faire", in *Adam Smith 1776—1926: Lectures to Commemorate the Sesquicentennial of the Publication of "The Wealth of Nations"*(1928), 116—55.

⑤ Adam Smith, *An Inquiry into the Nature and Causes of the Wealth of Nations* (Glasgow edition, 1976), 767.

⑥ Michael T. Ghiselin 是一位生物学家,他提出亚当·斯密"清楚地把握"了"我们的道德情操具有适应性的意义"。参见 Michael T. Ghiselin, *The Economy of Nature and the Evolution of Sex* (1974), 257。

⑦ David Hume,"*Human Uniformity and Predictability*" in Louis Schneider, ed., *The Scottish Moralists on Human Nature and Society*, (1967), 44.

⑧ 参见 Philip V. Tobias, "Implications of the New Age Estimates of the Early South African Hominds," *Nature* 246 (1973): 79—83; 以及 Charles E. Oxnard, *Uniqueness and Diversity in Human Evolution: Morphometric Studies of Australopitecines*(1975).

⑨ 关于这个问题的综述,请参见 Edward O. Wilson, *Sociobiology: The New Synthesis*(1975), 547—75。还可参见 Robert L. Trivers, "The Evolution of Reciprocal Altruism", *Quarterly Review of Biology* 46 (1971): 35—37; and *idem.*, "Parental Investment and Sexual Selection", in Bernard Campbell, ed., *Sexual Selection and the Descent of Man*(1972), 136。

⑩ Smith, *Wealth of Nations*, 759.

⑪ 同上,866。

⑫ 同上,124。

⑬ 同上,388。

⑭ Arthur H. Cole, "Puzzles of the 'Wealth of Nations'", *Canadian Journal of Economics and Political Science* 24(1958):1,5.

⑮ August Oncken, "The Consistency of Adam Smith", *Economic Journal* 7 (1897): 443—50.

⑯ Viner, "Smith and Laissez Faire", 120.

⑰ Smith, *Wealth of Nations*, 26—27.

⑱ 同上,26。

⑲ 同上。

⑳ 同上, 342。

㉑　同上。

㉒　同上,346。亚当·斯密倡导限制政府的原因无法在一个段落的篇幅内加以归纳,J. Ralph Lindgren 已经很有说服力地认为,斯密的观点是政府官员的制度角色将不可避免地导致他们采纳由"爱的系统"所主宰的态度。参见 J. Ralph Lindgren 的 *The Social Philosophy of Adam Smith*(1973),60—83。

㉓　Viner, *Role of Providence*, 78.

第二编

经济学家

8

阿尔弗雷德·马歇尔的父母[†]

约翰·梅纳德·凯恩斯(John Maynard Keynes)在他著名的《阿尔弗雷德·马歇尔传》(*Memoir on Alfred Marshall*)中用了一句非同寻常的话作为开篇:"1842年7月26日,阿尔弗雷德·马歇尔出生于克拉彭(Clapham)[*],是英格兰银行出纳威廉·马歇尔(William Marshall)和丽贝卡·奥利弗(Rebecca Oliver)的儿子。"[①]之所以说这句话不同寻常,是因为此乃掩盖实情之妙笔。

我们从阿尔弗雷德·马歇尔的母亲开始说起。凯恩斯在整个传记中,除了在第一句话中提到她的名字外,再没有提及她的其他情况,只是说她是其丈夫暴君意志的牺牲品。因为马歇尔认为:"所有资本中,最有价值的是投资

† 本文经《政治经济学的历史》(*History of Political Economy*)(1984年冬)一书的出版商杜克大学出版社(Duke University Press)的允许,转载于此。其版权为ⓒ1984杜克大学出版社。我要感谢 D. E. Moggridge 教授允许我查看《阿尔弗雷德·马歇尔传》的通信文档(现存于剑桥大学马歇尔图书馆),它对我写作本文极具参考价值,在随后的注释中,我将用凯恩斯传记文档来表明引用了这些通信文档。我还要感谢自由基金(Liberty Fund)为本文所依据的研究提供的资助。
* 克拉彭(Clapham):英国伦敦西南部的一个地区。——译者注

于人类的资本,而其中以母亲的关爱和影响所带来的结果最为宝贵。"②
人们或许期望凯恩斯会给予她更多关注。这里需要特别给出马歇尔所
认同的高尔顿(Galton)*的观点:"神学家和科学家身上最容易看到母亲
的影响。"③阿尔弗雷德·马歇尔可能同时属于这两类人,如凯恩斯所解
释的那样,他有"双重天性",既是牧师又是科学家,按照埃奇沃思(Edge-
worth)的绝妙说法,这使得他成为"经济学的大主教"(Archbishop of Eco-
nomics)。④按照马歇尔妻子玛丽·马歇尔(Mary Marshall)的说法,马歇
尔的母亲是一位"有魅力的女人,阿尔弗雷德很眷恋他的母亲。不管发
生了什么喜事,比如他在80岁生日上发表讲话,会说'要是我母亲还活
着,她该有多高兴'"。⑤与父亲相比,马歇尔肯定与母亲更亲一些,因为
1875年,他从美国寄信给母亲,而不是父亲,这并不是毫无含义的。然
而,凯恩斯的传记并未给予她关注。

　　凯恩斯之所以仅仅提到马歇尔母亲的名字,是因为凯恩斯对她的了
解仅此而已,甚至连她的全名也是费尽周折才得到。凯恩斯准备写马歇
尔传记时,玛丽·马歇尔曾写信告之:"已经从一位远房亲戚处搜寻出了
家谱——我很高兴看到家谱上给出了马歇尔母亲的娘家姓,我原来担心
它已遗失。"⑥阿尔弗雷德·马歇尔母亲家族的所有情况是如何遗失的
呢?传记出版之后,阿尔弗雷德·马歇尔的侄儿威廉(William,很可能是
他兄长的儿子)给克劳德·吉尔博(Claude Guillebaud,阿尔弗雷德·马歇
尔的外甥,姐姐Mabel的儿子)的一封信,可以帮助我们了解其中的原
因。该信的内容由玛丽·马歇尔转述给凯恩斯:"威廉似乎比其他任何
人更了解马歇尔母亲的情况。他说她是一位药剂师的女儿,老家在梅德
斯通(Maidston)。马歇尔家族认为这个婚姻不般配,于是马歇尔的母亲
被迫和娘家断绝关系。"⑦事实上,即使是威廉侄儿所提供的信息也是有
误的,真实情况比他知道的还要糟。马歇尔的母亲的确出生在肯特郡

---

* 高尔顿(Francis Galton,1822—1911),英国科学家、探险家和人类学家,他指
　　出人的天赋、心理和生理特征是遗传的。——译者注

(Kent)的梅德斯通,但她的父亲是位屠夫,而非药剂师,她的母亲(马歇尔的外祖母)丽贝卡·达文波特(Rebecca Davenport)好像是一位佃农的女儿。⑧丽贝卡·奥利弗(马歇尔的母亲)结婚时,她父亲的家族成员还包括其他屠夫、几位制革匠,还至少有一个农夫和一位酒店店主(很可能是个客栈老板),她母亲的达文波特家族看来属于劳动阶层。⑨这就难怪马歇尔的母亲必须和她的娘家断绝关系。结果,由于缺乏直观认识,了解"劳动阶层的生活"成为马歇尔的一个研究课题。⑩

我们现在来谈谈马歇尔的出生地。凯恩斯说他出生于克拉彭,伯纳德·科里(Bernard Corry)在《国际社会科学百科全书》(*International Encyclopedia of the Social Sciences*,1968)关于马歇尔的文章中,通过在克拉彭后面加上"枝繁叶茂的伦敦郊区"来渲染这一点。实际上,马歇尔并非出生在克拉彭这个非常体面的郊区,而是出生在一个比克拉彭逊色得多的伯芒德塞(Bermondsey)住宅区。伯芒德塞周围遍布制革厂,到处弥漫着刺鼻的皮革气味,该区后来成为制革中心。⑪1846年底,马歇尔一家从伯芒德塞搬迁到肯特郡的西德纳姆(Sydenham)镇,并在1846年至1850年之间的某个时候搬迁到克拉彭,⑫搬家时,阿尔弗雷德·马歇尔不可能小于三岁,也不可能大于七岁。马歇尔是不是知道自己出生在伯芒德塞而不是克拉彭呢? 证据是模棱两可的。在1871年的人口普查中,阿尔弗雷德·马歇尔将他的出生地定为萨里(Surrey),一个包括了伯芒德塞和克拉彭的郡。这使我觉得马歇尔可能已经知道他并不是出生在克拉彭,他想隐瞒自己的真实出生地,但又不愿意撒谎。

据凯恩斯的说法,阿尔弗雷德·马歇尔出生的时候,其父亲威廉是"英格兰银行出纳员",实际上,他那时只不过是年薪140英镑、自1830年才获得职位的英格兰银行的办事员。在这之前他为舅舅——一位股票经纪人做了两年的文书。直到1870年,即马歇尔出生28年后,他才成为一名年薪410英镑的编外出纳,不过,他在1877年退休时已是年薪510英镑的出纳了。⑬1840年,在他的结婚证上,马歇尔的父亲不承认自己有个职业,而是自称为"绅士",这表明他想避免被归为更低阶层。没有证据表明马歇尔家族中有人参加过这个婚礼,见证人只有丽贝卡·奥利弗的哥哥和姐姐。令人费解的是,既然马歇尔的父亲很爱虚荣,那么,他怎么会在和屠夫的女儿结婚问题上犯社会性错误呢?关于马歇尔的父母如何相遇的问题,这很好解释。丽贝卡·奥利弗的哥哥爱德华(Edward)曾经在拉姆斯盖特(Ramsgate)镇一名药剂师那里当学徒(这可能是把丽贝卡·奥利弗的父亲当作是一名药剂师的缘由),后来成为英格兰银行的一名职员。丽贝卡去探望她哥哥的时候,自然会碰到他的同事,这是可以理解的。[14]他们结婚时,威廉·马歇尔 27 岁,丽贝卡·奥利弗刚刚 23 岁。

隐瞒马歇尔母亲的社会渊源、把马歇尔的出生地弄错以及错误地陈述马歇尔的父亲在英格兰银行的职位,这一切似乎都是为了提高马歇尔家族的社会地位而精心安排的。我肯定这是有意的,但我的意思并不是说凯恩斯要对这种掩盖负责。一篇结构优美、涉及马歇尔生活和思想方方面面的传记居然能在两个月之内出炉,这简直让人难以置信。马歇尔于 1924 年 7 月 13 日逝世,而其传记刊登在 1924 年 9 月的《经济学期刊》(*Economic Journal*)上,[15]因此,凯恩斯未能对所有获得的素材进行考证是可以理解的。在传记中,凯恩斯对玛丽·马歇尔的帮助表示了由衷感谢。通过考察玛丽·马歇尔在凯恩斯传记文档中的注释,我们可以知道,似乎所有(或几乎所有)关于马歇尔家族历史的信息都来自她。她肯定是从马歇尔的亲戚(他父亲一方)处获得这些信息的,看来她没能获知任何可能有损于她丈夫社会地位的信息。

我现在来谈一下玛丽·马歇尔和凯恩斯应该负责的体现在传记中的种种删略。克劳德·吉尔博在传记发表后这样写信给凯恩斯:

> 很遗憾,我舅妈迫使你删掉了一两处对我外公[阿尔弗雷德·马歇尔的父亲]的不恭之处。他是一个可恶的老暴君,还有诸多其他不良行为,使我那可怜的母亲多年来过着悲惨的生活。他执意不让我母亲与其相恋的对象——一位一贫如洗的陆军中尉结婚。而且,当她和我父亲结婚时,这位老先生就因我父亲娶了我母亲而对

他怀恨在心,想方设法处处与之作对。他和我们一起生活了好些年直到去世。让我记忆犹新的童年回忆之一就是,当听到他终于去世的消息时,我和兄弟们一起欢快地手舞足蹈。其实您是可以在不夸大其辞的情况下说得更多一些的。⑯

克劳德·吉尔博曾经向我更详尽地讲述了他的童年回忆。他说,当时,他和其他孩子正在幼儿园,有人进来郑重告知:"爷爷去世了。"开始,孩子们只是重复了一下他们所听到的话,然后,当他们意识到发生了什么时,愉悦之情油然迸发。他们欢呼大叫,排成单行绕着幼儿园跑,不停地大喊:"爷爷死了。"

威廉·马歇尔不是一个可爱的人,他只相信自己而从不尊重别人的意见,这一定令人极其不快。克劳德·吉尔博的父亲是一位神职人员,在马歇尔的父亲与他们同住时,马歇尔的父亲总爱贸然干涉教堂事务。例如,克劳德·吉尔博告诉我,威廉·马歇尔自以为是地去审查赞美诗,反对一首叫"前行的基督战士"(Onward Christian Soldiers)的赞美诗,因为其中"耶稣的十字架走在前面"一行中有天主教的意味。当然,在传记中,凯恩斯所描述的威廉·马歇尔的形象并无吸引力,但这个描述似乎比凯恩斯本人所希望的更讨人喜欢一些,并且要远胜于他的本来样子。

我们不可能将凯恩斯的删略完全归咎于玛丽·马歇尔。她在给凯恩斯传记文档所作的注释中,提到过阿尔弗雷德·马歇尔的父亲要求马歇尔一直学习到晚上 11 点,结果对马歇尔的学校功课产生了负面影响,但这一点并未在传记中出现。玛丽·马歇尔在这些注释中是这样写的:"阿尔弗雷德说,他父亲虽充满爱心,但却是糟糕的教育者。他常常强迫阿尔弗雷德和他一起学习到晚上 11 点,结果马歇尔在学校里很少学习。他说,如果不在学校里松弛一下,他简直就没法活了。"

另一处删略涉及威廉·马歇尔小时候对待兄弟姐妹的态度。马歇尔的爷爷是一名鞣夫,也叫威廉,在 1828 年他的孩子尚未成年的时候便过世了。⑰这些孩子由他们的一位舅舅照看,威廉是孩子中最大的(他那时大约 16 岁),"他对其他孩子发号施令,并用拖鞋管束他们"。⑱从埃奇沃思的一封信中,我们了解到,凯恩斯在传记校样中把这称作"拖鞋的纪律",但是在正式出版时,这一内容被删除了。[19]"拖鞋的纪律"可能是凯恩斯说明马歇尔父亲是严格执行纪律者的段落的部分内容。这可以从阿尔弗雷德·马歇尔就家庭女教师拉克斯顿小姐(Miss Laxton)的问题写给约翰·内维尔·凯恩斯(John Neville Keynes)的信中得到佐证,拉克斯顿小姐即将去照顾吉尔博家的孩子和阿尔弗雷德·马歇尔兄长的孩子,马歇尔的兄长也与克劳德·吉尔博的父母住在一起。这封信是这样写的:

> 我兄长反对太严格的纪律,我姐姐和其丈夫吉尔博也一样。但我父亲有非常强的主观意志,他所推行的主张导致我姐姐很痛苦。我父亲极为无私,本心善良,但他不知道要是没有我母亲的温柔,他那极其严厉的纪律会让我们这些孩子的生活多么难熬。也许你不介意给拉克斯顿小姐这样一个暗示,我认为,她会发现我姐姐在纪律方面是比我父亲更明智的顾问。鉴于他上了年纪且不易说服,一般来说,将他的建议当作耳旁风比积极反对会更好些。[20]

如果我们注意到维多利亚时代英格兰纪律的标准水平,就很难想象"极其严厉的纪律"是什么样的,或者说,很难猜到在马歇尔家中能够代替拖鞋的惩罚工具会是什么。阿尔弗雷德·马歇尔说他父亲"极为无私,本心善良",但是他非常渴望摆脱其控制;当他决定研究数学时,正如玛丽·马歇尔在注释中所写并被凯恩斯重述的那样:"令他过去一直感到极为欣慰的是,他父亲对数学一窍不通。"马歇尔的父亲强烈反对马歇尔放弃到牛津学习古希腊与古罗马语言文学而打算去剑桥学数学的想法。根据玛丽·马歇尔的记录,马歇尔父亲的说法是:"在发现马歇尔为此而抑郁成疾时,才不再强烈反对他去剑桥而不去牛津。"由于此话出自一个对他人感觉极为麻木之人之口,因此,我们听起来并不真实可靠。更有可能的情况是,马歇尔的父亲在清楚地看到他无法阻止马歇尔上剑桥的时候,才不再反对。正如玛丽·马歇尔在注释中所写的那样,阿尔弗雷德·马歇尔"不顾家庭的反对和经费的短缺","为了做他认为所能做的最崇高工作而决定去剑桥,他从查尔斯(Charles)叔叔那里借了钱,到剑桥大学与穷困艰苦做抗争"。感受过拖鞋疼痛的查尔斯叔叔不喜欢马歇尔的父亲,㉑因此,他肯定非常乐意帮助侄儿去剑桥,也正好借此打击哥哥的气焰。

1877 年从英格兰银行退休后,威廉·马歇尔成了一名作家。根据凯恩斯的说法,他的作品包括一个小册子《人权和妇女的职责》(*Man's Rights and Woman's Duties*),但它并不在英国图书馆目录所列的威廉·马歇尔的七部作品中。尽管还没有定论,但他是否写过以此为题的册子是值得怀疑的。㉒然而,他在其他作品中有关妇女问题的论述表明,假如他真的写过这样的小册子,也一定会发现这是一项适合其心意的工作。他撰写上述作品有三个目的:引导人们以基督徒的方式进行生活,揭露天主教的恐吓,促使英格兰语言恢复到 19 世纪的样子:"国王阿尔弗雷德时代的语言是多么好!"㉓由此,我们就不会为阿尔弗雷德·马歇尔之所以取这个名而感到困惑了。

威廉·马歇尔的第一部作品是一首宗教诗 *Lochlere*(1877),写的是一位历尽沧桑,"皈依上帝",开始"基督徒生活"的人。他还通过将古英语的句子引入他的诗行,以图实现另一个目标。评论者就此对他揶揄也毫不奇怪,他们的批评促使他写了另一本书——《英格兰语言的过去、现在和未来》(*The past*,*Present and Future of England's Language*,1878),他承认在 *Lochlere* 中可能过多地使用了古英语,但同时也抱怨人们没有认真对待他的观点:

评论者们是否喜欢诗歌这种文学体裁? ……他们说过 *Lochlere* 的作者带给大家的是一部适合在通俗文学批判的最高法庭进行审判的作品吗? ……我们的语法是混乱的语法体系,我们的字典也充满混乱的语言;而我们的学者们却去研究别国的、死亡的甚至是未开化的语言,要不然就研究科学问题,其中最高深的问题就是采取了如下这些形式:我们是否可以将人类的祖先追溯到蝌蚪而不是上帝? 我们是否应该退回到基督门徒(Apostles)的老基督教的阴沉白天,以替换掉教皇神甫(Papal Fathers)的新基督教的星光黑夜? 我们是否应该给妇女以选举权,以容许她们以占多数的性别而使我们的议会变得娘娘腔,并使英格兰的金雀花王朝(Plantagenets)、都铎王朝(Tudors)、查理一世(Cavaliers)、埃德蒙二世(Ironsides)成为女性掌权的天下? 再比如,英国妇女鄙视被殷勤供养或被男人的爱所操纵,不喜欢胡子拉碴的男人而向往高大阳刚的男子,这些社会优势难道不是和英国妇女践踏上帝或大自然(Nature)所要求的屈从,在立法辩论中拼命冲锋、大喊大叫以及用演讲喇叭大声疾呼的伟大政治优势一样伟大吗?[24]

接着他开始长篇大论地证明"国王阿尔弗雷德时代纯正英语"的优点。

在这本书之后,他写了《英国新教的威胁和捍卫》(*The Dangers and Defences of English Protestantism*,1879)一书,以下引文说明了该书的风格:

> 在早期,基督教只有两个对立领域,一个是如磐石般宁静的清教主义(Puritanism),只在精神和真理领域崇拜上帝;另一个是绚丽多彩但如草泽般生生不息的天主教(Popery),通过外在的表现和象征来表达对上帝的崇拜……新教徒(Protestants)*则不能过于反对宗教美学或感官快乐,不过,这些东西有助长人们享乐而将对上帝的爱置于一旁的危险,还导致人们在教堂中陈设他们的艺术品,以华而不实的矫饰作为对上帝最好的敬献。这些享乐主义者,在崇拜上帝的同时不可避免地要崇尚艺术……上帝福音(Gospel)中的宗旨难道不是……声称人类的彻底罪恶、邪念和不洁吗? 人类不是好像正在上帝面前用自己的工作来美化自己,并将这种美化视为对上帝的敬意吗?[25]

他的另一部诗歌《里纳尔弗之梦》(*Rinalpho's Dream*,1887)也是一

---

* 新教徒(Protestants):除罗马天主教及东正教以外的基督教徒。16世纪改教运动后,以罗马教皇为首的教会改称罗马天主教会,脱离罗马天主教的新教(Protestant),被称为基督教会。——译者注

首旨在抵制罗马教堂的诱惑的作品。作为诗歌,它与他晚年出版的三本诗歌集——其中两本诗集是 *Aarbert*(1898 年初版,并于 1899 年修订)和 *Herbert*(1901)——一样,并无可取之处,㉖它们实质上是对诗集 *Lochlere* 的再加工,马歇尔父亲运用了大量的盎格鲁—萨克森简化语,以便能顺畅地传达宗教信息。

在威廉·马歇尔的所有作品中,我只注意到两处带有自传性质的引文,它们都提到他青少年时代所使用的惩罚工具,这或许并不让人感到奇怪。他对鞭子这个词喜欢用古代用法(swipe),而不是现代用法(scourge),他说:"古词用法有带柄鞭子逼真的声音。自少年时代以来,我就从未听到过这个词。谢天谢地! 我现在总算在与我所敬爱的小学校长联系时记起了它。"㉗在提倡应将"tanner"替换成"tawer"* 后,他补充说:"在我学生时代的苏格兰,孩子们经常被叫做'taws'的皮鞭责打。"㉘

凯恩斯显然不熟悉威廉·马歇尔的作品,他重复玛丽·马歇尔的话,说威廉·马歇尔是一位"极其果断和洞察力极强"㉙的人。这是错误的,他是一个极其果断而无洞察力之人。作为科学家的阿尔弗雷德·马歇尔,不必感谢这位偏执的父亲。这位父亲对自己的狭隘观点完全自以为是,很少在乎别人的感受和愿望,认为有权用"极其严格的纪律"来约束其掌控下的人。正如阿尔弗雷德·马歇尔所说,他是一位"糟糕的教育者"。可以预见,这位父亲对孩子所实施的严格管教必将影响他们未来的生活态度。无疑,阿尔弗雷德·马歇尔对批评极度敏感(克劳德·吉尔博告诉我,当他发现犯错时,会陷入痛苦的地狱);当出现意见分歧征兆时,他会逃避推诿;他不喜欢争论;还有其他的一些性格特点,这在很大程度上都是他早年教育的结果。但是,我们不应该忘记,尚在少年时代,他的思想就已自由不羁,面对父亲的高压,他依然胸有主见,并毅

---

*　tanner 和 tawer 都是"硝皮匠,鞣革工"的意思,tawer 为古英语用法,其中 taw 在古英语中还有"鞭打"的意思,taws 是惩罚学生所用的一种皮鞭。——译者注

然果行;在面临人生职业的选择时,阿尔弗雷德·马歇尔对父亲置若罔闻,并尊奉天命。

注　释

① J. M. Keynes, *Essays in Biography*, reprinted in *Collected Writings of John Maynard Keynes*, D. Moggridge, ed. (London: Macmillan for the Royal Economic Society, 1972), 10:161.

② Alfred Marshall, *Principles of Economics*, C. W. Guillebaud, ed., 9th variorium ed. (London, 1961), 564.

③ Marshall, *Principles of Economics*, 207.

④ F. Y. Edgeworth to J. M. Keynes, 30 August 1924, Keynes Memoir file.

⑤ Mary P. Marshall to J. M. Keynes, 14 January 1925, Keynes Memoir file.

⑥ Mary P. Marshall to J. M. Keynes, 26 July 1924, Keynes Memoir file.

⑦ Mary P. Marshall to J. M. Keynes, 14 January 1925, Keynes Memoir file.

⑧ 丽贝卡·达文波特(Rebecca Davenport)的父亲托马斯·达文波特(Thomas Davenport)是一名"庄稼汉",在他儿子 1786 年成为一造纸商的学徒工期间,托马斯(Thomas)可能是一名农业劳动者。

⑨ 这个信息很大程度上依赖于 1841 年和 1851 年的人口统计,要感谢莫里斯·W.M.克拉克(Maurice W.M.Clarke)。

⑩ 阿尔弗雷德·马歇尔在其早期的经济学学习中,"给自己的定位是和实际操作及劳动阶层生活保持紧密联系"。参见凯恩斯的《阿尔弗雷德·马歇尔传》,181 n.1。

⑪ 在 1879 年令人讨厌的斯特奇斯(Sturges)诉布里奇曼(Bridgman)著名案件中,法官把伯芒德塞当成一个"噪杂而味道难闻的"专门从事贸易或制造的地区的代表,他们评论道:"贝尔格雷夫广场(Belgrave Square)令人讨厌的东西在伯芒德塞就未必是令人厌恶的。"克拉彭郡被巧妙地用贝尔格雷夫广场所替代。根据阿尔弗雷德·马歇尔的出生证,他出生在夏洛特(Charlotte)大街 66 号,事实上,他出生在伯芒德塞的一个通常被称为"皮革市场"的地区。

⑫ 该信息根据阿尔弗雷德·马歇尔的妹妹们的出生证得到,阿格尼斯(Agnes)登记于 1846 年,马贝尔·路易莎(Mabel Louisa)登记于1850 年。

⑬ 该信息由英格兰银行提供。

⑭ 同上。

⑮ 传记在 1924 年前是排版毛条(参见 F.Y.埃奇沃恩 1924 年 8 月 30 日给凯恩斯的信)。1924 年 9 月那期 *Economic Journal* 的发行受得一些耽搁(参见 R. F. Harrod, *The Life of John Maynard Keynes*[London, 1951], 354 n.1)。

⑯ C.W.Guillebaud to J. M. Keynes, 27 November 1924,Keynes Memoir file.正如凯恩斯在《阿尔弗雷德·马歇尔传》中所指出的那样,威廉·马歇尔在他 89 岁那年,而不是 92 岁那年去世,即于 1901 年去世。

⑰ 马歇尔的祖父在 1810 年结婚,然后去了南非,马歇尔的父亲 1812 年出生在那里。随后,马歇尔的祖父去了毛里求斯,他最后生活在苏格兰的利斯(Leith)。

⑱ 参见玛丽·马歇尔在凯恩斯传记文档中的注释。

⑲ 参见 F.Y.Edgeworh to J.M.Keynes, 30 August 1924,Keynes Memoir file。

⑳ Alfred Marshall to John Neville Keynes,4 August 1891,Keynes 1(105) in the Marshall Library, Cambridge.

㉑ 参见玛丽·马歇尔在凯恩斯传记文档中的注释。

㉒ 在威廉·马歇尔出版的最后两本书中,他称自己是《圣母玛丽亚》(*Mary or Madonna*)一书的作者,但它并没有收录在大英图书馆的目录中。威廉·马歇尔在大英图书馆目录中所有作品的影印版可以在芝加哥大学雷根斯坦图书馆找到。

㉓ William Marshall, *Lochlere* (1877), vii.

㉔ William Marshall, *The past*, *Present and Future of England's Language* (1878), 14—15.

㉕ William Marshall, *The Dangers and Defences of English Protestantism* (1879), 22—23.

㉖ 我只要给出一个从《里纳尔弗之梦》(*Rinalpho's Dream*,1887)第 37 页中摘录出的比较好的诗节作为例子:

> 妇女愚昧而快乐,
> 满怀热情地,
> 在教堂中摆弄着无足轻重的东西,
> 行屈膝礼、在胸前划十字、忏悔,
> 以及其他所有虚设的玩意。

㉗ 马歇尔:《英格兰语言》(*England's Language*),第 73 页。因为他的父

亲生活在苏格兰的利斯，威廉·马歇尔可能在利斯语法学校受教育。

㉘ 同上，84。

㉙ Keynes, *Essays in Biography*, 162.

9

阿尔弗雷德·马歇尔的家族和先人[†]

我称凯恩斯《阿尔弗雷德·马歇尔传》[①]的第一句话为"掩盖实情之妙笔"（参见本书第8篇）。传记中，阿尔弗雷德·马歇尔的出生地是克拉彭，正如伯纳德·科里（Bernard Corry）所说的那样，是"枝繁叶茂的伦敦郊区"。[②]而他实际上出生在皮革制造中心——伯芒德塞（Bermondsey）。传记仅仅提到阿尔弗雷德母亲的姓名，而当我了解到她是屠夫的女儿时，其中的缘由就不言而喻了。传记说，马歇尔出生时，他的父亲威廉·马歇尔（William Mar-

† 本文在得到 Rita McWilliams Tullberg 编辑的 *Alfred Marshall in Retrospect*（Aldershols：Edward Elgar Publishing Limited，1990）一书的出版商的允许之后转载于此。本文所依信息的收集来源众多，在许多研究助理的帮助下历时弥久。与本研究相关的通信和注释将存于芝加哥大学雷根斯坦图书馆，我希望它们能给那些想对马歇尔的家族和先人做进一步研究的人士提供帮助。诸如此类的研究很有必要，在我所讲述的故事和我根据少量证据所做的一些推断之间存在一些空白。本文所引用的有关马歇尔的记录，可以在约翰·梅纳德·凯恩斯有关《阿尔弗雷德·马歇尔传》的通信文档中找到，现存于剑桥大学马歇尔图书馆的"凯恩斯传记文档"中。我感谢自由基金（Liberty Fund）为本研究提供的资助。

shall)是英格兰银行的一名出纳,但事实上他只是位银行办事员。实际上,他从未在银行身居要职,但在 1867 年(即马歇尔出生 25 年后),他的确成了银行"出纳"。不过,我们也得知,英格兰银行通常是为了奖励"长期忠诚服务"③才授予"出纳"这一头衔的。威廉·马歇尔结婚时,自称为"绅士",这一方面提升了他的社会地位,同时也掩盖了自己的实际职位。由于阿尔弗雷德·马歇尔的家族处于上层社会的边缘,如果要维持体面,就不得不隐藏真相。隐瞒的结果是提高了阿尔弗雷德的社会地位,但却贬低了他的成就。

传记的第二个句子告诉我们,"马歇尔家族是西部牧师之家",我们几乎能听到茶杯在教区牧师的住宅草地上发生碰撞时的叮当声。但关于这点,传记所说也不完全属实。凯恩斯告诉我们,阿尔弗雷德的高曾祖父(great-great-grandfather)威廉·马歇尔(William Marshall)是"被蒙上传奇色彩的大力神赫拉克勒斯(herculean)式的德文郡(Devonshire)教区牧师";阿尔弗雷德的曾祖父约翰·马歇尔(John Marshall)——一位娶了玛丽·霍特里(Mary Hawtrey)的牧师,是埃克塞特(Exeter)＊语法学校的校长。这都没错。但凯恩斯随后补充说,这个"西部牧师之家""起源于 17 世纪末的康沃尔郡(Cornwall)索尔塔什(Saltash)教区领圣职的俸禄牧师威廉·马歇尔"。因为"德文郡教区牧师"1676 年生于康沃尔郡,他的父亲不像是当过牧师。这样,马歇尔家族起源于"索尔塔什教区领圣职的俸禄牧师"的说法要么是杜撰的,要么,我认为更有可能是这位"德文郡教区牧师"在阿尔弗雷德家族人的心目中分裂成了两个人,这样就可以使家族的牧师渊源更久远一些。凯恩斯在传记中所采用的家谱信息是由安斯利(Ainslie)编撰的,她是马歇尔父亲的弟弟亨利(Henry)叔叔的女儿,④她只知道家族希望她相信的东西,这不足为怪。约翰·马歇尔的确有其他家族成员是牧师,但与阿尔弗雷德·马歇尔有直系亲属关系的牧师只有上面所提到的两位。我们都有 8 位曾(外)祖父和 16

＊　埃克塞特(Exeter)是英格兰西南部城市,是德文郡的首府。——译者注

位高曾（外）祖父，除非对所有支系都进行了研究，否则，谈论基因影响就是危险的，即使他们的 DNA 都被检验过了，也是危险的。尽管如此，由于作者拥有写作"伟大的维利尔斯血缘"（The Great Villiers Connection）*那样的热情，因此，他是不会忽略遗传影响的。但是，诚如我们即将看到的那样，如果一个人沉迷于这样的推测，那么，作为有助于产生《经济学原理》（Principles of Economics）作者的基因来源，还有比马歇尔家族或霍特里家族（这些都被凯恩斯提到）更强大的候选选项。

让我们回到阿尔弗雷德的直系亲属。在传记中，凯恩斯提到阿尔弗雷德的曾祖父约翰·马歇尔之后，在下面一段这样开头："他**的父亲……"这是令人困惑的，因为凯恩斯很明显跳过了一代。事实上，在这个传记中，根本就没有提到阿尔弗雷德的祖父。没有提到阿尔弗雷德的外祖父是可以理解的，因为提到他们，就会让我们触及劳动阶层。可是为什么没有提到阿尔弗雷德的祖父威廉·马歇尔（William Marshall）呢？我想，他的历史可以对此作出解释。玛丽·马歇尔在给凯恩斯的注释中这样说，他是一位海军工薪出纳员。在苏格兰的利斯（Leith），他的墓碑上也确实刻着："前海军工薪出纳"。⑤虽然墓文中包含虚假内容的情况并不多见，但事实上，阿尔弗雷德的祖父从未在海军做过工薪出纳。

我将就我所能了解的情况来讲述阿尔弗雷德祖父的历史。他的父亲约翰·马歇尔是埃克塞特语法学校的校长，有三个儿子，其中两个成了牧师，阿尔弗雷德的祖父是个例外。至于为什么别人觉得他（或他自己觉得）不适合牧师职位，我就不得而知了。我猜测，是因为他缺乏这一特殊职位所需的智能。他出生于 1780 年，但除了 1810 年他不满 30 岁

---

* 伟大的维利尔斯血缘（The Great Villiers Connection）：约翰·梅纳德·凯恩斯 1933 年出版的《传记文集》（Essays in Biography）中的一篇文章。文章描述了英格兰历史上的许多名人之间有着某种同族关系，特别是伟大的维利尔斯血缘，二百多年来，许多杰出人士和政坛精英都存在与这一血缘的联系，凯恩斯称其为英格兰真正的王族血缘。——译者注

** 此处指阿尔弗雷德·马歇尔。——译者注

时在《绅士杂志》(*Gentleman's Magazine*)上的婚姻公告外,我没有发现其他有关他的内容。他在公告中称自己为"好望角军需部长助理"(assistant paymaster-general at the Cape of Good Hope)。

这个南非好望角驻军军需部长助理的职位,显然是当时刚被任命,因为英国对好望角的占领始于 1806 年。威廉·马歇尔和新娘在 1810 年 6 月 24 日出发,1810 年 10 月 1 日抵达好望角。他在这个职位干了好几年,期间共生育四个孩子,其中两个夭折,活下来的其中一个就是阿尔弗雷德·马歇尔的父亲威廉。从他们所居住的房子以及其他迹象看,阿尔弗雷德·马歇尔的祖父应该属于好望角的英国上层社会。⑥ 然而,1816 年 3 月后的某天,他辞掉这个职位,前往毛里求斯。毛里求斯曾是法国的殖民地,但在 1810 年被英国占领,1814 年,战争* 结束时,巴黎条约(Treaty of Paris)使它成为英属殖民地。

在毛里求斯,他先在警察委员会当差。⑦ 后来,在 1817 年 12 月的一场公开拍卖中,他拍下了圣路易斯港享有两年期排他特权的运输和卸货地块,从此,他就交上了恶运。未经数月,威廉·马歇尔就发现自己犯下了严重错误。1818 年 4 月,他在写给代理总督的备忘录中这样说,他不能支付投标的第二期费用,并请求减免。他将这次投资的惨败归咎于出价太高,他出的价格大约是以前拍卖价的两倍。他给出了两个理由来解释他出价太高的原因:第一,他被"公开报道误导……认为港口将一直可用到 1820 年 3 月 1 日",但是它却在 1818 年 4 月 1 日就被关闭;第二,拍卖中的出价是小幅上升的,他认为这是"公平竞争的结果",并得出了"如果其他人能承受那么高的价格,他同样也能"的结论。经济学家会认识到这是有效市场假设的不同版本。然而,他认为,高于 17500 毛里求斯元(他投了 23000 元)的标并不是由该地块的其他竞购人投的,而是由政府拍卖人投的,因此,他所支付的价格并非"公平竞争的结果"。此外,

---

* 指法国与反法同盟之间的战争,法国在此次战争失败,拿破仑被俘,被迫宣布退位,法兰西第一帝国灭亡。——译者注

1818年3月的一场飓风毁了他的一些船只和装备。结果,他第一年支出约60000元,而收入为40000元。[8] 1毛里求斯元约合4先令,他的首期支付加上第一年损失大约是6000英镑(在当时这是一笔巨款),[9]再加上他的生活开支,这些显然耗尽了他的大部分资产。

代理总督拒绝把他的备忘录呈送给内阁殖民部,除非威廉·马歇尔只申请免除飓风受损部分。而下任总督呈递了威廉·马歇尔的备忘录,并加上了自己的评论:"合理地……给予马歇尔先生一些免除……威廉·马歇尔看来已没有可能兑现他的承诺。"他还补充说:"马歇尔先生给我的印象是勤勉、正派之人,他急于获得承包,不幸的是,他没有充分了解介入此事应注意的分寸。"[10]他的印象是阿尔弗雷德的祖父不够精明。

此事后来如何解决,我不得而知。1823年,阿尔弗雷德的祖母去世,他的祖父和六个年幼的孩子一起离开了毛里求斯,在苏格兰的利斯安顿下来,并做起了买卖。也许正如所料,他的生意看来并不成功,因为他于1827年放弃经商而成为一名小职员。[11]他死于1828年,没有遗嘱,墓碑上的墓志铭是假的。随后,他被人们遗忘。由此,我们不难理解,为什么阿尔弗雷德·马歇尔的家族没有保留对他的生动记忆。

监护孩子的差事交给了孩子母亲的一个兄弟约翰·本托尔(John Bentall),孩子们去了德文郡的托特尼斯(Totnes)。据玛丽·马歇尔说,在那儿,孩子母亲的另一个兄弟负责照看他们。这些将成为阿尔弗雷德·马歇尔直系亲属的孤儿的命运如何呢?最大的那个,就是他的父亲,其他包括一个姑姑和四个叔叔。我已在其他地方谈过他的父亲,因此,就没必要更多地去讨论那个极其不受欢迎的人了。但其他人怎么样呢?关于路易莎(Louisa)姑姑,玛丽·马歇尔告诉我们,阿尔弗雷德·马歇尔"非常喜欢她……她把照顾兄弟以及他们的家人作为生活的第一职责"。阿尔弗雷德·马歇尔对她怀有特殊感情(我们也一样),因为,他坚信,正是和她在一起度过的那些暑假挽救了他的性命,而在其他时间里,他被父亲强迫进行超负荷学习。[12]

现在,让我们看看阿尔弗雷德·马歇尔的叔叔们,先从爱德华叔叔(Uncle Edward)开始。1829 年 1 月,爱德华作为一等志愿者应征入伍皇家海军,时年 12 岁。一年后,被任命为海军准少尉(midshipman),1833年晋升为中尉(mate),1843 年为海军上尉(lieutenant),1853 年为海军中校(commander),1857 年成为海军上校(captain)。他曾在好望角、地中海、非洲东海岸等许多基地服役,所在舰只的名称也十分有趣,诸如“轰响”(*Thunderer*)号、“雷电”(*Thunderbolt*)号、“蛇”(*Snake*)号、“毁灭”(*Devastation*)号等,甚至有一只船舰是以富有争议的“萨福”(*Sappho*)*命名的。爱德华·马歇尔中校曾在太平洋基地掌管“女英雄”(*Virago*)号长达三年。有意思的是,他的职业生涯和福里斯特(C.S. Forrester)小说中的霍雷肖·霍恩布洛尔(Horatio Hornblower)** 非常相似,我相信这位马歇尔上校之所以没有成为爱德华·马歇尔上将(Admiral)的唯一原因是他在 1862 年便英年早逝,年仅 45 岁。[13]

接着,我们来看一下亨利叔叔(Uncle Henry)。我不了解他的早年生活,在他 1854 年 33 岁结婚时,已是印度加尔各答的一名商人。1858 年,他依然是印度的一位商人,可能是因为印度叛乱,1859 年,他回到英国,1880 年去世。在遗嘱中,他被称为木材商。可见,亨利叔叔是位商人。

再接下来,看看桑顿叔叔(Uncle Thornton)。青少年时期,他是一位药剂师学徒,在伦敦盖斯医院(Guys Hospital)研究医药。1843 年底,21岁的他应聘到军队医务部门工作,并被任命为外科助理。他在新西兰和

---

* 萨福(Sappho,约公元前 610—公元前 580):古希腊著名女诗人,一生写有诗歌九卷之多,但因她诗篇歌咏同性之爱而被教会视为异端,将其诗歌焚毁。目前仅存一首完整的诗章,其余均为残篇。从 19 世纪末开始,萨福成为女同性恋的代名词,“Lesbian”(意为女同性恋者)与形容词“Sapphic”(女子同性爱的)等,均源于萨福。——译者注

** 福里斯特(Cecil Scott Forrester,1899—1966):英国畅销作家,最有影响的作品是霍恩布洛尔(Hornblower)船长系列小说,描写了 18 世纪末到 19 世纪初霍恩布洛尔船长的海上传奇,刻画了一位正直、勇敢、智慧、富有冒险精神并时刻反思人生的船长形象。——译者注

澳大利亚等地服役，1855 年晋升为外科医生。由于身患重病，他在 1861
年去世，因此，对他就毋庸多说了。⑭

　　我们现在看一下这个"牧师"家族中的最后一位成员查尔斯叔叔
（Uncle Charles）。他是凯恩斯在传记中唯一提到的，也是阿尔弗雷德·
马歇尔的叔叔中最有意思的一位。玛丽·马歇尔说，他是"阿尔弗雷德
最喜欢的叔叔"，阿尔弗雷德·马歇尔的确有充分理由感激查尔斯叔叔。
查尔斯叔叔向阿尔弗雷德提供了一笔借款，从而在他去剑桥学习数学的
可能中发挥了重要甚至是决定性的作用，而去剑桥学习数学这一步最终
导致他成为一名经济学家。根据传记，也正是查尔斯叔叔的遗产使阿尔
弗雷德能够在 1875 年造访美国。当我发现查尔斯叔叔的遗嘱中并无遗
产时，曾怀疑过凯恩斯是否搞错。但是，我在奥克斯利图书馆（Oxley Li-
brary）发现了一封查尔斯叔叔的遗孀写给她律师的信，抱怨亨利叔叔（遗
嘱的执行人）正在支出收益以外的遗产。显然，存在遗嘱中未提及而在
某封信里提到过的遗产。

　　鉴于查尔斯叔叔的资助在阿尔弗雷德生活中所发挥的重要作用，凯
恩斯补充道：

　　　　阿尔弗雷德经常讲述的这位叔叔，其财富来源的故事值得一
　　提……他到澳大利亚寻求财富，在金矿大发现的日子里在那儿谋生
　　并安顿下来。他身上所具有的一点家族癖好使他愿意间接地寻求
　　个人利益。他一直是位牧场主，但是，为了邻人的快乐，他拒绝雇用
　　周围那些身体健全的人，所配备的人员全是腿瘸、眼瞎、身残之人。
　　当淘金热到达巅峰之时，他的回报来了。所有身强力壮的劳动力都
　　移民到金矿地区，而查尔斯·马歇尔成了那个地方唯一能继续经营
　　的牧场主。⑮

埃奇沃思（Edgeworth）认为这一段应该删掉，因为基于家庭癖好的行为
不具有普遍意义。⑯ 而我认为，它之所以应该删掉是因为其中无一属实。

　　让我们来尝试重构查尔斯叔叔的生活以及如何发财的真实故事。
玛丽·马歇尔在给凯恩斯的注释中说，查尔斯叔叔"不喜欢待在托特尼

斯受其长兄威廉的控制……他离家出走,当了名船上服务生"。在传记
中,凯恩斯采纳了这段话,并把它作为对阿尔弗雷德的暗喻,说他离家出
走成了"剑桥的船上服务生,爬上几何的索具,探究天宇"。玛丽·马歇
尔的这个故事看来好像是真的,查尔斯叔叔可能真的离家出走当了名船
上服务生。我们之所以这样讲,是因为发现在 1841 年他 20 岁时的人口
普查中,他的职业填的是"水手"。[17]

　　1841 年至 1849 年之间,我没有发现有关他活动的确凿信息。根据
记录,1849 年他和罗伯特·坎贝尔(Robert Campbell)是澳大利亚达令草
场(Darling Down)的埃兰格旺(Ellangowan)牧羊场场主。[18]另据记录,他
是 1847 年到达澳大利亚的。[19]他何以得到购买牧羊场股份的资本,我无
从知晓,也许是在澳大利亚之外的经商所得,也许是遗产继承使然。约
翰·沃茨(John Watts)的回忆录描述了在 1849 年左右和他见面的情况,
沃茨(Watts)是附近牧场的经理:

　　　　我们和埃兰格旺牧场有一次纠纷。那时,这个牧场属查尔斯·
　　马歇尔所有,他是从福比斯(Forbes)那里购得的……我们到达埃兰
　　格旺牧羊场时,马歇尔正亲自清洗水池,为剪羊毛做准备。我们找
　　到他,他说:"哦,进屋喝杯格罗格(grog)* 吧! 我一忙完就和你们商
　　议。"于是,我们马上进屋,商量着等马歇尔先生羊毛剪完后再说。
　　但是,在羊毛剪完之前,马歇尔已将牧羊场卖给了 J.Gammie。[20]

　　1849 年以后,查尔斯叔叔在达令草场的活动记录非常完整。1850
年他和罗伯特·坎贝尔一起成为格勒盖兰(Glengallan)牧场的合伙牧场
主。[21]同年,他被委任为和平法官,这表明他在达令草场牧场主中的地
位。[22]1852 年,他成为格勒盖兰牧场的独立牧场主。[23]格勒盖兰是一块 6
万英亩的巨大牧羊场,能同时放养 1800 头牛和 2 万只羊。[24]出版过澳大
利亚游记的 H. Berkeley Jones 教士,1852 年参观格勒盖兰牧场后说:"马
歇尔先生经营着一个非常值钱的牧场。数年时间里,他靠小资本和不知

---

* 　格罗格(grog):烈酒(尤指朗姆酒)与水混合的饮料。——译者注

疲倦的执著精神已经积累了近 10 万卢比。"㉕1854 年,查尔斯叔叔让约翰·德查(John Deuchar)参与牧场经营,成为他的合伙人。德查饲养牲畜很有经验,此前他是阿伯迪恩公司(Aberdeen Company)的经理。有了德查的帮助,格勒盖兰牧场欣欣向荣,牲畜存栏有口皆碑。然而,德查是一个爱炫耀之人,他(而不是查尔斯叔叔)破产了,合伙关系在 1869 年被解除。㉖1873 年,查尔斯叔叔让斯莱德(W. B. Slade)成为合伙人,斯莱德也确实是名优秀的牲畜饲养员。查尔斯叔叔 1874 年去世后,他在格勒盖兰牧场的股份传给其遗孀。她改嫁后,马歇尔—斯莱德牧场就变成了奈顿(Knighton)—斯莱德牧场。我们完全有理由相信查尔斯叔叔发了财,他于 1857 年和夏洛特·奥古斯塔·德林·德雷克(Charlotte Augusta Dring Drake)结婚,夏洛特是 1871 年被加封为威廉爵士的威廉·H. 德雷克将军(General William H. Drake)的女儿。结婚时,查尔斯叔叔 36 岁,夏洛特 20 岁。

这位离家出走做了船上服务生的人是如何发财的呢? 阿尔弗雷德·马歇尔给出的答案是:他的牧羊场雇用了腿瘸、眼瞎、身残之人(根据传记所说,这有"一点家族癖好",尽管没有证据表明阿尔弗雷德的其他亲戚有这个癖好)。澳大利亚发现黄金时,其他牧场的工人纷纷离开牧场去金矿区,而查尔斯叔叔是唯一一个能够继续经营牧场的人,至少在达令草场是这样。这个故事有点不可信,那些在牧羊场当牧羊人或干其他活的人,一般来讲,所从事的工作并非腿瘸、眼瞎、身残之人所能胜任。很难想象一位骑着导盲马的盲人在方圆 100 平方英里的牧羊场上能做什么有用的工作。不过,我们不必死扣这一点,我们有足够理由认为该故事是虚构的。

我们应该注意的是:首先,查尔斯叔叔在 1850 年已有些积蓄,但直到 1851 年,在澳大利亚他才捞到第一桶金;第二,达令草场牧羊场的历史记录表明,发现黄金后,所有牧场都继续经营,甚至在淘金热的高潮时期,新南威尔士(New South Wales)、维多利亚(Victoria)和塔斯马尼亚(Tasmania)的蓄羊数量实际上是在提高,我们完全有理由相信,在达令草场(现在属于新南威尔士)的情况亦是如此。㉗沃特森(Waterson)说,在此期间"该地区蒸蒸日上——1856 年到 1866 年之间是其黄金时代"。㉘毋庸置疑,尽管确有许多工人去了金矿区,但令人奇怪的是,就格勒盖兰牧场的情况而言,我发现唯一提及这种人员流动的资料只涉及查尔斯叔叔本人。内梅尼亚·巴特利(Nemeniah Bartley)1851 年造访了土仑(Turon)金矿区并遇到了"英格兰银行总出纳的儿子马歇尔和他的西印度朋友达夫森(Davson)"。"儿子"显然是弟弟的误指,而将阿尔弗雷德·马歇尔的父亲称为"英格兰银行总出纳",这是他们有夸大社会地位的"一点家族癖好"的又一例证。巴特利补充说:"由马歇尔和达夫森组合成的'硬面包'(damper)* 真是可怕而绝妙! 相比之下,那些油灰面包块(wedges of putty:比喻顺从的分散个体——译者注)会更容易消化些",㉙由此,我们可以推断查尔斯叔叔并非柔弱之人。

或许能从根本上消弱查尔斯叔叔传说可信性的更重要理由是,它与我们所了解的这个强硬的前海员关于工人雇佣的实际行动不相吻合。他是位毫不含糊的雇主。1849 年,当他还在埃兰格旺牧场时,他在简易法庭上指控乔治·芒迪(George Munday)玩忽职守,而芒迪否认他受雇于查尔斯叔叔,诉讼被驳回。与此同时,查尔斯叔叔又指控塞缪尔主教(Samuel Bishop)"不尽职守和傲慢无礼",结果法庭判指控不成立。㉚从查尔斯叔叔和他的新合伙人 W.B. 斯莱德的通信中,我们能对其态度有更完整的了解,这些信件写于 1873 年至 1874 年查尔斯去英国途中,现存于布里斯班(Brisbane)的奥克斯利图书馆(Oxley Library)。

查尔斯叔叔所呈现的形象是处事公道,但在雇佣活动中,他最关心的还是他会从随后的行动步骤中得到什么好处。就在去世前,他认为雇用的人手与牲畜数量相比过多了,他想大幅裁员。㉛在处理私人问题时,他虽富于同情,但也讲求效率。有这样一个例证:

---

* damper:(澳大利亚、新西兰英语)未经发酵的在热灰上烘烤的硬面包,此处比喻两人的强硬。——译者注

　　我经常自忖:老皮尤(Pugh)结束羊毛仓库的看守工作以后,你是否能为他找到工作。我很喜欢这个老家伙,也会为他的离去而伤感。大体来说,他完全值得信赖,危难时刻他是靠得住的……不过,如果你没有适合他做的活,自然也帮不了他。㉜

在信中,他对雇员的评价多半与他所雇用的南海岛民有关,他们的雇佣期即将结束,他想让他们得到妥善安置:

　　在布里斯班的时候,我见到移民局的 Gray 先生,有关你解聘相关条件合同期满的南海岛民之事已作出安排:你应该汇给他们 3 年的工资,他要保证他们得到恰当关照,而不会被店主们欺骗。㉝

在另一封信中,他说已经"答应牧羊仔们,如果他们表现出色,就送给他们每人一块奖章"。㉞他有 8 块刻着他们名字的奖章。他煞费苦心地把它们做好,琢磨着让它们在报纸上得到报道,"以表明牧羊仔没有被当作奴隶对待"。㉟但显然,他决定不这样做了,因为这看起来像是在"炫耀"。㊱他评论道:"因为表现良好而得奖章,这会使他们感到高兴。我觉得他们受之无愧。"㊲因为南海岛民非常能干,所以他希望一些人能回来,但是如果他们不回来,替换人选也会找到。可能是斯莱德想找替换人选,查尔斯叔叔就给了他一些建议:"直接坐船南下……船到达后,你要自己挑选。如果你委托代理商去挑选,你得到的人选会差得多。"㊳这个建议看来是为了避免雇用"脚瘸、眼瞎、身残"之人。

　　从这封信中,很容易看出查尔斯叔叔为什么能积累起财富。在他的信件中,他关注生意的每一个细节,表现得非常精明,其宗旨是增加企业利润。他强调,"重要的票据,尤其是见票即付汇票"应该"通过途经布林迪西(Brindisi)的短途递送。在周利率 8% 的情况下,1000 英镑一周的利息是 80 英镑,这当然和邮递费用方面的差异不相称"。㊴下面一段引言是对其想法的一个极好说明:

　　我希望,你不要迫使自己为了销售而使羊群数量降得太低。从羊身上剪下的羊毛是我们利润的重要来源,因此,我们要尽可能不让羊群数量下降。我开始觉得只凭羊毛粗细来挑选应该杀掉的羊只的办法是错误的。在过去两年中,我已觉察到粗毛羊要比细毛羊卖得更好。C档羊毛的销售和 A 档羊毛(主要是因为该档长度更长)的销售非常接近,通常是一样的价格,而从单只羊身上剪下的羊毛重量的差异……完全有利于 C 档。粗毛羊的个头当然也更大,所以也更值钱。当然不必为了出售公羊而不要种羊,但我十分肯定,有着更粗的长羊毛的羊群会卖得最好……我们牧羊的重要目标当然是饲养卖得最好的品种。⑩

查尔斯叔叔不仅是出色的商人,而且是出色的经济学家。1874 年 5 月,他报告说,他持有股份的豪格斯(Hogarth)肉类加工公司已在赔钱,停工指示已传达到澳大利亚:"按照目前的库存和英国罐头肉的价格,肉类加工想不亏本经营是不可能的。"他相信澳大利亚其他肉类加工企业也会停产。他的结论是:"停产的影响,并不会使英国的肉价上升,因为南美会向市场提供肉品,但(澳大利亚的)库存一定会下降。"他又补充说,他将此告诉斯莱德是"为了使你购买时能谨慎行事"。⑪

阿尔弗雷德·马歇尔在《经济学原理》中讨论联合供给时,这样说:

> 澳大利亚羊毛产区的羊肉价格曾一度很低。羊毛要出口,而羊肉不得不在国内消费。由于在澳大利亚对羊肉的需求不大,因此,羊毛的出口价格几乎得支付羊毛和肉的联合生产的全部费用。随后,肉的低价刺激了肉类加工出口,现在肉价在澳大利亚开始升高。⑫

我感觉,如果这一部分让查尔斯叔叔来写,他会毫不逊色,抑或更好。

看起来很清楚,作为长时间的艰辛劳动、聪明才智、坚韧不拔和注重细节的结果,查尔斯叔叔积累起自己的财富。除了畜牧活动(这肯定是他收入的主要部分)外,他在澳大利亚还有其他生意,其中一例就是上面提到的肉类加工。他经营土地,在附近的沃里克(Warwick)镇有租赁地产,还投资澳大利亚的矿业公司。在他看来,对这些公司的投资并未赢利,他是这样评论的:"我的罐头肉投机生意证实了我所秉持的黄金格言'不要在任何你不了解也没控制权的产业内进行投资'。"⑬

克劳德·吉尔博评论阿尔弗雷德·马歇尔在察觉对经济事实陈述的错误方面，有异乎寻常的能力。那么，正如我们现在所知，他为何会接受并重复一个表面上看来就不可能，与查尔斯叔叔实际行为相矛盾的故事呢？我想，我或许知道答案。即使在金矿大发现以前，达令草地的劳动力也是极其短缺的，那里的牧场主们请愿要求恢复1840年停止的交通。㊹交通实际上是在1849年恢复的，这使得那些牧羊场主在1850年有可能获得因犯劳动力。查尔斯叔叔没有丝毫犹豫，他在1850年申请要7个"放逐者"，1851年至少要了1个，1852年又要了3个，包括1850年由罗伯特·坎贝尔接纳的一个。此外，他在1851年分到了4张可以雇用"假释"犯的许可证，1852年又得到了2张。他也可能可以使用早些时候分配给罗伯特·坎贝尔的"假释"犯。㊺"假释许可证"是一种发给因犯的文件，允许他在私人部门有偿工作，从而为刑满释放后的经济自立做准备。在这种法律身份下，犯人正常情况下不会离开他所在地区，因为没有警方允许的离开会使他们受到惩罚。

1851年金矿大发现后的随后几年中，当地劳动力流失已极度严峻，查尔斯叔叔在格勒盖兰所雇用的绝大部分劳动力是因犯劳动力。我相信，这就是"腿瘸、眼瞎、身残"的故事企图想隐瞒的事实。实际上，查尔斯叔叔并没有雇用脚瘸的，而只是雇用跛脚的，这就很容易理解查尔斯叔叔的工人为什么没去金矿。阿尔弗雷德·马歇尔是否知道自己的说法是弄虚作假呢？虽然不能肯定，但我认为极有可能是知道的。家族不希望世人知晓，使阿尔弗雷德·马歇尔及其他成员受益的查尔斯叔叔的财富的部分来源是对因犯劳动力的雇佣。

让我好奇的是，阿尔弗雷德·马歇尔家族用谎言所隐瞒的事实并不是什么耻辱之事。他的两个叔叔都是成功的商人，其中一个非常成功，还有一个叔叔在海军中事业卓著，第四个因为英年早逝而没能获得应有成就，但我们没有理由认为那有什么不值得赞扬的地方。这些孤儿（阿尔弗雷德·马歇尔的叔叔们）的故事是他可以引以为豪的，尽管他们中没有一位是牧师。我还应该补充一些有关阿尔弗雷德·马歇尔的兄弟姐妹的材料。他的哥哥——查尔斯·威廉·马歇尔（Charles William Marshall）是设在印度的孟加拉丝绸公司的经理；他的姐姐——阿格尼斯（Agnes）和阿尔弗雷德的哥哥一起生活在印度；㊻他的弟弟沃尔特（Walter）在剑桥大学读书时去世。他的姐姐梅布尔（Mabel）和一位年轻军官相爱，但她专横的父亲不允许她嫁给他，她最终嫁给了 E.D.吉尔博牧师。虽然我们对阿尔弗雷德·马歇尔的父亲的高压行为感到愤慨，但想到他的这种行为使我们得到了克劳德·吉尔博与《经济学原理》的集注版，我们的愤愤之情多少可以得以平息。

这个故事有一点需要注意，因为阿尔弗雷德·马歇尔的所有叔叔都是在国外度过了大部分时间，马歇尔幼年时期肯定和他们接触很少。除了暑假里和路易莎姑姑在一起，他一直处在父亲的高压管制下，然而，他之所以能设法在父亲粗暴的管制下得以幸存，并使天才之火燃烧不熄，这必定有赖于一些内在力量——某些他本身所具有的东西。我现在就开始讨论这些东西的可能渊源。

凯恩斯对于阿尔弗雷德·马歇尔先人的讨论是轻描淡写的，主要局限于他的曾祖父约翰·马歇尔的牧师亲戚关系和玛丽·霍特里家族。对阿尔弗雷德·马歇尔母亲的先人的忽视很容易解释，但没有提及阿尔弗雷德·马歇尔的祖父威廉·马歇尔，这个忽略造成了一个令人遗憾的结果，那就是没有注意他的妻子，也就是阿尔弗雷德·马歇尔的祖母，她的名字是路易莎·本托尔（Louisa Bentall）。

很清楚，阿尔弗雷德·马歇尔一家曾受惠于本托尔亲戚。当威廉·马歇尔在利斯（Leith）去世后，路易莎的哥哥约翰·本托尔成了孤儿们的监护人，他是位股票经纪人。孩子们去托尼斯（Tones）和另外一位舅舅生活在一起，据推测，这位舅舅可能是银行家桑顿·本托尔（Thornton Bentall）。阿尔弗雷德·马歇尔的父亲在去英格兰银行之前就在约翰·本托尔那里做职员。无疑，本托尔家以我们未详的方式接济了阿尔弗雷德的父亲和叔叔们，但阿尔弗雷德·马歇尔可能在更为重要的方面受益于本托尔亲戚家，这似乎是他通过路易莎·本托尔所继承的性格特点和非凡才智，使他能够承受得起父亲的高压,并在缔造现代经济学中扮演主要角色。

数个世纪以来,本托尔家族以其出色的经商能力而声名显赫。13世纪爱德华一世的大法官罗伯特·伯内尔(Robert Burnel)便是这个家族的一员,他"靠个人奋斗而成功……通过购买、置换、贷款转换和其他方式在事业兴旺期间积累了分布广泛的地产",[47]这使我们想到查尔斯叔叔。伯内尔购买的一处房产位于什罗普郡(Shropshire)的本索尔(Benthall),于是该家族(或其中一些人)好像就把其姓改成了本索尔,随着时间流逝,本索尔(Benthall)就变成了本托尔(Bentall)。路易莎·本托尔的父亲(阿尔弗雷德·马歇尔的曾外公)是位银行家。在现代,位于伦敦和本托尔附近金斯敦的本托尔百货商店和农业机械公司就是由本托尔家族成员缔造的。[48]更晚近的例子是保罗·本索尔(Paul Benthall)爵士,他在印度事业有成,并在后来成为合金公司的董事长以及渣打银行、皇家保险公司和英格兰其他相关金融机构的董事。该家族的一位成员在1934年购买了位于什罗普郡的家族老宅——本索尔宅子,并在1958年交给了国民信托公司。[49]但是路易莎·本托尔还有更多的贡献,她的祖父约翰·本托尔是埃塞克斯(Essex)的酒类销售商和牡蛎商,他的妻子是伊丽莎白·桑顿(Elizabeth Thornton)。

在商业和公共事务中,伊丽莎白·桑顿家族甚至比本托尔家族更加显赫,他们是商人、银行家和议员,其中一些属于克拉彭地区最显赫的人物。经济学家会马上意识到,这意味着阿尔弗雷德·马歇尔和《大不列颠纸币信用》(*The paper Credit of Great Britain*)的作者亨利·桑顿(Henry Thornton)*有亲戚关系,弗里德里希·哈耶克把"古典时期货币领域的主要成就"归功于亨利·桑顿。[50]阿尔弗雷德·马歇尔和亨利·桑顿都是17世纪约克郡(Yorkshire)波肯(Birkin)教区首席神甫罗伯特·桑顿(Robert Thornton)的后代,罗伯特·桑顿是阿尔弗雷德·马歇

---

* 亨利·桑顿(Henry Thornton,1762—1815):英国历史上最著名的经济学家之一,1802年出版《大不列颠纸币信用的性质和作用的研究》一书,该书为桑顿赢得了"中央银行之父"的美誉。——译者注

尔的曾曾曾外祖父(great-great-great-grandfather),是亨利·桑顿的曾曾祖父(great-great-grandfather)。拉尔夫·霍特里(Ralph Hawtrey)* 也和阿尔弗雷德·马歇尔有某种远亲关系,在传记的初版,凯恩斯谈到马歇尔和拉尔夫·霍特里的这层关系时,评论说“真正的货币理论没有多少不是出于那个根源”。如果凯恩斯知道阿尔弗雷德·马歇尔和亨利·桑顿也有亲戚关系,不知道会有多少更强烈的叙述。我应当补充说明的是,1933 年的这个传记在《传记集》(*Essays in Biography*)中转载时,这一评论被删掉,可能是因为凯恩斯已发觉阿尔弗雷德·马歇尔和拉尔夫·霍特里都与《货币论》(*The Treatise on Money*)** (出版于 1930 年)的作者没有关系吧。阿尔弗雷德·马歇尔和亨利·桑顿的亲戚关系还会导致另一个结果,因为 E.M.福斯特(Forster)*** 是亨利·桑顿的曾外孙,所以,阿尔弗雷德·马歇尔和他也有远亲关系,从而也就与自称为“文明受托人”(trustees of civilization)的布鲁姆斯伯里圈子(The Bloomsbury Group)**** 的一位成员挂上了钩。(51)如果凯恩斯知道这层关系,尽管我不能想象他会怎样做,但我确信,他会在传记中补加一页或两页的内容。他肯定会怀着浓厚的兴趣来寻找关于马歇尔祖先的真相。他可能

* 拉尔夫·霍特里(Ralph Hawtrey,1879—1975):英国著名经济学家、货币银行理论家,著有《商业的盛衰》、《商业和信用》、《商业萧条及其出路》、《资本与就业》、《工资政策的自相矛盾的目的》、《收入与货币》等。——译者注

** 《货币论》(*The Treatise on Money*):约翰·梅纳德·凯恩斯的早期作品,出版于 1930 年。——译者注

*** E.M 福斯特(Edward Morgan Forster,1879—1970):英国著名作家,著有《印度之行》、《看得见风景的房间》等作品。1897 年福斯特入学剑桥大学,结识约翰·梅纳德·凯恩斯等人,后成为布鲁姆斯伯里圈子的一员。——译者注

**** 布鲁姆斯伯里圈子(The Bloomsbury Group):指 1907—1930 年间经常在位于伦敦不列颠博物馆附近的布鲁姆斯伯里区的克莱夫·贝尔和瓦尼萨·贝尔夫妇家里以及瓦尼萨的兄妹艾德里安·斯蒂芬和弗吉尼亚·斯蒂芬家聚会的一些英国作家、哲学家和艺术家。后来该团体的重要成员还有小说家 E.M.福斯特、经济学家凯恩斯等。该圈子虽然代表了英国知识界的进步力量,但他们并不构成一个流派。——译者注

已着迷于"伟大的维利尔斯血缘",但正如他在《传记集》的前言中告诉我们的,让他真正引以为豪的是"英格兰才智之士的同心同德和一脉相承"。㊿

　　我们很难理解,在阿尔弗雷德·马歇尔这一代,为什么会把本托尔家族和桑顿家族排除在家族史之外。他的父亲、姑姑和叔叔从本托尔家受惠很多,孩提时受到本托尔家的照料,事业起步时得到本托尔家的帮助,而且他们也应该意识到与桑顿家的亲戚关系,因为阿尔弗雷德的一位叔叔就叫"桑顿"。和本托尔家的亲密关系不同的是,除了生活在德文郡的路易莎姑姑外,阿尔弗雷德的直系亲属和霍特里家以及牧师马歇尔家没有多少来往。㊼对于传记中对本托尔家族和桑顿家族的忽略,我唯一能给出的解释就是:这是阿尔弗雷德·马歇尔的祖父在家族记忆中被抹去的结果。我不了解他早年的生活,但我猜测,他是从父亲和妻子那里获得了资本并开始其事业的,然后,在不明智的商务活动中蚀本,结果,以利斯的一名小职员而告终。马歇尔家族是不会谈论失败的,这样,所有关于他妻子以及她的家族和卓越亲戚的信息都丢失了。

　　在凯恩斯提及阿尔弗雷德·马歇尔的家族时,所有这些错误和遗漏造成了对阿尔弗雷德·马歇尔成长环境画面的误解。例如,斯基德斯基(Skidelsky)最近在其关于凯恩斯的传记中说:"马歇尔也是统治英格兰知识分子生活的牧师家族联姻的又一结晶。"㊸但阿尔弗雷德·马歇尔并不像斯基德斯基所想的那样,来自一个有教养的、舒适的和良好联姻的牧师家庭,而仅仅只有他父亲的职业是个例外。阿尔弗雷德的家庭生活像大多数不适合从事严肃的科学研究的人一样。凯恩斯在传记中提到阿尔弗雷德的同学 E.C.Demer 说,学生时代的阿尔弗雷德·马歇尔"矮小而苍白,穿着很差,看上去用功过度……很少做游戏,喜欢高深的国际象棋问题,不刻意交友"。我认为这个描述是准确的。阿尔弗雷德·马歇尔在一封信中,曾提到过父亲的"极其严厉的纪律"㊹——这在英格兰维多利亚时代意味着什么,我是不敢想象的。无疑,他父亲的"极其严厉的纪律"给他留下了永久伤痕。然而,孩提时代,阿尔弗雷德·马歇尔就摒弃了他父亲的虚假学问和不科学态度，坚持自己的立场，下定决心去剑桥学习数学。当他来到号称"坚强人类的伟大母亲"——剑桥时，肯定像是到了天堂。传记中除了说他在大学结束时计划研究分子物理外，并未告诉我们阿尔弗雷德大学时代的情况。我觉得，他刚到剑桥时所萌发的想法，肯定在其关于什么是科学研究的正确行为的观点形成中发挥了极为重要的作用。如果真是这样，对他大学生活的详细研究将有助于我们更好地理解他的基本立场。不管怎么说，在上述故事中打动我的是，阿尔弗雷德·马歇尔克服极其不利的家庭氛围的能力。虽然他受到这种家庭氛围的伤害，因为他的一些性格特征并不值得称道，但他凭着天赋的非凡才智和值得我们所有人作为榜样的对学问的执着追求，脱颖而出，并创作出《经济学原理》。

补遗篇：马歇尔知道他的出生地吗？

阿尔弗雷德·马歇尔的出生地并没有什么疑问。英格兰的民事出生记录始于 1837 年，而马歇尔出生于 1842 年，所以，任何人都能够得到一份他出生证明的复印件，表明他出生在伯芒德塞镇夏洛特路 66 号（66 Charlotte Row，Bermondsey）。但是，凯恩斯在阿尔弗雷德·马歇尔的传记中说他出生于克拉彭地区，这就好比说他出生在韦斯切斯特（Westchester）而他实际上却出生在南布朗克斯（South Bronx）*。

马歇尔是否知道他并非出生在克拉彭而是伯芒德塞呢？如果一个人出生在南布朗克斯而又希望维护他出生在韦斯切斯特的说法，但又不愿撒谎的话，我相信他会说自己出生在纽约。所以，当我发现在 1871 年的人口普查中，马歇尔将他的出生地定为萨里郡（Surrey）时——克拉彭和伯芒德塞都位于该郡，我倾向于认为"马歇尔可能知道他并不是出生在克拉彭，他希望隐瞒他的真实出生地，但又不愿意撒谎"（参见本书第8篇）。

然而，在第 8 篇发表后，我获得了 1881 年的人口普查中有关阿尔

---

* 韦斯切斯特是美国纽约州的一个富人区，南布朗克斯是纽约州的一个穷人区。——译者注

弗雷德·马歇尔的记录,发现里面有令人意外的信息。在人口普查中,阿尔弗雷德·马歇尔的出生地被说成既不是伯芒德塞也不是克拉彭,甚至也不是萨里郡,而是在肯特郡的西德纳姆镇,这是马歇尔父母生活过的地方,位于伯芒德塞和克拉彭之间。不知道怎么会是这样。实际上,人口普查员后来又划掉了肯特郡,代之以德文郡。这说明关于马歇尔出生地的部分信息有些不确定。马歇尔在 1881 年已经结婚,时任布里斯托尔(Bristol)大学学院校长,有可能是他的妻子玛丽·马歇尔,或她的小叔提供了这个信息,那时马歇尔和他们住在一起。无论是谁,马歇尔肯定使她或他对其出生地产生了错误印象。

现在我们来看一下 1891 年的人口普查,阿尔弗雷德·马歇尔那时生活在剑桥,是政治经济学教授。在那次人口普查中,马歇尔的出生地成了萨里郡的克罗伊登(Croydon),克罗伊登位于伦敦大桥以南十英里、伯芒德塞与西德纳姆和克拉彭以南数英里的地方,就我所知,阿尔弗雷德·马歇尔从未居于此地。1891 年人口普查时,只有佣人萨拉(Sarah)和马歇尔夫妇住在一起,因此,我假设是玛丽·马歇尔向普查员提供的信息。这个假设因为她的职业被说成是"大学讲师"而得到强化,因为这是一个阿尔弗雷德不可能给出的细节。玛丽·马歇尔怎么会认为马歇尔的出生是在克罗伊登呢? 这仍是一个谜。但明摆的事实是阿尔弗雷德向她隐瞒了自己的真实出生地。

阿尔弗雷德·马歇尔知道他在哪里出生吗? 我个人认为,他肯定知道。1881 年和 1891 年的人口普查中,对他出生地的更换应归咎于他向妻子传递了这方面的模糊信息。1901 年、1911 年和 1921 年的人口普查的记录还没有公开,我们期待通过这些记录把该问题搞清楚(或者可能有更多迷雾)。

注 释

① J. M. Keynes, *Essays in Biography*, reprinted in *Collected Writings of*

John Maynard Keynes, D. Moggridge, ed. (London: Macmillan for the Royal Economic Society, 1972), 10:161.

② Bernard Corry, "Marshall, Alfred", in D. A. Sills, ed., *International Encyclopedia of the Social Sciences* (New York: Macmillan and the Free Press, 1968), 10:25.

③ 关于威廉·马歇尔在英格兰银行中职位以及"出纳"(cashier)一词的含义的陈述,依据的是英格兰银行奈恩(Nairne)先生写给凯恩斯的一封信的内容(此信由 Rita McWilliams Tullberg 在马歇尔图书馆发现)。

④ 我是从玛丽·马歇尔给安斯利堂妹的一封信中获知这个信息的,这封信由芝加哥大学的乔治·J.施蒂格勒教授所有。

⑤ 我要感谢爱丁堡大学的 Donald Rutherford 先生,他为我提供了有关威廉·马歇尔在利斯活动的信息。

⑥ 参见 P. Philip, *British Residents at the Cape*, *1795—1819* (Cape Town: David Philip Ltd, 1981), 267。开普敦大学(University of Cape Town)的 Peter Wickins 教授也提供了该信息。

⑦ 该信息由毛里求斯糖业研究所的 M.Ly-Tio-Fane 提供。

⑧ William Marshall, "The Memorial of William Marshall of Port Louis", 6 April 1818, Colonial Correspondence—Mauritius CO 167/45, Public Records Office (PRO), London; Idem., "The Memorial of William Marshall of Port Louis, Island of Mauritius", 31 December 1818, Colonial Correspondence—Mauritius CO 167/45, PRO, London.

⑨ 阿尔弗雷德·马歇尔告诉我们,1820 年英国人均收入为 15 英镑。参见 Marshall, *Principles of Economics*, London and New York: Macmillan, 1890, 45—46fn; *Principles of Economics*, C.W.Guillebaud, ed., 2 vols., 9th variorium ed., London: Macmillan for the Royal Economic Society, (1890) 1961, 2:733。

⑩ Major General Darling to Earl Bathurst, 18 March 1819, Colonial Correspondence—Mauritius CO 167/45, PRO, London.

⑪ 在爱丁堡和利斯的地方指南中,1823—1824 年、1824—1825 年的卷宗中,他被描述为"商人",在 1825—1826 年的卷宗中,他被描述为"商人和职员",而在 1826—1827 年、1827—1828 年的卷宗中,他则被描述为"职员"。

⑫ Pigou, *Memorials*, 2.

⑬ W.R. O'Byrne, *A Naval Biographical Dictionary* (London: O'Byrne Bros., 1861), 728; *Gentleman's Magazine* 13 N.S. (1862): 794; for servic records see ADM 9/431/2588，Pro，London.

⑭　A. Peterkin and W. Johnston，*Commissioned Officers in the Medical Services of the British Army*，*1660—1960*（London：Welcome Historical Medical Library，1968），1：329；*A list of the Officers of the Army and the Corps of Royal Marines*，*on Full*，*Retired and Half-Pay*，*1859—60 and 1862—63*；*Gentleman's Magazine* 10 N. S.（1861）：588；WO 17/577，17/586，17/595，17/604，17/613，17/630，17/631，17/640，17/649，17/658，17/679，17/689，17/699，17/709，25/3931，PRO，London.

⑮　Pigou，*Memorials*，4.

⑯　参见 letter from F. Y. Edgeworth to J. M. Keynes，30 August 1924，Keynes Memoir file，Marshall Library，Cambridge。

⑰　在 1841 年托特尼斯（Totnes）自治区和教区人口普查 Thornton Bentall 家目录下，他就是这样被描述的。

⑱　Commissioner for Crown Lands，*Darling Downs Record Book*，*1845—52*，New South Wales State Archives（NSWSA），Sydney；Crown Lands Office（CLO）/13 Queensland. Chief Commissioner for Crown Lands，*Darling Downs Record Book*，Register of demands made for leases to pastoral runs，1848—65，Queensland State Archives（QSA），Brisbane.

⑲　参见"Gooragooby" Dalveen，"Echoes of the Past：A Black Criminal"，*Warwick Daily News*（Queensland），26 March 1935。

⑳　John Watts，"Personal Reminiscences by John Watts"，n.d.，John Oxley Memorial Library，Brisbane，24.

㉑　Commissioner for Crown Lands，*Darling Downs Record book*，*1845—52*.

㉒　T. Hall，*The Early History of Warwick District and Pioneers of the Darling Downs*（Warwick，n. d.），60；*Votes and Proceedings*，New South Wales Legislative Council，1856—71，1：916—26，John Oxley Memorial Library（JOML），Brisbane；Archives Office（AO）/3256，AO/3257，NSWSA，Sydney.

㉓　Hall，*Early History*，45；J.G.Steele，*Conrad Martens on Queensland：The Frontier Travels of a Colonial Artist*（Brisbane：University of Queensland Press，1978），60—65；Rev. B. Glennie，"The Australian Diary of Rev. B. Glennie，Jan. 16th 1848-Sept. 30th 1860"，JOML，Brisbane，15.在 Steele 容易找到许多 Martens 于 1853 年所画的关于格勒

盖兰的铅笔素描的复制品。Martens 关于格勒盖兰的一部分画作是受查尔斯叔叔和亨利叔叔委托画的。

㉔ *Votes and Proceedings*, N. S. W. Legislative Council, 1854, v. 2, and 1859—60, vol. 3; Commissioner for Crown Lands, *Darling Downs Record Book*, 1848—49; Darling Downs Pastoral District, *N. S. W. Government Gazette*, 1848, 945—46.

㉕ Rev. H. Berkeley Jones, *Adventures in Australia in 1852 and 1853* (London: Richard Bentley, 1853), 164.

㉖ Hall, *Early History*, 36—38, 45—47; D. B. Waterson, *Squatter, Selector, and Storekeeper: A History of the Darling Downs, 1859—1893* (Sydney: Sydney University Press, 1968), 283; Glennie, "Diary," 17; CLO/8, CLO/13, QSA, Brisbane.

㉗ A. Barnard, *The Australian Wool Market, 1840—1900* (Melbourne: Melbourne University Press, 1958), 217.

㉘ Waterson, *Squatter*, 13.

㉙ N. Bartley, *Opals and Agates*; or, *Scenes under the Southern Cross and the Magelhans* (Brisbane: Gardina Gotch, 1892), 52.

㉚ *Moreton Bay Courier*, 29 December 1849.

㉛ C. H. Marshall to W. B. Slade, 26 June 1874, Glengallen Estate, *Private Papers*, JOML, Brisbane.

㉜ 同上, 4 September 1873。

㉝ 同上, 18 April 1873。

㉞ 同上, 28 August 1873。

㉟ 同上, 3 October 1873。

㊱ 同上, 27 October 1873。

㊲ 同上, 29 October 1873。

㊳ 同上, 11 July 1873。

㊴ 同上, 24 September 1873。

㊵ 同上, 15 April 1874 (emphasis in original)。

㊶ 同上, 13 May 1874。

㊷ Marshall, *Principles of Economics*, 9th ed., 1:389.

㊸ Marshall to Slade, 15 April 1874.

㊹ *Moreton Bay Courier*, 25 January 1851; *Sydney Morning Herald*, 3 February 1851.

㊺ Commissioner for Crown Lands, *Darling Downs Record Book*, 1845—

52，Register of Exiles and Register of Ticket-of-Leave Holders.

㊻ 我感谢 Rita McWilliams Tullberg 所提供的这个信息。

㊼ A.R. Wagner，*English Genealogy*（Oxford：Clarendon Press，1960），223—24.

㊽ C. Herbert，*A Merchant Adventurer*：*Being a Biography of Leonard Hugh Bentall*，*Kingston-on-Thames*（London：Waterflow，1936）；P. K. Kemp，*The Bentall Story*，*Commemorating 150 Years Service to Agriculture*，*1805—1955*（privately printed，Maldon，1955).

㊾ National Trust，*Benthall Hall*，*Shropshire*（Plaistow：Curwen Press for the National Trust，1976).

㊿ H. Thornton，*An Enquiry into the Nature and Effects of the Paper Credit of Great Britain*，F. A. Hayek，ed.（London：G. Allen and Unwin，[1802] 1939)，36.

(51) 根据 R. F.哈罗德(R. F. Harrod)，这就是凯恩斯对布鲁姆斯伯里圈子的看法(Harrod，*The Life of John Maynard Keynes* [New York：Harcourt and Brace；London：Macmillan，1951]，194)。

(52) J. M. Keynes，*Essays in Biography*，reprinted in *Collected Writings of John Maynard Keynes*，D. Moggridge，ed.（London：Macmillan for the Royal Economic Society，[1933] 1972)，10：xix.

(53) F. M. Hawtrey，*The History of the Hawtrey Family*，in 2 vols.（London：G. Allen，1903)，1：107.我所发现的阿尔弗雷德直系亲属与霍特里家族唯一的联系是，当桑顿·马歇尔申请加入盖斯医院时，他得到了伊顿的牧师霍特里博士的推荐。

(54) R. Skidelsky，*John Maynard Keynes*：*Hopes Betrayed*，*1883—1920*（New York：Viking Penguin，1986；London：Macmillan，1983)，40.

(55) R. H. Coase，"Alfred Marshall's Mother and Father"，*History of Political Economy* 16（1984)：523—24.[参见本书第 8 篇]。

10

马歇尔继任者庇古的任命†

关于英国经济学家在"1903 年关税改革运动"*中所
扮演的角色,A.W.科茨(Coats)写了一篇很有意思的文章。
他认为"有理由相信,1903 年的事件直接影响了 A.C.庇古
(Pigou)当选为阿尔弗雷德·马歇尔的剑桥接班人。这个
决定确保了经济学理论在英国经济学学术前沿中心的突
出地位"。① 随后,科茨以同样方式提出一个假设性问题:
"那么,难道这就意味着:如果没有 1903 年关于关税改革
的争论,1908 年的选择就可能截然不同吗?"② 作为马歇

† 本文重印自 *Journal of Law and Economics* 15 (October 1972):473—85。
其版权为ⓒ1972芝加哥大学。我想感谢在本文的研究过程中皮耶罗·斯拉
法(Piero Sraffa)先生和剑桥大学马歇尔图书馆工作人员的帮助,也感谢剑桥
大学图书馆的詹姆·斯克雷登(James Claydon)和哈佛商务管理研究院克莱
斯商务和经济学图书馆的卡朋特(K. Carpenter)先生。我感谢伦敦历史研究
所的保罗·斯特奇斯(Paul Sturges)先生引起我对现存剑桥大学图书馆的凯
恩斯日记的关注。我也感谢乔治·J.斯蒂格勒教授和阿伦·迪莱克特(Aar-
on Director)对本文早期稿子所做的评论。
* 1903 年,英国殖民大臣张伯伦发起关税改革运动,呼吁英国放弃自由贸易政
策,实行关税保护政策,从而引发经济学家中关税改革的支持者与反关税改
革的自由贸易者展开激烈辩论。——译者注

尔席位候选人的 H.S.福克斯韦尔(Foxwell),似乎认为事实本该如此。③然而,我相信,他们每个人在关税争论中所发挥的作用并非导致 1908 年是庇古而不是福克斯韦尔当选的重要因素。即便 1903 年没有发生关税争论,我相信照样会选庇古,这一决定不会改变。本文旨在说明我为何持有这种观点。

阿尔弗雷德·马歇尔并不是政治经济学教授席位的评委,但他的看法显然会对谁应该当选为继任者产生举足轻重的影响。事实上,为了确保庇古当选,马歇尔显然做了他力所能及的一切。我并不是说,如果由评委们自己决定去选,他们就不会选庇古,他们或许选的就是庇古,不过,马歇尔对庇古的积极支持肯定对庇古极为有利。

马歇尔当然对经济学尤其是剑桥经济学的未来深表关注。以他的性格,他必定会全力以赴确保他认为对剑桥经济学贡献最大的候选人当选,否则就不可思议了。如果我们研究马歇尔同庇古以及福克斯韦尔的关系,我觉得,1903 年前后所发生事件连贯而成的故事和关税争论引发的变化毫无瓜葛。在 1903 年前,明显的预兆表明马歇尔偏爱庇古。如果说 1903 年关税争论对庇古有什么影响的话,那可能只是强化了这个业已形成的观点。

当然,福克斯韦尔是马歇尔在剑桥的老同事(在马歇尔 1884 年当选为政治经济学席位教授时,他实际上是评委之一),而庇古直到 1899 年以后才进入我们的视野。1899 年 12 月 11 日,约翰·内维尔·凯恩斯(John Neivill Keynes)在他的日记中这样记录,他和他的妻子弗洛伦斯(Florence)"与马歇尔共同宴请牛津的卡特(Carter)、国王大学的赖利斯(Ryles)和庇古",庇古当时还是个学生。马歇尔安排这次会面的一个可能目的,就是为了让约翰·内维尔·凯恩斯注意庇古。在这点上,马歇尔无疑是成功的。但是,这次会面也令人不太愉快。约翰·内维尔·凯恩斯在日记中又写道:"据我所知,马歇尔是最令人懊恼的交谈者,他会断然不同意你所说所论和所阐述的一切,以至使人疯掉。他是位亲布尔人(pro-Boer),习惯影射,但并没有成功地将我们引向学科的争论性话题。弗洛伦斯对他当晚所说的一切全盘否定。"

有一段时间，马歇尔觉得需要一位年轻讲师上经济学的入门课程。1899 年初，他在给约翰·内维尔·凯恩斯的一封信中，在谈了其他问题后说："依我看，除了学术委员会这些最紧迫的需求以外，当务之急是需要一位年轻的经济学讲师。他要有时间和精力为中级能力的学生开展训练工作。如果我来做这项工作，我就只能把其他更重要的工作搁置一边，所以，我没有做。如果能找到这样的人，我就可以不再教普通课程，而教专业性更强的高级课程。"④ 在离那个糟糕晚宴 3 个月后，马歇尔披露了他的意向是庇古。他在写给约翰·内维尔·凯恩斯的信中提到：

> 当道德科学委员会（Moral Science Broad）在上次会议中讨论其需要时，我想起在圣约翰学院的新规定下，将教授助理的薪水提高到 200 英镑的运动落空了。于是，我敦促委员会提出还需要一名福克斯韦尔之外的讲师。但是，令我吃惊的是，我昨天收到 Bursar 的信，他说已经将 200 英镑打入我的账户，所以，我马上擅自将原来晾在一边的老计划付诸实施。⑤

马歇尔所想并不是要求学校给另一位讲师支付薪水，而是他自己支付（事实上，马歇尔的确在许多年里向几位讲师发过薪水），他心目中的这位讲师就是庇古：

> 我现在倾向于认为，理想之人就是眼前的庇古。但在 1900 年第一学期，他还很难成熟执教，所以我没向他谈起此事。我有意让鲍利（Bowley）上统计和统计方法的十次讲座课程，这样，他可专门讨论自己的主题——英国的工资，他喜欢那方面的工作，且进展出色。但是，货币在我口袋里叮当作响尚不足 24 小时，还没有捂热，我还不打算"说到做到"（say something and stick to it）。

此信结尾再次提到庇古："在上次委员会碰头会上，我就认为庇古是合适人选。但是，那时我还没看过多少他的论文，此后，我看到了他写的一篇好文章，所以，我认为他完全符合要求。"

福克斯韦尔并不赞成马歇尔让庇古讲授入门课程的想法，也似乎不欢迎鲍利进行讲座的提议。无论如何,很难作出令福克斯韦尔满意的安排。约翰·内维尔·凯恩斯写信给马歇尔,明确转达福克斯韦尔对鲍利讲座时间的异议,因为那个时间福克斯韦尔自己有讲座。马歇尔回信并要求将自己的信转给福克斯韦尔:

> 鲍利讲座的时间很难选择,在最后决定之前已作了长时间讨论。12点是安排讲座的最好时间,以便吸引那些不参加经济学文士荣誉学位考试的学生。总的来说,对于历史人物而言,尽最大可能形成最大的独享听众团体是最好的。除非我不可靠的记性作弄我,福克斯韦尔认为与11点钟的讲座相比,鲍利的讲座与他12点钟讲座的冲突更为严重……所以,尽管我对相互冲突表示遗憾,但除了更糟的变换,我不知如何改变。综合考虑,我没有理由相信起先花那么大力气达成的结果还会有所改进,现在如果改变必定是有害的。⑥

马歇尔的信(连同一封鲍利的信)转给了福克斯韦尔。福克斯韦尔给约翰·内维尔·凯恩斯的回信说:"非常感谢您为此操心,我对说服马歇尔不抱希望;他的安排总是最佳可能与无穷计算的结果!"但是,在后来的信中,福克斯韦尔表示了他担心鲍利的讲座会拉走他课程中的较好学生,而且他也提到庇古的新课程:

> 千真万确,我更愿意鲍利把讲座放在12点而不是11点。但是,实际情况并非如此,只有初学者参加了我的普通讲座,但我更喜欢更好的班。可以想象得到,马歇尔不喜欢他们来听我的课,因为我们在这些事情上有诸多分歧,这些分歧在他力争让庇古上初级课程(elementary course)中不断加大。据我所知,庇古这个人自命不凡,给普通班级(general class)上课才刚刚够格。⑦

由此,当听说安排庇古的讲座比安排鲍利的讲座更加费劲时,我们就不会感到诧异了。约翰·内维尔·凯恩斯在1901年5月20日的日记中写道:"马歇尔力挺庇古成为政治经济学讲师,而他和福克斯韦尔之间的关系却非常僵,我很快就会收到马歇尔关于此事的一封长信。"我

想,这次通信的目的,可以在两天后马歇尔写给约翰·内维尔·凯恩斯的信的摘录中得到反映:

> 我自己的看法是,庇古的讲座和华德(Ward)的讲座有些冲突,这虽然对庇古有些损害但并不很严重,而在这些讲座和福克斯韦尔的课程的冲突中,根本就没有造成实质性损害。但如果我是蓄意如此,我就又该被告知"正在攻击他"。时间并没有使我的伤痛减轻,对我而言,这是狼和小羊的故事。15 年来,福克斯韦尔拒绝写文章,尽管他知道人们会把他不写文章的原因视为是受到我的极大压制。我最后作出如下安排:一是能让我脱身于一个不合宜的职位;二是使较好的初学者有一门系统的通识性课程,以区别于快速而高深的教学;三是能开一门合适的高级课程,此事目前尚无眉目。但福克斯韦尔马上就在庇古出现之前杀出,复制了该课程的一部分。他知道该课程是道德科学委员会一年前就极力推崇的,庇古已在准备讲授该课程。当然,他们不会互相重复,庇古不会重复福克斯韦尔,福克斯韦尔也从来没有做我希望庇古最终做的事。庇古和我一样,关心人类,我想我只为人类吐露真言。福克斯韦尔好像并不理解这类志向,而是另有所图。[8]

从 1900 年和 1901 年的这些事件中,人们还不能断定马歇尔和福克斯韦尔的关系会在 1903 年(关税争论发生时间)破裂。正如 1906 年马歇尔给福克斯韦尔的信中所说的那样,事实上,马歇尔的经济学概念以及对经济学教学的观点都与福克斯韦尔大相径庭。马歇尔以前曾建议福克斯韦尔讲经济史这门课,而由 D. H. Macgregor 讲授福克斯韦尔的部分课程。[9] 对此,福克斯韦尔明确回复长信以捍卫他的方式,并表示不愿意开经济史讲座。马歇尔回信节录如下:

> 我一直认为您是位很优秀的讲解者,我曾多次聆听您的演讲,并认为您的方法、风格、洞彻和亲切可人之处最吸引听众,而且在代表您一直倡导的事业方面最有效。我从别人——无论年轻的还是年老的——那里听到关于您的一切,他们的看法是一致的……,当然,

我们对经济学看法各异。我已注意到当您很喜欢一本书或小册子时,您会将它称为"学术性的",而对于任何在我看来完全不是"科学的"东西,我是不会有兴趣的……我想在任何主题上,教师们的性格脾气应具有多样性,这很重要,尤其是对于过去和现实融合的主题,经济学的未来是如此不确定……在我看来,我们脾气上的差异导致你强调事实的准确性,而我则专注于事实、分析与推理之间的纠缠……依我个人之见,您所强调不够的地方,正是讲座者最艰巨、最枯燥、最重要的任务,也是目前我所意识到的针对您的讲课所提出的唯一反对理由。我把您的讲座视为我们计划中很重要的部分,我应当将年轻人对您的替代视为大不幸……我不想催您接受任何您不感兴趣的东西,我相信我们最后会同意某个计划,从而可以向大学一年级学生开设经济学入门课程,使您能按照自己的方式做您愿意做的事情,我承认您的这种方式会很出色。[10]

福克斯韦尔排斥理论[11]并热衷于经济学中的历史方法,马歇尔则与此不同。福克斯韦尔专长于经济思想史,对马歇尔而言这是次要话题。[12]庇古长于经济问题的分析方法,其能力有目共睹,又具有较大潜力,这当然会吸引马歇尔的注意。给定马歇尔的观点和他对这些观点的严肃态度,如果马歇尔宁可让福克斯韦尔而不是庇古作为他的继任者,那将是令人难以置信的。

1908 年,马歇尔继任者的评选开始了,评委包括 A.J.Balfour(他并没参与评选程序)、考特尼(Courtney)勋爵、埃奇沃思(F.Y.Edgeworth)、约翰·内维尔·凯恩斯、尼科尔森(J.S.Nicholson)、英格利斯·帕尔格雷夫(R.H. Inglis Palgrave)、斯坦顿(V.H.Stanton)和索利(W.R.Sorley)。我们从约翰·内维尔·凯恩斯的日记入手,可能会对评选的相关事件形成一些概念:

> 1908 年 4 月 30 日:我就政治经济学教授评选之事与马歇尔碰面,他提到最多的是庇古。很明显,他最焦虑的是庇古的当选,他非常明确地表示不希望福克斯韦尔当选。我非常希望我不是评委。

> 1908 年 5 月 24 日(周六):下周六的评选笼罩着我。

1908 年 5 月 27 日:为政治经济学教授评选之事再次和马歇尔碰面。

1908 年 5 月 28 日:帕尔格雷夫将过来和我们一直待到周六。

1908 年 5 月 29 日:今天,尼科尔森到达,要一直待到周一。参加晚宴的有帕尔格雷夫、尼科尔森、坦纳(Tanner)博士和夫人、琼斯(Jones)小姐、邦德(Bond)博士和夫人、弗洛伦斯、马格雷特(Margaret)和我。埃奇沃思 9:30 分来商议明天的评选(他和马歇尔待在一起),我们一致认为庇古是马歇尔选定的,尼科尔森为马歇尔对待福克斯韦尔的不公感到极其恼怒。

1908 年 5 月 30 日:12 点至下午 1:45 分,举行了政治经济学教授评选,到场的有副校长、考特尼勋爵、帕尔格雷夫、埃奇沃思、尼科尔森、斯坦顿、索利和我,Balfour 没来,候选人分别是阿什利(Ashley)、坎南(Cannan)、庇古和福克斯韦尔。庇古当选,我特别为福克斯韦尔感到遗憾,整个事件使我感到非常忧虑。我和马歇尔一家共进晚餐,尼科尔森告诉我,马歇尔整晚都未和他讲话。

1908 年 5 月 31 日:帕尔格雷夫昨天走了,尼科尔森将待到明天,我们和他俩在一起时很愉快。而且马格雷特对帕尔格雷夫敬佩有加,我认为帕尔格雷夫完全是在享受这次访问,甚至在评选中也是在享受,而我肯定不是……尼科尔森去看望福克斯韦尔,并对马歇尔操纵评选一事极为反感。而我理所当然地认为马歇尔不会对此事袖手旁观。

1908 年 6 月 1 日:福克斯韦尔表示不想再待在剑桥,在迪金森(Dickinson)和庇古的请求下,我去看他,并试图劝他三思,但我知道他肯定不会留下。这是我所经历过的最让人痛苦的一次会面。他对于当选充满信心,甚至在撰写当选演说词。就个人关系来说,他对我相当诚恳,但他当时非常激动,以致我一度以为他会因此而崩溃。我当时为他的境遇感到特别悲伤,现在也一样伤感。他对马歇尔极为痛恨,对此,我深信不疑。

　　1908 年 6 月 2 日：福克斯韦尔昨天告诉我，马歇尔给他写了封令人作呕（fulsome）的信，但福克斯韦尔似乎已坦诚回信。

　　1908 年 6 月 14 日：我有些累了，可能是我尚未从政治经济学教授的评选和随之而来的一系列事情中恢复过来，像是一片黑云笼罩了整个事件。

马歇尔那"令人作呕"的信被福克斯韦尔保存了下来：

我亲爱的福克斯韦尔：

　　在我看来，要不了多久，庇古就将被视为非凡的天才。我的确希望他当选教授，但是，我刚刚给彼得学院（Peterhouse）的院长写信，表达了我对经济学委员会（Economics Board），尤其是对他的感激之情，为了他对我的友善，也为了他们近来最慷慨的决定。我还应当对您这位最年长的同事说句感谢的话。我们在很多方面观点迥异，性格方面更是如此。我在乎的一些东西，您可能并不在意。但是，只要在这些差异所容许的范围内，您就真诚、热心、慷慨地支持和推进我的微薄努力。有时，您真诚的友情甚至可能已促使您往我的方向上发展，甚至比您自己客观公正的判断所允许的走得更远。出于所有这些方面，我觉得自己亏欠于您，我该回顾我们之间的交往，这是快乐而充满感激的回忆。

　　我相信，整个剑桥大学都会怀着崇高敬意珍惜您所做的全部热心而低酬的工作。昨天 12 点到下午 2 点的评选过程绝对保密，我还没有听到太多关于它的信息。但是，我相信，所有的人，即便庇古观点的最热情支持者都会因为您长期而值得信赖的工作不被冠以一个崇高荣誉而痛心疾首。

　　请不必马上回信，因为您必然感到痛苦。但我希望您知道，尽管我认为作为受托人的评委们尽了职，但对于您的遭遇，我还是要向他们表达深深的遗憾和对您的深切感激。

同情您的阿尔弗雷德·马歇尔[13]

评选之后，当时在财政部任职的福克斯韦尔的学生兼朋友亨利·希格斯（Henry Higgs），建议应当筹资给福克斯韦尔设立教授席位。从以下马歇尔写给约翰·内维尔·凯恩斯的信中可以看出他对该提议的态度：

亲爱的凯恩斯：

我已经和希格斯通信多次，我所写的主要内容包括：

（1）在9日的一封信中，我继续前些时候信件的部分内容，此信完全没有提到私人问题，也暗示他可以将此信公之于众。

（2）随后两天之后的一封信所要达到的效果是，经过考虑后，我决定敦促他与您直接沟通，因为"J.N.凯恩斯可能比我对福克斯韦尔的专长对剑桥的重要性有更高评价。他与我过去40年所做的承诺不同，他不准备遵守教授60岁就该退休的规定。部分由于这个原因，对基于福克斯韦尔应当被选上的想法而为他设立临时教授席位所开先例造成的祸害，他不如我估量得严重"。我加了其他和您品质相关的理由，以及您通过正式与非正式的渠道与委员会的接触情况。

（3）在一些标有"私人"字样的信件中，作为对他再三强调的福克斯韦尔的经验和判断的重要性的回应，我解释道，在我看来，剑桥的教学特色在于发展才能，而把判断留给学生自己以后形成，因此，将自己的判断强加给年轻人的讲师是不符合剑桥优良传统的。

［在心中我没有说的是，福克斯韦尔对自己的判断虽然总是表现得很自信，但是可能在6个月后就转到相反方向上，所以，我有些害怕他的判断，特别在他提议的金融课题上，我认为他的判断尤其糟糕。对于任何复杂的问题，他似乎从来都是只看到问题的一个方面。］

在最近的信件中，希格斯一半是问我关于"国有二君"危险性的看法，我作出了答复，尽管我没有提庇古的事，但我确信在庇古方面不会有麻烦，但是近来的事情使我对另一方面感到焦虑。我撩起了遮盖这些事件的面纱，就说"福克斯韦尔在6月份写信给我，抨击了那些将友谊置于不顾的评委们，我感到震惊，我没有回信，但那是麻烦的前兆"。

按您所秉持的观点,如果按照希格斯的计划行事不会削弱代表经济学院的剑桥协会(Cambridge Association)的公信力,那么,我觉得您支持该计划就是正确的,但是我最多能保持"善意的"中立。如果可能的话,下一位教授(如果有的话)应该是克拉潘(Clapham)还是福克斯韦尔的问题就会被提出来。我肯定要替克拉潘讲话,我知道您不太会支持他,也没有我那样对他敬佩有加,但您必然对他作为成功讲师的传闻有所耳闻。我已经看到他在许多方面表现出色,因此,当我遇到任何难于断定的事情时,总是首先去找他。我认为他所做的工作是很有建树的,是充满个性和活力的。即便福克斯韦尔正值鼎盛时期,如果要将他的智识水平与克拉潘等量齐观,我也会犹豫一下。

我现在将此事留给您处理。为了美好的往昔,我会长久地坚持我的学术良知。但我是一个固执之人,如果您早些知道我对希格斯提议所持的善意中立会走得多远就好了。我清楚,我不会积极支持当前的希格斯提议。

您真诚的

阿尔弗雷德·马歇尔⑭

不知是否因为缺少马歇尔的积极支持,还是出于其他原因,最后没有为福克斯韦尔设立教授席位。

至此,我集中关注了马歇尔的观点和行动,但是,如我已指出的,如果马歇尔没有参与"操纵",庇古也很可能被选上。假设评选是在福克斯韦尔和庇古之间展开,现代的评选委员会也不会有任何疑虑。⑮截至1908年,庇古所有在《经济学期刊》(*Economic Journal*)上发表的论文(不包括非专业文章和书评)有:《经济和政治理论的平行》(A Parallel Between Economic and Political Theory,1902)、《与谷物税相关理论的一个观点》(A Point of Theory Connected with the Corn Tax,1902)、《对效用的一些评论》(Some Remarks on Utility,1903)、《财政争议及其纯理论》

（Pure Theory and the Fiscal Controversy, 1904）、《垄断和消费者剩余》（Monopoly and Consumer's Surplus, 1904）、《迪茨教授论倾销和反倾销》（Professor Dietzel on Dumping and Retaliation, 1905）、《政治学与经济学》（The Unity of Political and Economic Science, 1906）、《进口关税事件》（The Incidence of Import Duties, 1907）、《从现代生物学视角看社会进步》（Social Improvement in the Light of Modern Biology, 1907）、《双寡头下的均衡》（Equilibrium under Bilateral Monopoly, 1908）。另外，在此期间，庇古还撰写出版了下列专著：《宗教教师罗伯特·布朗宁》（*Robert Browning as a Religious Teacher*, 1901）、《关税争论之谜》（*The Riddle of Tariff*, 1903）、《产业秩序的原理和方法》（*Principles and Methods of Industrial Peace*, 1905）、《保护性和特惠进口关税》（*Protective and Preferential Import Duties*, 1906）、《有神论及其他文章》（*The Problem of Theism and Other Essays*, 1908）。在同一时期，福克斯韦尔的作品有1907年在《经济学期刊》（*Economic Journals*）上发表的一页对马尔萨斯给李嘉图的一封信的刊印介绍，以及在帕尔格雷夫《政治经济学辞典》（*Dictionary of Political Economy*, 1908）上的一篇文章《戈德斯密斯公司的经济文献图书馆》（The Goldsmiths' Company's Library of Economic Literature）。

约翰·内维尔·凯恩斯没有告诉我们各位评委是如何投票的，对自己的投票意见也只字不提，尽管他可能支持福克斯韦尔当选，但也不能很肯定地说他最后没投庇古的票。庇古是约翰·内维尔·凯恩斯的儿子约翰·梅纳德·凯恩斯（John Maynard Keynes）的好友，⑯凯恩斯家的常客。尽管约翰·内维尔·凯恩斯在（1905年3月25日）日记中只有一句评论表明了他对庇古的看法，但评论是褒扬性的："昨天和今天，我已将经济学文学士荣誉学位考试（Tripos）的政治经济学考题合在一块儿，庇古已将他的考题给了我，我认为它们很出色。"⑰

除非J.S.尼科尔森的态度仅仅只是表明他对马歇尔对评委施加影响的行为感到恼怒，否则，我们就可以从他的态度中猜测他对福克斯韦尔投了赞成票。[18]但是,与尼科尔森不同的是,F.Y.埃奇沃思显然支持庇古。[19]我想,任何评审委员会都不可能不受以下事实的影响,即牛津和剑桥的政治经济学教授们都认为庇古应该当选,即便马歇尔没有表明自己的观点,评委们想不知道这些看法似乎也是不可能的。

在科茨引用的一个段落中,福克斯韦尔女儿的说法也不外乎福克斯韦尔"没有当选为马歇尔的继任者,部分是因为关税争论的结果"。[20]实际上,马歇尔有很多理由偏爱庇古而非福克斯韦尔,他们在关税争论中的各自角色并不是最重要的。我认为 C.W.吉尔博(Guillebaud)在福克斯韦尔的讣告中,恰当地评价了他的地位:"福克斯韦尔是一位复本位制论者、贸易保护主义者、怀疑古典框架之抽象经济学分析的反李嘉图主义者,他与马歇尔所坚持的主要立场是明显对立的。"可以理解,当马歇尔1908 年要从剑桥政治经济学教授的席位上退下来时,他应该支持自己的学生庇古的当选。[21]

关于为何是庇古而非福克斯韦尔当选马歇尔继任者的思考,使我们注意到福克斯韦尔的弱点。但是,应该记录的是,如果福克斯韦尔是反李嘉图主义者,那么,他同时就是杰文斯学派的拥护者。他的经济文献知识非常广泛,他汇编的图书成为伦敦戈德斯密斯图书馆(Goldsmiths' Library)和哈佛大学的克雷斯图书馆(Kress Library)的基础,这一汇编囊括了所有经济思想史中的学者。福克斯韦尔是一位不可小觑的人物,他对庇古的保留意见是有一定根据的。对我来说,有一点很清楚,庇古并未实现马歇尔对他的殷切期望。[22]在许多方面,他对经济学发展的影响是糟糕的,他似乎对经济制度(economic institutions)的作用缺乏任何感觉,[23]但这并不是说,我认为评委们选庇古而非福克斯韦尔是错误的,因为他们选择马歇尔继任者所面临的困难在于没有可以与马歇尔相提并论的人物供其选择。

我对科茨关于税收改革运动之说法的批评是微不足道的,这并不影响科茨的主要论断,或者有损他发现的重要性。科茨的研究表明,在关税争论中,经济学家的加入并未提高辩论的质量,将经济学带入公开争论容易造成学术团体不和，并削弱其职业的团队精神。我对他的如下说法是赞同的："从这一事例中，我们能够吸取的一个一般性教训是：诸如此类的准政治活动对经济学构成了威胁。"我亦同意他的推测："几乎没有经济学家会得出这样的结论：我们为制定政策的机会（opportunity）付出的代价实在是太高了"，尽管对大多数经济学家而言，可能应该用"幻想"（illusion）一词替代"机会"（opportunity）。㉔

注　释

① 　A. W. Coats, "Political Economy and the Tariff Reform Campaign of 1903", *Journal of Law and Economics* 11(1968)：181, 225.

② 同上，228。

③ 参见 Audrey Foxwell, *Herbert Somerton Foxwell*：*A Portrait* (Harvard Graduate School of Business Administration, Kress Library of Business & Economics, 1939)，9，她无疑表达了她父亲赫伯特·S.福克斯韦尔的观点。

④ Letter from Alfred Marshall to J. N. Keynes, 2 February 1899, 信件以 Keynes 1(115)为名存档在剑桥大学马歇尔图书馆。在本文以后所引述的马歇尔图书馆中的信件只标出文件名和信件序号。

⑤ Letter from Alfred Marshall to J. N. Keynes, 4 March 1900, Keynes 1 (116).

⑥ Letter from Alfred Marshall to J. N. Keynes, 6 October 1900, Keynes 1 (121).

⑦ Letter from H. S. Foxwell to J. N. Keynes, 6 October 1900, Keynes 1 (40). 福克斯韦尔对庇古的不良印象似乎从未改变。1926 年 11 月 24 日，在给 W. R. Scott 的信中（存于 Kress 图书馆），福克斯韦尔提到庇古入选英国社会科学院（British Academy）："至于庇古，如果我承诺投票给他，那就大大违背了我的原则。在任何他可能对经济学研究产生影响的位置上，他都是我愿意看到的最后一位经济学家。他已经毁了剑桥，在那儿，抱怨不绝于耳，关于这，你可能已经见到 Benn 在《时代》（*Times*）杂志上的信了。就让信任他的人去选他吧！让我违背内心的信念而投票，这简直糟糕透了。"

欧内斯特·本（Ernest Benn）爵士的信（实际上是文章）发表在
1926 年 11 月 17 日《时代》杂志第 15—16 页，标题为"被忽视的经济
学教学问题——来自剑桥的例子"（The Teaching of Economics，Exam-
ples from Cambridge，Issues Ignore）。他抱怨经济学教学中对生产的
决定因素缺少关注，他主张教学要集中于"分配、税收或财政"。他说
大学"正被社会主义者牵着鼻子走"。这导致庇古否认政治偏见的义
愤之信（登于 1926 年 11 月 19 日《时代》杂志）："在剑桥大学任命某人
为教师时，并不考虑其政治主张……探索和传授真理是他的职责……
哪里有权威的分歧，他就有责任让学生知道事实是什么，并在他们面
前公平地呈现事实。这些是我们当下之于大学和科学精神的职责。
一个无视我们实际作法也不懂得我们研究主题的外行，这样冒昧指责
我们，实在是鲁莽。"也就是说，在庇古的同事看来，这种指责是"不切
实际的"。

⑧ Letter from Alfred Marshall to J. N. Keynes，22 May 1901，Keynes 1
（124）。

⑨ Letter from Alfred Marshall to H. S. Foxwell，7 February 1906，
Marshall 3（48）。

⑩ Letter from Alfred Marshall to H. S. Foxwell，12 February 1906，Mar-
shall 3（49）。

⑪ 艾伦·杨格（Allyn Young）去世后，福克斯韦尔在一封给 W. R. Scott 的
信中关于杨格的评论为此提供了一个例证："我很少遇到我大体上认
同对方观点的人。他或许比我更加关注纯理论，但是，他对此的兴趣
正在逐步递减。"（艾伦·杨格曾负责安排哈佛大学购买他的第二批藏
书，这些书现在 Kress 图书馆。）

⑫ 参见 Letter from Alfred Marshall to J. N. Keynes，15 December 1908，
Keynes 1（137）。在信中，他提及凯恩斯可能比他对"福克斯韦尔的专
长对剑桥大学的重要性有一个更高评价"。早在 1902 年，马歇尔曾反
对经济学文学士荣誉学位考试（Tripos）要求撰写经济思想史论文。
"对于经济思想史论文的地位，现在不必争论，当具体计划出来后，自
然会讨论的。在德国甚至是专业学生也已舍弃经济思想史的学习，我
想这固然是走了另一个极端，但是在了解了你的心意之后，我确信如
果你经历了我过去 20 年所经历的，你就不会希望将它列为必考
项了。"

⑬ Letter from Alfred Marshall to H. S. Foxwell，31 May 1908，Marshall 3
（56）。

⑭ Letter from Alfred Marshall to J. N. Keynes, 13, December 1908, Keynes 1 (137).福克斯韦尔对于马歇尔的这些努力或者马歇尔的观点——特别是他对克拉潘(Clapham)的偏爱知道多少,我不得而知。福克斯韦尔后来试图让希格斯(Higgs)当选英国学术委员会委员,在以下给 W.R.Scott 信的节选中可以看出,他因没有成功而感到失望,特别是克拉潘比希格斯更受偏袒而失望(这些信现存于 Kress 商业和经济学图书馆):"我惊讶地听到对希格斯的冷漠,没有一位健在的经济学家会比他更出色,无人比他更使英语世界经济学受惠。"(1927 年 11 月 18 日福克斯韦尔给 Scott 的信)"希格斯是天生的学者,外加几份天才,而众所周知在某些方面那位令人反感的克拉潘更受偏袒,这是我自在剑桥大学马歇尔使我落选以来受到的最大打击,这令人难以理解。看来那些真正献身于公共服务或真正做事的人获得的是被嘲笑的痛苦或只得到了滋生轻蔑的放肆。"(1928 年 6 月 10 日福克斯韦尔给 Scott 的信)

⑮ 我已经讨论了在福克斯韦尔和庇古之间进行选择的程序,我相信,这就是事实。然而,现代评选委员将会发现埃德温·坎南(Edwin Cannan)是位强有力的候选人,他和其他人一起发表的成果有:*Elementary Political Economy* (1888, Plus two editions in 1897 and 1903); *The History of the Theories of Production and Distribution in English Political Economy from 1776—1848*(1893, plus a second edition in 1903); *The History of Local Rates* (1896);1904 年编辑出版了亚当·斯密的《国富论》及许多在 *Economic Journal* 和其他期刊上发表的文章。但是,坎南不是剑桥人,他对经济学的兴趣和他的方法(即使没有他与伦敦经济学院的关系)不会受到马歇尔的赞扬。我认为,人们没有认真考虑把他作为马歇尔的继任者。

⑯ 在庇古的建议下,1908 年 4 月 3 日,马歇尔写信给约翰·梅纳德·凯恩斯,内容是关于他返回剑桥教经济学的可能性。庇古被任命为政治经济学教授后的第一行动是邀请约翰·梅纳德·凯恩斯前来讲课,凯恩斯接受了这一邀请,庇古支付的薪水为 100 英镑。因为庇古当时还是政治经济学教授候选人,因此马歇尔的信写得很有礼貌,马歇尔说任命约翰·梅纳德·凯恩斯的提议将在选举后的 6 月 3 日由经济学委员会作出。他觉得有责任补充这样一句话:"这受制于教授席位的可能评选情况中的一些保留",也就是说,如果福克斯韦尔替代庇古被任命,情况可能会不同。马歇尔的谨慎使得约翰·内维尔·凯恩斯在 1908 年 4 月 23 日的信中说:"从某种程度上说,马歇尔的信难道不是

极为模棱两可吗？我很高兴你目前还没有作出承诺。"参见 Elizabeth Johnson 所编辑的 *Collected Writings of John Maynard Keynes* (1971)，15:13—15。

⑰ 这和他在日记中提到马歇尔时的一贯敌意形成鲜明对比，而在提到庇古前的几个月，我们发现 1905 年 2 月 1 日的日记上他提到一次经济学委员会会议时这样写道："我实在没有时间成为马歇尔所在的学术委员会的一员。"在我们引用约翰·内维尔·凯恩斯有关选举和马歇尔的插手的描述时，能感觉他的这种敌意。但如果假设这种敌意会一直延续到庇古，那也是错误的。然而，我更倾向于相信福克斯韦尔在由科茨（Coats）翻抄的信中对选举所做的描述（参见 A. W. Coats，"The Appointment of Pigou as Marshall's Successor: Comment"，*Journal of Law and Economics* 15 [1972]:493），信中表明约翰·内维尔·凯恩斯事实上是支持福克斯韦尔的。

⑱ 尼科尔森的态度使福克斯韦尔对"教授声明"（Professors' Manifesto）的反对是决定选举结果的重要因素的观点站不住脚，因为尼科尔森自己也是教授声明的签名者。对于"教授声明"的解释请参看 A. W. Coats，"The Role of Authority in the Development of British Economics"，*Journal of Law and Economics* 7（October 1964):99—103。

⑲ 埃奇沃思对作为经济学家的庇古极为关注。他在对庇古《关税争论之谜》（*The Riddle of the Tariff*）一书的评论中这样说道："他运用经济学理论工具的能力已经炉火纯青。看过克拉克·麦克威尔（Clerk Maxwell）作品的人曾这样评价：'他不可能在物理上出错。'因为'物理'替代了杰文斯所说的产业和贸易的'机理'，这一句话可以毫不夸张地用到我说的这个作者身上。"（*Economic Journal* 14 [1904]:65，67）。在《鉴赏数学理论》（Appreciations of Mathematical Theories）一文中，埃奇沃思对庇古的一些贡献进行了讨论与比较，此文发表于 *Economic Journal* 17（1907）：221—26，收录于埃奇沃思的 *Papers Relating to Political Economy*（1925），2:321—26。奥斯汀·罗宾逊（Austin Robinson）在其著作《产业秩序的原理和方法》（*Principle and Methods of Industrial Peace*，1905 年出版）中对庇古方法做了这样的描述："他将哲学家的方法应用于经济学，阐明并解剖分析问题，分解并分析它们，试图理解关于材料的不同假设将会在改变结论方面有什么差别——这是把分析性方法极其精准地运用于本质上属于定性的观点。"（这篇关于阿瑟·塞西尔·庇古 [Arthur Cecil Pigou] 的文章载于《国际社会科学百科全书》[*International Encyclopedia of the Social*

Science,1968],12:91)。可见,庇古灵活运用的这种经济学方法对埃奇沃思极具吸引力。

⑳ Audrey Foxwell,*Herbert Somerton Foxwell*,9.

㉑ *The Eagle*(St. John's College,Cambridge,1935),49(218):275.

㉒ 马歇尔对庇古作品的特色有所保留,这清楚地反映在他对《财富和福利》(*Wealth and Welfare*)的评论上,参见 Krishna Bharadwaj,"Marshall on Pigou's *Wealth and Welfare*",*Economica* 39(1972):32。

㉓ 比较奥斯汀·罗宾逊(Austin Robinson)对庇古的评论:"作为经济学家,他从来都不会敏锐察觉经济力量的重要性排序和潜在危险,他从来都不是同事们因经济政策制订问题而会本能地求教的人。"罗宾逊关于庇古的文章参见《国际社会科学百科全书》(*International Encyclopedia of the Social Science* 12:94)。而我对庇古的批评可参见 R. H. Coase,"The Problem of Social Cost",*Journal of Law and Economics* 3(1960):28—42。

㉔ Coats,"Tariff Reform Campaign",229.

11

马歇尔论方法[†]

我们常常认为,在马歇尔的《经济学原理》(*Principles of Economics*)出版之前,在剑桥一起工作的剑桥经济学家是"一小帮兄弟",并认为诸如约翰·内维尔·凯恩斯(John Neville Keynes)的著作《政治经济学的范围和方法》(*Scope and Method of Political Economy*)是剑桥观点的具体体现。但事实上,这种陈述是不正确的。他们不是"一小帮兄弟",因为他们没有共同的观点。约翰·内维尔·凯恩斯在他的日记中提及马歇尔的口气一贯是敌意的,比如,"马歇尔的专题演讲非常乏味";"马歇尔说了好多荒谬的话";"我真的没时间参加包括马歇尔在内的学校董事会"。[①]所有这些都表明他对马歇尔缺乏一定同情,不仅对其行为方式,还有其工作目标。从其他证据中,我们也可以进一步证实这一推论。

[†] 本文重印自 *Journal of Law and Economics*,18(April 1975):25—31。它是提交给1973年4月6日召开的中东经济学学会的会议论文的修改版本。我感谢剑桥大学马歇尔图书馆的工作人员,在我的研究中,他们一如既往地给予我一切尽可能的帮助。

169

剑桥大学的马歇尔图书馆(Marshall Library in Cambridge)保存着马歇尔就《政治经济学的范围和方法》的手稿写给约翰·内维尔·凯恩斯的大量信件。这些信件表明马歇尔对约翰·内维尔·凯恩斯的方法持保留态度。如果不能得到马歇尔所评论的那些手稿或者约翰·内维尔·凯恩斯的回信,我们想详尽、清晰地说明他们之间观点的差异是不可能的。有一点很清楚,他们在进行大量信件往来之后,出现了观点分歧,正如马歇尔的如下评论所表明的:"我发现我们的差异比我预想的更大,我已经充分表达了我的观点:我担心你的观点没有说服力。"②我们确实在该信中找到了马歇尔观点的一个新鲜陈述,尽管这和我们在《经济学原理》中找到的观点没有本质区别。这并不奇怪,因为《政治经济学的范围和方法》和《经济学原理》都是在 1890 年首次出版,并且在同一时间受到评论。当然,在诠释马歇尔的时候,必须认识到一点:无论是反对或赞同,他总是含糊其辞地给出微妙暗示。我认为他的这个特点与其童年所受到的父亲的严厉管教有关。但不管什么原因,马歇尔在表述自己的观点时,经常倾向于使观点之间的差异最小化。

在一封早期的信件中,马歇尔表述了他的一般立场:

我对经济学的方法和范围采取了一种极端的立场。在新近出版的书中,我谈到了经济学的方法就是必须使用科学中已知的每一种方法。至于研究范围,我认为"经济学是研究正常商业生活中如何得到收入和如何使用收入的人类行为"。

我扩展收入概念以包括非交换性"商品"。一般情况下,我从不讨论划分或界线问题,只说过大自然(Nature)并未划定严格而牢固的界线,人类所做的任何划分都是为了当时的便利。尽管人类的这种划分是严格的,但它们其实并不存在。

所以,对天性富于条理的你所表达的观点,我不能作出很好评判。我已大致陈述了我们的差异之所在。不过,我想,过多关注我所说的,对你并没有好处,尼科尔森(Nicholson)所说的可能对你更有帮助。③

应该补充说明的是,马歇尔好像对 J.S.尼科尔森的评价并不高。

在信件的后面,马歇尔表达了他对经济学中归纳和演绎关系的观点,并提到应该如何向学生介绍经济学:

> 你观点的矛盾性远甚于我。你谈到了归纳法和演绎法。我认为它们应该是相互包含的。历史学家常常使用演绎法,但最擅长演绎的作者至少也要以观测到的事实为基础。而你,首先,让归纳方法比我认为的要纯粹和简单得多,演绎法也类似;然后,你又说所有的演绎都包含归纳,反之亦然,这等于又收回了原先的说法;最后,你得出了一个与我几乎相同的结论。在我看来,你开始的说法似乎并不正确。这看起来仅仅是一个论述安排上的问题,但是,我认为这事实上是非常重要的。正确的顺序是:首先,要强调归纳和演绎的相互依赖;然后,说明经济学家必须花费大量时间使用归纳法收集整理或者陈述事实,使用演绎法对事实进行推理,并尽力发展出合而为一、一化众多(the Many in the One and the one in the many)的一般性分析程序与一般理论。
>
> 我要谈的第二点是,在我使用分析(analysis)一词的地方,你总是使用理论(theory)。对我来说,这本身就让人困惑,而你把现代事实排除在历史之外的事实就更加剧了我的这种困惑;你也没有清晰说明它们是不是理论的一部分。如果你认为它们是理论的一部分,那么,我可以认为你的意思是:理论研究应该在历史研究之前展开。但是,我本人不喜欢这种研究处理方式。

我的想法是这样的(我把下述文字看作马歇尔对应该如何向学生介绍经济学的描述):

Ⅰ.从分析开始,要有一个非常简短的历史性介绍。所谓分析,就是对当前或过去事实的所有研究做一个纲要性说明。

Ⅱ.接着,激发学生对其所处经济环境的认识,说明经济现实之间的相互关系,并进一步展开分析,从而使这种关系更真实具体。

Ⅲ.逐步建立一个一般性理论或运用于价值、货币、对外贸易等的一般性推理程序,要特别提及学生所处的生活环境,并指出在其他环境下,它会走多远以及会呈现什么方式。

Ⅳ.给出经济史的一般发展进程。

……

Ⅵ.思考与社会生活其他方面有关的经济条件。

Ⅶ.探讨总体改革,尤其是社会改革中实践性问题的经济方面。④

我省略了马歇尔所说的步骤Ⅴ,他把它描述为"再谈经济学理论并把它推进一步"。马歇尔说,这一步在任何时候都可能发生,对某些年级的学生来说,可能需要忽略。

我想,马歇尔以相当具体的方式从方法论的探讨迅速转到对我们应该如何研究经济学的思考,这一事实表明了他的态度。他对所谓的"经济哲学"没有兴趣,从某种意义上可以说,他在方法论上不坚持任何观点。正如庇古所说,马歇尔"避开了演绎学派、归纳学派、历史学派以及诸如此类各种学派之间的争论。他欢迎所有的研究,他所要的是建设性工作(constructive work)"。⑤

马歇尔的总体立场是这样的:在给定时间里,经济学的部分研究需要更多地使用归纳法,而另一些研究则更多地要求使用演绎法。不过,总的来说,归纳越多就要求演绎越多,反之亦然。马歇尔承认,作为经济学家的个体可能更擅长使用归纳或演绎中的一种,但是,他认为,如果经济学家不能同时使用归纳和演绎进行研究,从某种程度上讲,就不可能是位好经济学家:"经济学天才总是时而使用归纳法,时而使用分析法,或者把它们合二为一、综合使用。"⑥

在给 H.S.福克斯韦尔的一封信中,马歇尔说:"我在约翰·内维尔·凯恩斯的《政治经济学的范围和方法》校样稿中所给出的大部分建议旨在使它和施莫勒(Schmoller)的观点更协调。这些建议有一些被采纳。但是,就方法而言,我认为自己的方法介于约翰·内维尔·凯恩斯+西奇威克(Sidgewick)* ＋凯尔恩斯(Cairnes)** ＋施莫勒(Schmoller)*** ＋阿什利(Ashley)**** 之间的中间路线,这是事实。"⑦尽管马歇尔宣称自己持中间立场,从某种意义上说,他也的确如此,但是,当我们仔细研究马歇尔的言论,我觉得他似乎总是在强调归纳,比如收集和罗列事实,同时他似乎在故意降低所谓"理论"(theory)的重要性,正如我们已知晓的,他不怎么喜欢把"理论"这个词应用于经济学分析。的确,在一封给福克斯

---

* 　西奇威克(Henry Sidgwick,1838—1900):英国哲学家、经济学家,剑桥经济学奠基人之一,以基于功利主义的、直率的道德理论而知名。在其最著名的《伦理学方法》(1874)中,他用科学方法论来分析范围极广的哲学问题,认为所谓方法就是取得作出伦理决定的手段的一种合理过程。他的《政治经济学》(1883)也表达了方法论上的信息。比如,他仔细区分规范的和实证的推理过程,坚持必须运用道德或政治学说以免玷污经验的或理论的经济分析。西奇威克的思想品质、博学多才和正直坦诚给同时代的同事和学生留下深刻印象。马歇尔曾称他为"精神父母",尽管他经常与作为道德科学委员会独裁主席的自己争得面红耳赤。——译者注

** 　凯尔恩斯(John Elliott Cairnes,1823—1875):爱尔兰经济学家,常被称为最后一位古典经济学家。在其第一部著作《政治经济学的性质与推理方法》(1857)中,他着重说明古典政治经济学的抽象演绎性质并鼓吹它对各种政策及政治原理保持科学的中立态度。《政治经济学重要原理新义》(1874)为其最后的,也是篇幅最大的著作,其中复述了古典经济学派的大多数原理。——译者注

*** 　施莫勒(Gustav von Schmoller,1838—1917):德意志帝国时期的主要经济学家。他反对古典和新古典经济学派公理—演绎的抽象研究方法,并由此引发了一场关于归纳法和演绎法的方法论之争。他虽然强调归纳法,但他并不排斥在经济推理时使用演绎法。他认为,就使用演绎法和形成经济学理论而言,最重要的是要对历史事实和材料有丰富的知识。他主张某种跨学科的研究方法,以便同时考虑问题的心理学、社会学和哲学方面,他试图通过历史学详尽的主题研究使政治经济学从"错误的抽象"中解放出来,把它建立在坚实的实证基础上。——译者注

**** 　阿什利(William James Ashley,1860—1927):英国历史学派著名学者,是经济史研究方面的重要先驱。阿什利坚持认为,密切反映现实经济的经济学理论,只是在相对的时间和环境条件下才是正确的,并且相信一般被认为是有错误的重要的旧理论,在当时的时代并不是没有真理性和价值的。他一贯攻击自由放任主义,鼓吹进一步加强社会立法和扩大国家所有制。他是1903年关税争论的重要参与者,支持保护政策。——译者注

韦尔的信中,他说,在经济学中"没有'理论'可言"。⑧正如约翰·梅纳德·凯恩斯所说,这可能部分反映了马歇尔这样一个人的态度,他曾被作为数学家加以训练,早期考虑过从事分子物理工作,并且发现经济学理论相当"小儿科"。按照约翰·梅纳德·凯恩斯的说法,马歇尔"从智力或审美角度,总是对组成数理经济学的初级代数、几何、微积分等这些相当'微不足道'的知识抱有一点轻视"。⑨

然而,我认为,马歇尔之所以这样强调归纳,可能大部分原因在于他的研究目的是理解真实经济体系的运行。在工厂、街道和普通人的家庭中,我们才能观察到真实经济体系的运行。马歇尔本人当然是一位伟大的经济事实搜集者,他不但从诸如政府报告中,而且也从对工厂的参观和对商人、工人的询问中获悉这些事实。他所拥有的事实信息显然无人能敌。他的外甥克劳德·吉尔博(Claude Guillebaud)告诉我,马歇尔对经济因素的重要性有着一贯正确的直觉,如果有人出错,他会立即扑上去,于是,与马歇尔的谈话会是一种使人气馁的经历。

马歇尔本人之所以研究经济学,是因为他想有助于消除贫困、提高人类以及人类生活的质量。马歇尔所研究的经济体系是有着具体特征的体系,是一种人们可以观察得到的、远离了书房或图书馆的经济体系。因为这样的经济体系才是真实的经济体系,人们必须对此加以解释,对马歇尔来说,弄清楚这一点是重要的。这种认识使马歇尔能从一个特别具有优势的角度来评价其他经济学家的工作。约翰·内维尔·凯恩斯在他的《政治经济学的范围和方法》一书中把冯·屠能(J.H. von Thunen)作为使用"一种高度抽象的方法处理经济学问题"的经济学家的例子。⑩马歇尔相当钦佩冯·屠能,但他不喜欢约翰·内维尔·凯恩斯对冯·屠能的描述。在我前面所引用的那封马歇尔写给约翰·内维尔·凯恩斯的信件中,有一段显然是对这种描述的评论,他说:"你知道冯·屠能的专长是研究农业改革,他的抽象经济学由此而来,他成天忙于诸如黑麦、肥料等等这样的事实。"⑪

马歇尔并不认为经济学就是经济学理论,这和今天人们对经济学的普遍看法不同。下面是他写给 F.Y.埃奇沃思的信：

> 我认为"理论"是必要的。但没有人能真正解决经济问题，除非他着手研究它。我想象不出还有比认为抽象的或一般的或"理论的"（theoretical）经济学就是"正确的"（proper）经济学更糟的观念了。对我而言，理论是重要的，但它也只是正确的经济学的一小部分，而不应该占据大部分的经济学研究时间……一般性推理是重要的，但是，对事实的广泛而深入的研究同样重要……结合了这两个方面研究的经济学才是唯一正确的经济学。在我看来，当经济学理论宣称自己就是正确的经济学而实际不过是粗糙的、未经分析的历史的时候，它就像骗子一样顽劣。⑫

在一封写给伦敦经济学院院长休因斯（W.A.S.Hewins）的信中，马歇尔曾表达过类似观点，这封信写于 1899 年，也就是《经济学原理》出版九年之后：

> 在我看来，向我征询对纯经济学理论研究的看法，这显得有些奇怪，好像这是适合我谈论的话题似的，实际上，我从来都对此不感兴趣，起码在过去的四分之一世纪还要多的时间里，我没有关注过它。早在 1873 年（我想，就是这一年）瓦尔拉斯（Walras）就敦促我就这个问题写点儿什么，我断然拒绝了。事实上，我是一个迟钝的中庸之人，坚持经济学应该是一个有机整体，因此，我对纯经济学理论很少关注（只是把它看作数学或数字科学的一个分支），也不怎么关注那些有时被称为经济史的、没有经过高水平分析的原始素材搜集和事实解释。⑬

马歇尔在他所命名的"高级讲座"（advanced lectures）的授课中，没有涉及任何形式的技巧性、数学性问题，而这些问题在今天往往倾向于使用数学来处理，这说明了马歇尔的态度。剑桥大学所开设的这门课程，由（同时也研究经济学的）科学家阿瑟·贝里（Arthur Berry）设置，后来由庇古接手。马歇尔本人在"高级讲座"中讨论分析的是一些现实而棘手的经济问题。我想，当马歇尔在写下面这段话时，他对经济学方法之特点的思考已经成竹在胸：

> 分析和演绎在经济学中的功能不是为了锻造一些长的推理链，而是为了恰当地锻造许多短的链条和单独的连接。这样的功能并非无足轻重。如果经济学家的推理快速而轻松，那么，他倾向于在研究的每个节点处进行错误的联系。他要谨慎使用分析和演绎，因为只有通过它们的帮助，他才能筛选出恰当的事例，进行合理组织，使之有助于对思想的建议和对实践的指导。⑭

我们可以把马歇尔对经济学的数学应用问题之观点，视为对他所持有的关于经济学家应该以何种方式研究学科对象之态度的最终说明。他的总体立场正如庇古的如下描述：

> 马歇尔坚定地认为，经济科学的主要价值体现，既不是作为一种智力训练，甚至也不是作为一种追求真理的手段，而是作为伦理学的侍女和实践的仆人。他坚决地使自己的研究遵循这样的理想标准。尽管他是一位训练有素的数学家，但却很少使用数学。他明白过于依赖这个工具可能导致我们误入追求智力游戏的歧途。那些和真实生活状况不符的虚构问题使我们忽视数学机器难以处理的因素，进而，可能扭曲我们对各种影响因素相对重要性的认识。⑮

马歇尔年轻时是一位相当有实力的数学家，因此，他并不是不清楚使用数学处理问题的好处。他在《经济学原理》中这样说道：

> 数学训练是有用的。因为数学能通过异常简练准确的语言来清楚表达一些一般关系和一些经济推理的简短过程，虽然这的确可以用日常语言来表达，但不会有同样清晰的轮廓。更为重要的是，使用数学方法处理物理问题的经验会使人们深刻领会经济变化之间的相互作用，这是其他任何途径都不可能达到的效果。⑯

在后来的生活中（即 1906 年），马歇尔就如何使用数学的问题曾写信给他所钟爱的学生 A.L.鲍利———一位统计学家。马歇尔的观点是这样的："(1)把数学作为速记语言，而非调查工具；(2)坚持使用数学直到研究完成；(3)把数学语言翻译成文字；(4)通过真实生活中的重要事例来解释说明;(5)去掉数学;(6)如果你不能成功做到(4)那就尽量做到(3)。最后一步是我经常做的。"在这封信的后面,他说:"对我来说,数学被一些没有数学天分的人用在研究论文中,我已发现这种情况的大量存在[在今天,会发现更多的类似情况],这纯粹是场灾难。我认为,你应该竭尽全力阻止人们在使用文字表达能像使用数学表达一样简短的情况下使用数学的做法。"⑰

那么,在当时数学已被广泛应用的情况下,是什么使马歇尔感到应该反对使用数学的呢?他认为,我们缺乏支撑任何(除了相对简单的)理论架构的数据资料;他担心那些难以用数学形式处理的因素会被忽略。最重要的是,他认为,我们会受诱惑而沉迷于他所谓的"数学娱乐"(mathematical diversions),或者如庇古所指出的,我们会被引导去追求"智力玩具(intellectual toys),即与现实生活不符的虚构问题"。马歇尔认为,这会把我们的注意力从真实世界转移开来。在这个真实世界中,贫穷导致堕落。对真实世界的研究才应该成为我们全力以赴的事业。

当前,数学方法在经济学中大获全胜,人们可能会问马歇尔的担心是否有可靠根据?我们是否被诱惑在没有充分支撑资料的情况下构建"推理的长链"?我们是否忽视了很难付诸数学形式的因素?我们是否忙于不是由真实经济世界提出的而是由其他经济学家的分析所提出的困惑?当然,这样的指控不可能是针对整个经济学界,大量有益的研究在今天被开展,而且部分研究使用了数学方法,我也确信马歇尔会赞成这种做法。但是,我们很难否认,数学的广泛应用确实鼓励了马歇尔所说的这样做可能带来的那种倾向。马歇尔认为,数学的广泛应用可能导致我们偏离他所思考的"建设性工作"。我非常怀疑近年来所发生的事情会使他改变这种看法。

马歇尔欢迎所有的方法,只要它们能协助开展建设性工作,数学方法不可能被排除在外。我想,他这种立场的独特之处在于:他坚信我们不应该研究"与真实生活状况不符的虚构问题"。他认为,我们应该从真实经济体系出发,把努力解释它的运行作为我们的最高使命;对于技术分析,只有在它有助于我们实现主要目标时,我们才应该对它发生兴趣。

注 释

① 约翰·内维尔·凯恩斯的这些日记被保存在剑桥大学图书馆,所引用的文字出自 1900 年 10 月 8 日、1902 年 5 月 29 日和 1905 年 2 月 1 日的记载。

② Letter from Alfred Marshall to J. N. Keynes on file in the Marshall Library, Cambridge, as Keynes 3(letter no.70). Letters in the Marshall Library are hereinafter cited by file name and letter number.

③ Letter from Alfred Marshall to J.N.Keynes, Keynes 3(66).

④ Letter from Alfred Marshall to J.N.Keynes, Keynes 3(74).

⑤ A.C.Pigou, ed., *Memorials of Alfred Marshall* (1925), 88.

⑥ *Memorials*, 309.

⑦ 参见 J.M.Keynes's article on "Herbert Somerton Foxwell" in *Collected Writings of John Maynard Keynes*, D. Moggridge, ed.(1972), 10:271—72 n.5。

⑧ Letter from Alfred Marshall to H.S.Foxwell, 25 January 1897, Marshall 3(26).

⑨ *Collected Writings*, Moggridge ed., 10: 186.

⑩ J. N. Keynes, *The Scope and Method of Political Economy*, 4th ed. (1917), 21.

⑪ Letter from Alfred Marshall to J.N.Keynes, Keynes 3(67). 这段引文可以与马歇尔对冯·屠能的描述进行比较:"冯·屠能是一位谨慎的实验家,是一位研究事实的学者,他的归纳思维至少与演绎思维一样得到充分发展……我喜欢他胜于我的所有其他老师。"(Pigou, *Memorials*, 360)

⑫ Pigou, *Memorials*, 437.

⑬ Letter from Alfred Marshall to W.A.S.Hewins, 12 October 1899, University of Sheffield Library.

⑭ Alfred Marshall, *Principles of Economics*, C.W. Guillebaud, ed., 9th variorum ed. (1961), 1(app. C): 773.

⑮ Pigou, *Memorials*, 84.

⑯ Marshall, *Principles of Economics*, 1(app.D): 781.

⑰ Pigou, *Memorials*, 427.

12

阿诺德·普兰特†

阿诺德·普兰特（Arnold Plant），1898 年出生于伦敦东部豪克斯顿（Hoxton）的一个公共图书管理员之家。他受教于斯特兰德学校（Strand School），离校后加入由温菲尔德（Wingfield）博士——一名德国工程师和发明家——控股的机械工程公司。温菲尔德博士于 1902 年来到英格兰并加入英国国籍，后来把德国姓 Wiesengrund 改成 Wingfield。温氏所控制的两家公司之一——动力设备公司（Power Plant Company）为英国海军部做着重要工作。基于"敌侨出身"所带来的焦虑和不安，他在 1918 年卖掉了

---

† 本文最初以"Professor Sir Arnold Plant：His Ideas and Influence"为名在 *The Unfinisished Agenda：Essays in Honor of Arthur Seldon*（London：Institute of Economic Affairs，London 1986）中出版，经 Institute of Economic Affairs 允许，转载于此。文章在收录于此书时进行了些微改动。

我感谢阿诺德·普兰特的儿子 Roger Plant 先生，他为我提供了很多关于他父亲的职业生涯和思想观点的宝贵信息，并同意我查阅他父亲的书面材料；还感谢 Z.Gurzynski 教授，他为我提供了关于阿诺德·普兰特在 University of Cape Town 的活动细节；还要感谢 H.C.Edey 教授，他为我提供了关于阿诺德·普兰特在伦敦经济学院（LSE）工作时的信息。

179

该公司股份,同时(和一个合作伙伴)保留了对另一公司——蒸气管道配件公司(Steam Fittings Company)的控股。普兰特在军队服役一段时间后,复员加入温氏公司。由于他表现出相当卓越的经营才能,1920年,他被任命为蒸气管道配件公司的经理,时年仅21岁。

威廉·皮尔西(William Piercy,后改名Lord Piercy)建议普兰特应该先学习一些管理知识,为日后能有更大作为做准备。皮尔西早在豪克斯顿的孩提时代,就认识普兰特一家。离开学校后,皮尔西为一个木材经纪人工作。但是,他同时获得了两份全额奖学金的资助,于是,1910年,在24岁的时候,他成为伦敦经济学院(LSE)的全日制大学生。在莉连·诺尔斯(Lilian Knowles)的指导下,他攻读经济史专业。1913年,皮尔西毕业之后,被聘为LSE教员。但在一战爆发后,他被抽调到政府部门工作。战争结束后,他开始了显赫的商业生涯,包括1945年被任命为工商金融公司(Industrial and Commercial Finance Corporation)第一主席,在这个职位上,他一直干到1964年退休。①

有鉴于此,我们就毫不奇怪,普兰特1920年在皮尔西建议下为什么会就读于LSE并攻读经济学学士学位;甚至他学习现代经济史——这个在旨在学习管理的人看起来有些奇怪的专业的决定,也似乎要理所当然地完全归功于皮尔西的影响。一战结束时,商学士学位在皮尔西和其他工商人士的积极支持下已经设立,所以,普兰特在LSE期间,作为旁听生,也选修了商学士学位的课程。他在1922年获得商学士学位,并于1923年以优异成绩获得经济学学士学位。普兰特证实了同时研修这样两个学位并取得优异成绩是可能的,这促使学校对有关规定作出一定改变,从而使这样的壮举不可能再现。普兰特在LSE过得很愉快,但是,他既没有采纳莉连·诺尔斯的保护主义观点,也没有听从R.H.Tawney和哈罗德·拉斯基(Harold Laski)*的社会主义观点。对普兰特影响最深的老师是政治经济学教授埃德温·

---

* 哈罗德·拉斯基(Harold Laski,1893—1950):英国理论家、政治活动家,社会民主主义和政治多元主义的重要思想代表。1914年毕业于牛津大学,后赴加拿大麦吉尔大学和美国哈佛大学任教,1920年回国,1926年起在伦敦经济学院教授政治学。——译者注

坎南(Edwin Cannan)，他对经济分析和经济政策的观点与常识性方法
(commonsense approach)都反映在普兰特本人的研究中。

在这一阶段，普兰特似乎注定要重返工商管理领域，因为直到那时，
他的经历仍然和皮尔西联系紧密并平行发展。如果他重返工商界，无疑
也会获得类似于皮尔西的成功。但事实并非如此，南非开普敦大学
(Cape Town University)设立商学士学位的提议很快被通过。1923年，
该校决定设立一个商学教授席位。在招聘这个职位时，西奥多·格里高
利(Theodore Gregory，后来的西奥多爵士)告诉普兰特，如果他不去申请
就是一个傻瓜。格里高利是坎南手下的一名讲师，但他和皮尔西、普兰
特一样，也是在莉连·诺尔斯的指导下获得经济史的经济学士学位。申
请这个席位的共有24人，但普兰特被选中，尽管他缺乏教学经验且年纪
轻轻(只有25岁)。无疑，他的中选是因为管理上的经验以及以其能力
而在LSE得到的高度关注。

1924年，普兰特接受了任命，并以充沛的精力开始履行其职责。有
关商学位的大部分教学任务都落在了他的肩上，他的授课范围宽泛得惊
人，包括银行和通货、保险、工业组织和管理、企业财务、交通经济学、公
共管理和市场营销，还有一些和南非特定条件相关的课程，比如南非铁
路等。直到1928年，才有一个资深讲师W.H.Hutt被派来协助他工作。
在此期间，他还得收集材料，为《剑桥英国史》(*Cambridge History of the
British Empire*)②南非卷撰写"经济发展"一章。

在南非期间，他的学术性写作并不广泛，集中在南非银行和关税问
题。考虑到他的其他职责，这也就不足为奇了。在此期间所写论文中，
他唯一想在《经济学论文和演讲精选》(*Selected Economic Essays and Ad-
dresses*)③中转载的一篇文章是关于种族经济关系的，对一位对南非经济
问题有浓厚兴趣的人来说，这个选题是不可能被忽视的。《南非黑人问
题的经济学》(The Economics of the Native Question)一文写于1927年，
并在*Voorslag*(1927年5—7月期)杂志上发表。该文犀利抨击了南非政
府的种族隔离政策。普兰特认为，意在抑制南非黑人参与竞争的政策对

南非的经济发展是有害的，因为竞争能迫使经济个体以一种有效方式进行合作。南非政府应该着手做的事情，就是通过提供教育机会或其他途径，把南非黑人带入西方社会。那些通过批评土著居民的野蛮而证明其合理，但实际上不过是在阻抑土著居民进入西方文明的政策是错误的。下述引文表现了该文的独特风格：

> 一些堕落的白人，倾向于寻求依据肤色作为特权待遇基础的庇护，而这不过是懒惰或无能之人的普遍习性的一种特殊说辞而已。他们抓住竞争者的完全不相干的特征，并努力使公众相信，这构成通过立法以区别对待那个作为整体的特殊阶层的充分依据……如果竞争者是犹太人，或已婚妇女，或印度人，或土著人，或没受过学徒训练的熟练工人，或没有付清作为订有工读合同的学生时的费用的专业人士，那么，这些人就会恳求公众大声呼吁要求立法以终止这种竞争……然而，向当地土著人提供的教育机会直至今天还是那样稀少，因此，寻求与文明的、受到良好教育的人士进行交流与全面合作的土著人的人数注定仍然会很少……我们没有向土著居民提供凭个人身份就能开展全面合作的机会，这在经济上是可悲的；许多欧洲人士对南非黑人问题的悲观展望，表明了非经济性因素仍是我们缺乏与黑人交流这一憾事的有力原因。

1930 年，普兰特离开南非，重返 LSE，替补新增的商学教授席位之缺（该席位与工商管理有特殊关系），负责商学士学位的产业和贸易教研组。他在研讨会和演讲中的教导对学生产生了深刻影响。他还给 1930 年新成立的工商管理系的应届毕业生上课，并在 1935 年成为该系的系主任。从那时起，工商管理系的运作占用了他的大量时间和精力。二战期间，工商管理系被关闭。战争结束后，它又重新运作；但是，它似乎从未在 LSE 扎下根来，在普兰特退休的 1965 年，它安静地停止了运作。这个决定无疑是很容易作出的，因为同一年，伦敦商学院成立了。

普兰特的观点及其风格特征在其 1931 年的就职演说"工商管理中的趋向"（Trends in Business Administration）④中得到清晰体现。这个演讲设计巧妙,不但表明了普兰特的价值观,而且安抚了LSE中那些对设立专门致力于工商研究的教授席位可能抱有敌意的人。这样,韦布夫妇(Webbs)*因为"从他们自己的独特角度"进行工商问题的写作而被提及,但他并没有说明"独特角度"指什么。演讲讲述了由LSE的政府研究专家对公共和私人管理所进行的"开创性"比较研究。演讲称赞了格拉厄姆·沃利斯(Graham Wallis)和哈罗德·拉斯基所传授的"无拘无束地表达我们的个性,这是自由的最宝贵成分",他们观点的自然发展似乎就是倡导自由企业制度(free-enterprise system)。

　　普兰特演讲的主旨是:商人没有控制经济体系,他"仅仅是无情的管理者和雇主(即消费者团体)之间的组织代理人"。他必须预测消费者的需要,"他对没有说出口的愿望解释得越准确,他就越可能获利,也越有能力指挥生产所需的资本和劳动。为此,他不得不经常与其他也为最终雇主服务的商人进行讨价还价"。要想促进经济发展,"得有一个基本条件:维护……个人变动其习惯性行动的自由,不管是消费者还是生产者,不论何时,只要他相信这种改变是对自己有利的"。

　　当然,商人通过应用一些防御性策略,如广告、对老主顾的折扣、季节票、赠券、延期折扣、贸易联合抵制等等,寻求从无情的管理者和消费者那里得到解脱。不过,对竞争者的直接攻击是不可能成功的,"意在消灭对手的局部降价法,其代价是高昂的;只要一有通过提价来补偿损失的尝试,新的对手就会涌现"。但是,只要政府"对贸易实务的态度不持干预主义,只要它把自己的职责限定在保护生命和人身安全,消除不实和欺诈,公众从垄断的暂时胜利中所遭受的损失就会很小,从激烈的竞争中获得的收益就会很大"。而政府还没有做到这点。在谈到"旨在保护石油、木材之类的自然资源的政府干预"时,普兰特说:"可以保证地

* 韦布夫妇(Webbs):Sidney Webb(1859—1949),Beatrice Webb(1858—1943),杰出的英国历史学家,社会和经济改革的先驱,对英国的社会思想和制度影响很深,曾参与创办伦敦经济学院,他们在社会及教育事业方面的建树超乎其学术著作方面的成就。——译者注

说，在少数领域的政府活动，其表现越来越恣意专制，越来越不能保证是基于经济原理。"特别是在公用事业部门，政府干预已经从阻止垄断的干预转向了促进垄断的干预：

> 管制和国有的企图是否会把事情弄得更糟？政府是否真正得到了最好的建议，从而可以把这些事务留给自由的私人管理，自己专心致力于鼓励新企业和激励在这些领域的竞争？这些可能仍是令人困扰的经济学问题。

> 所有垄断的持续盈利能力都是以缺乏替代和其他选择为条件的。公共管制，无论是价格管制还是削减总利润，都会使被扰乱的垄断者在为生存而反抗自由竞争时受到限制。垄断者带着几乎不容抗拒的宣言来抗击自由竞争，而在阻止公众从新发明和新流程的引入中受益的计划中，政府开始站在了垄断的一方。

正如上述引文所明示的那样，普兰特认为对工商管理的研究不能首先关注如何经营。他之所以研究工商实务，就是为了理解它们为何而存在。我相信，他感兴趣的领域应该是我们现在所说的产业组织，他的分析体系质朴无华但强大有力。他把消费者看作最终雇主，通过竞争机制来行使其控制权。他视垄断为过渡性的，通常并不重要。政府在提供法律和秩序、阻止不实和欺骗方面承担立法责任，但是，政府干预一般是为特殊利益而设计，它促进的不是竞争而是垄断，并施加通常会把事情搞得更糟的经济管制。这些都是学生们从他那儿获得的思想，如今，这些思想在经济学界比那时更为广泛地被接受。

普兰特的一个持续兴趣是探讨产权的主体和所有权的经济自由。他说，自己的这个兴趣是在阅读大卫·休谟(David Hume)的有关论述时被激发的。⑤这无疑是事实。但是，正如他工作的其他方面一样，要想在这里看不到埃德温·坎南的影响是很困难的。至少，坎南的影响引导普兰特写下了那些被列为他对经济学的主要学术贡献的文章。20世纪30年代早期，他写了两篇文章：一篇是关于发明专利，另一篇是关于书籍版权。⑥文中，他对设立专利权和版权的必要性提出质疑，认为它们不是因为稀缺而出现,而是通过制造垄断使它们产生了稀缺。他指出,尽管英国作者的著作在美国没有取得版权,但美国的出版商仍慷慨地向他们支付报酬;而且,尽管很多发明改进的成果无法获得专利,但它们照样在进行很多交易。他认为,即便保留现有法律,也照样可以通过法律修订(就像把特许经营权的使用当作常规一样)来改善状况。但是,他的总体立场,是对设立专利权和版权持反对意见。今天看来,他的讨论有些不完整,但是,我们不得不记住的是,正是普兰特开创了这个主题,他文章中所提出的问题至今仍未获得令人满意的答案。

二战结束后,在1953年的斯坦普讲座(Stamp Lecture)"思想和知识产权的新商业"(The New Commerce in Ideas and Intellectual Property)⑦中,普兰特又重论这个主题。他考察了由版权和新科技进步(诸如声音的录制和广播)引发的类似保护所产生的问题。这是一个有趣的演讲,但缺少他在20世纪30年代早期文章中的激情,也没有对以前的分析添加新的内容。看起来很清楚,二战之后普兰特没有继续他早期开始的在产权方面的研究。阿瑟·塞尔顿(Arthur Seldon)在《经济学论文和演讲精选》序言⑧中所提及的普兰特关于产权经济学的手稿,其是否存在令人怀疑。

普兰特的健康状况不佳(罹患糖尿病),这无疑是他二战后减少学术工作的一个原因,全神贯注于工商管理系的事务是另一个原因。另外,他在政府委员会的工作必定也牵扯了他的精力。在二战前,普兰特就已经在政府委员会工作了,比如,1938年,他被任命为电影影片委员会(Cinematograph Films Council)原始独立委员之一。但是,二战之后,或许是战时作为一名内阁大臣顾问使他尝到了权力和影响力的甜头,正如阿瑟·塞尔顿所指出的,普兰特几乎始终从事着政府委员会的工作。在疾病对其精力不断侵蚀的情况下,此类政府活动以及在LSE的管理职责,必然使他对学术研究分身乏术,因此,我们也就不难理解他在产权方面的研究为什么会被搁置。

但是,也可能有另一个原因。普兰特以前是经理,他是为了学习更多的管理知识才进入大学的,因此,他在内心对工商管理极其看重,把它当作大学的一项重要职能。他在南非开普敦大学的就职演说就是"针对商业职业的大学教育"(University Education for Commercial Careers)。而且,正如我们所知,他在 LSE 把自己奉献给了工商管理系。多年来,普兰特还担任伦敦大学商学士学位机构的负责人。毫无疑问,他关注经济学的实际运用使他对发展经济学理论兴趣索然。但是,正如我们现在所知,要想在产权方面的研究获得有益进展,那就要求经济学理论的改进。但是,那时的 LSE 作为专注于推动经济学理论进步的真理圣殿,除了哈耶克多少对工商实务有些兴趣外,其他经济学家们对此都不感兴趣,普兰特自然不能从他们那儿获得帮助。或许,普兰特感觉,就他所能,其 20世纪 30 年代的文章对产权的研究已经走得够远。不过,就很多其他目的而言,他所拥有的竞争理论是相当有用的。在它的武装下,普兰特所持有的关于政府能做什么和愿意做什么的现实主义观点,能够攻破很多广为接受的说法,并传达给他的学生一种看待经济政策的方法,这种方法将使他们免受很多流行错误的影响,并使他们能够设计出基础更为坚实的政策。

阿诺德·普兰特是一位好老师,他对自己的学生有着浓厚兴趣,并尽力对他们的职业生涯有所促进。他的学生阿瑟·塞尔顿和其他人*的工作,将保证他的影响既不会消逝,也不会淡化。

注 释

① 普兰特(和 John B. Kinross)为《皇家统计社会杂志》(*Journal of the Royal Statistical Society*, series A(general), 130, pt.2, 1967)写了关于皮尔西的讣告。他也为《电气工程协会杂志》(*Journal of the*

---

* 普兰特拥有很多非常著名的学生,如 1973 年诺贝尔经济学奖的获得者阿瑟·刘易斯、1991 年诺贝尔经济学奖获得者罗纳德·H.科斯、长期担任伦敦经济事务研究所负责编辑业务的所长阿瑟·塞尔登等。——译者注

Institution of Electrical Engineers 77，July-December 1935）写了温菲尔德（Wingfield）——另一位在他早期生涯中发挥了决定性作用的人——的讣告。

② *Cambridge History of the British Empire*（Cambridge and London：Cambridge University Press,1936，rev.ed. 1963),8:788—836.

③ Plant，*Selected Economic Essays and Addresses*（London：Routledge and Kegan Paul，in association with the IEA，1974），3—17.

④ Plant，"Trends in Business Administration"，*Economica* 12，no. 35（February 1932）：45—62.

⑤ 普兰特提到休谟可参见：Plant，*Selected Economic Essays and Addresses*（1974），30—31，35—36，169。

⑥ Plant，"The Economic Theory Concerning Patents for Inventions"（35—56），and "The Economic Aspects of Copyright for Books"（57—186），in *Selected Economic Essays and Addresses*（1974）.

⑦ Plant，"The New Commerce in Ideas and Intellectual Property"，in *Selected Economic Essays and Addresses*（1974），87—116.

⑧ Arthur Seldon，Foreword in Arnold Plant，*Selected Economic Essays and Addresses*（1974），vii.

13

邓肯·布莱克[†]

邓肯·布莱克(Duncan Black)是苏格兰之子,1908 年
5 月 23 日出生于距离格拉斯哥大约 12 英里的工业小镇马
瑟韦尔(Motherwell)。他的父亲出生在马尔岛(Mull)[*]西
部。布莱克的祖父是位铁匠,在其婚后约 12 年去世。他
的遗孀离开马尔岛,带着她的幼子回到家乡——一个位于
阿盖尔(Argyle)的泰瓦利奇(Tayvallich)的小山村。布莱
克的父亲十几岁时就在农庄干活,当搬家到马瑟韦尔后,
他成为一名锅炉工。

如果从他父亲这边来说,布莱克的祖先是苏格兰高地
人,他母亲的家族是苏格兰低地人。布莱克的母亲玛格丽

[†] 本文最初是 1991 年邓肯·布莱克去世后,我写给英国学会回忆性质的讣
文。它是基于我自己对邓肯·布莱克的回忆和我与其关于生活的谈话,以
及他给我的自传体笔记而写的。它是我在经许可的情况下,为 Gordon Tul-
lock(1981)所编的《通向政治科学——纪念邓肯·布莱克论文集》(*Toward a
Science of Politics:Essays in Honor of Duncan Black*)所写的一篇传记的重
写,不过,我已经对其作了修订和更新。

[*] 马尔(Mull):苏格兰内赫布里底群岛最大岛屿,与苏格兰本岛隔有马尔海峡
和洛恩海峡。——译者注

特·布朗·缪尔(Margaret Brown Muir)出生于马瑟韦尔,她的父亲也曾是一名铁匠,她12岁那年到一位女帽商那里当学徒。她是位聪明的女子,对她而言,如此年幼便得辍学乃一大遗憾。教堂的圣经班和音乐课多少是对这种损失的弥补。就在结婚前,她在马瑟韦尔开了一家布料和女帽商店,婚后一直都在经营这家商店。事实上,直到通了汽车,才使得马瑟韦尔的购买者能方便地到格拉斯哥的大商店进行采购,这导致她的小店生意不复景气,她最终在1931年清理了店铺。正如阿尔弗雷德·马歇尔的观点:"所有资本中,最有价值的是投资于人类的资本,而其中以关爱和母亲的影响所带来的结果最为宝贵。"① 马歇尔引用并赞成高尔顿(Galton)的观点:"神学家和科学家身上最容易寻找到母亲的影响,因为热切的母亲能引导她的孩子深入感知伟大的事物,一位善于思考的母亲不会压抑幼稚的好奇心,而是加以鼓励,而这种好奇心正是科学的思考习惯的原材料。"② 看来玛格丽特·布莱克就是这样一位母亲,她无疑对邓肯·布莱克的生活产生了决定性影响。

布莱克在马瑟韦尔的学校接受教育,德泽尔(Dalziel)高级中学对他的智识发展特别重要,高中期间他的成绩一直非常优秀。这一时期德泽尔的很多高中生,后来都成了格拉斯哥大学(University of Glasgow)的教职员。德泽尔高级中学的教学鼓励对学术的热爱,布莱克这样提到他的英文老师:"他让人觉得要把所有的文明成果都倾囊相授。"学校作业是布莱克的快乐源泉,他最喜欢的也是学得最好的科目是语言和文学,看来这些自然会成为他大学时选择研究的科目。但是,当他进入大学时,却选择了数学专业。因为一个荣誉学位必须选修两个关联科目,他决定研究数学和物理。考虑到他的兴趣,这似乎是个奇怪的决定,对此,他自己的解释是,他把数学看作通往真理的一种手段,这也是他终生持有的一种观点。但是,他也加了另一个原因——虚荣。数学是很难的,而且好的学位能赢得赞许。对此,让人不得不怀疑苏格兰长老派教育对布莱克起了重要作用,因为虽然我们大部分人都喜欢赞许,但是我们常会选择最简单的方式来获得它。

　　格拉斯格大学所教的数学并未让布莱克感到愉悦,因为它的数学课程是为工程师设计的,因此不能激发他的兴趣,没有新的教材,亦不涉及数学与形式逻辑学的关系。而物理学讲座更适合他的口味,但他对物理现象不感兴趣。所以,他急切地盼望这些课程的结束。1929 年,他获得二级荣誉文学硕士学位(在格拉斯哥大学获得的第一个学位),这可能保证他得到了赞许,但是却不能提供给他除此之外的其他东西。布莱克当时旨在到政府机构工作,于是在下一步,他就转向了社会科学。在每年50 英镑的奖学金和当药理实验室讲解员所挣得的相同数目收入的帮助下,他能够攻读政治经济学和政治哲学的文学硕士学位。第二个学位的学习,被证明比早先在数学和物理学中的学习更适合他的志趣。政治经济学教授斯科特(W.R.Scott)是一位杰出的学者,著有研究弗朗西斯·哈奇森(Francis Hutcheson)和亚当·斯密的有关作品,还有三卷本的有关联合股份公司的历史。斯科特的主要兴趣是研究哲学和经济学的关系,他所讨论的问题包括:经济学中的价值理论是否可能受益于哲学家的研究? 哲学家关于价值的观点是否能得益于经济学中运用的分析技巧? 这些问题打动了布莱克的心弦。对他后来的研究有明显影响的另一个老师是政治学讲师怀特(A.K.White)。③怀特认为,关于这个主题的大部分文献没有价值,而邓肯·布莱克回忆,他花了近一学期时间来探讨建立一门纯粹政治科学的可能性。布莱克还记得,他所引述的并奉为关键观念的玛丽·帕克·福利特(Mary Parker Follett)对一种思想是如何在一个委员会(committee)中形成的描述。④而道德哲学课,尤其是 C.A.坎贝尔(Campbell)对理想主义欲望教义的诠释和捍卫,对他产生了相同的或更为重要的影响。⑤

　　1932 年,布莱克获得经济学和政治学的一级荣誉文学硕士学位,而在前一年,他和阿莱克·凯恩克劳斯(Alec Cairncross)一起获得了社会经济学优胜奖。1932 年,他被邓迪经济与商业学院(School of Economics and Commerce, Dundee)聘任为助理讲师;1934 年,他被班戈的北威尔士大学学院(University College of North Wales, Bangor)聘任为讲师,他在那儿一直待到（二战期间有一段时间他在政府机关）1945年。1945年他被贝尔法斯特的女王大学（Queen's University，Belfast）聘任为高级讲师，但一年后，即1946年，他返回了母校格拉斯哥大学，成为一名社会经济学高级讲师。1952年，布莱克被北威尔士大学学院聘任为经济学教授，并一直待到1968年退休。

在所有这些职位中，邓迪经济与商业学院的第一个职位对学术生涯发展的影响是最大的。邓迪经济与商业学院是由邓迪黄麻纤维业的领袖人物乔治·博纳（George Bonar）于1931年创建的，第一任校长是毕业于曼彻斯特技术学院的詹姆斯·A.鲍伊（James A. Bowie）。在学校的筹建中，伦敦经济学院（LSE）的院长威廉·贝弗里奇爵士（Sir William Beveridge，后来的贝弗里奇勋爵）、秘书梅尔小姐（J. Mair，后来的贝弗里奇夫人）以及其他成员提供了援助。这样，首次聘任的讲师伊斯坦姆（J. K. Eastham）和吉尔伯特（J. C. Gilbert）都来自LSE，也就不足为奇了。1932年，两个助理讲师加入到教职员中，一位是布莱克，另一位是我。我在LSE接受教育，经阿诺德·普兰特教授推荐获得这个职位，而吉尔伯特是我在LSE时第一学年的导师。布莱克和我这两个助教，彼此很了解，从那时起，我们结下友谊并一直保持终生。伊斯坦姆在LSE任讲师时不但跟随莱昂内尔·罗宾斯（Lionel Robbins）研究经济学，也和伟大的美国经济学家阿林·杨格（Allyn Young）学习经济学，LSE在埃德温·坎南（Edwin Cannan）退休之后聘任杨格为经济学席位教授。货币和银行是吉尔伯特的专长，他到邓迪急切地详述罗伯斯坦（Robertson）、凯恩斯和哈耶克的理论。

我利用卡塞尔旅行奖学金（Cassel Travelling Scholarship）在美国度过一年之后来到邓迪，按照布莱克的说法，当时我的头脑里塞满了关于企业的想法。（从我1932年10月份的一封信中可以获悉）我确实在工商产业组织课程的第一次讲座中讲述了包含在后来的《企业的性质》一文中的一些主要观点。此文的初稿在1934年春天我还在邓迪的时候就完成了，而直到1937年才被发表，这主要应归咎于我们的信念：保证文章的正确性比发表本身更为重要。我们四人（伊斯坦姆、吉尔伯特、布莱克和我）之间的讨论是有趣、充分和连贯的，不管是在用餐时，还是在其他地方，我们讨论的主题都是经济学，主要是 20 世纪 20 年代和 30 年代在英格兰常常也是在 LSE 刚出现的新思想。经济学中的所有问题似乎几近解决，我们的日子过得很愉快。

这些讨论对布莱克的影响是戏剧性的。布莱克来自格拉斯哥大学，在那儿，经济学仍然被看作道德哲学的一个分支，就像亚当·斯密的年代一样。布莱克来到邓迪时，对哲学和政治学的兴趣可能比对经济学的兴趣更为强烈。在邓迪，他接触到经济学的分析方法，该方法通过阿林·杨格、莱昂内尔·罗宾斯、弗里德里希·哈耶克和约翰·希克斯的影响而主宰了 LSE。他也参加了伊斯坦姆的研究生理论讲座，这让他了解到经济学近来的理论发展。虽然布莱克在邓迪增加了经济学分析知识，但是，真正吸引他的还是那些在格拉斯哥大学聆听斯科特、怀特、坎贝尔的讲座时冲击他想象力的那些问题，虽然，就我的回忆，他没有和我们讨论过这些（合理的理由是因为我们可能没能理解）。事实上，布莱克的主要贡献可能就是利用 LSE 的分析方法来解决在格拉斯哥大学时他脑海中所产生的问题。他逐渐形成的观点在他多年后所写的一篇文章中得到简洁表达，他的信念就是"当我们最终获得一门'令人满意的'政治科学时，它将像瓦尔拉斯的《纯粹经济学要义》，或者帕累托的《政治经济学教材》，或者可能像马歇尔的《经济学原理》一样具有显著特征，有着严格的形式化和描述性处理，而不是现存的政治学课本。这种处理方法的核心……由一套形式化的或数学的命题组成"。⑥ 找到"这套形式化的或数学的命题"是他毕生的事业。

C.A.坎贝尔对布莱克的委员会理论（theory of committees）之形成所产生的影响可能让人有些疑惑，但事实上，这个影响是实实在在的，并在20 世纪 30 年代他们在班戈作为同事的四年中得到强化。坎贝尔在班戈担任哲学教授席位，乍一看，坎贝尔对欲望的理想主义教义似乎和布莱克关于委员会的思想没有多大关系，但事实并非如此。在布莱克看来，坎贝尔致力于解决个体选择和依各种欲望而进行的行动之间的关系问题。个体的各种行动依赖其欲望集合（对每个特定的行动，有些欲望赞成，而有些欲望则会反对）。将欲望替换成个体投票人，那么，委员会和个体的分析在形式上就是相同的。虽然布莱克没有把个体选择的分析延伸到他对委员会的分析，但是坎贝尔看待人类选择的方法无疑在布莱克的思想形成中发挥了作用。我认为，个体选择和委员会选择情况相同的论点，甚至比这些论述所揭示的更有力，尽管我不敢确信布莱克在多大程度上会持有相同观点。以基因代替欲望，很容易看到，个体在可替代行动方案中的选择，事实上由一种投票系统所决定。如果我是正确的，委员会（或类似事物）理论能被直接运用于个体选择分析，从而，我们不应该诧异于在个人选择中找到非传递性的或者甚至是循环性的运动。当然，这样一种方法意味着要放弃经济学中常做的假设，即个体是"理性的效用最大化者"且选择是连续的。而我将乐意看到这种观点的改变。试图利用经济学的分析方法来增进我们对政治体系（political system）的理解，可能会在使经济分析自身得以完善方面产生意想不到的结果。

　　1934 年，在离开邓迪去班戈之后，布莱克开始利用经济学概念认真研究政治体系分析。尽管有一些进展，但他感到对问题还是没有把握，在 1935 年，积极的研究被搁置了。关于这一点，我应该引用布莱克在《委员会和选举理论》(*The Theory of Committees and Elections*)一书序言中的话："在很早的阶段，通过与我的同事罗纳德·H.科斯教授讨论其有关企业性质的观点，我找到了发展的总体框架。"⑦此话对我来说是太慷慨了。当布莱克首次在政治体系问题中运用经济学分析方法时，他自然应用了交易成本概念来解释政治党派和立法会议的出现，在这一点上，他受我企业分析方法的影响，但是，据我所知，他从未发表过这部分研究。而我和布莱克之间的讨论确实是其委员会理论形成过程中的一步，但他最终发现解决困扰他的问题的方案与我对企业的研究无关。布莱克回忆说，在他与我讨论此问题时，我对企业的思考使我们讨论埃奇沃思在《数理心理学》(*Mathematical Psychics*)中对合约的处理方法，而正是这些讨论帮助他找到了思路。在这点上,布莱克说得没错。

1935 年之后,布莱克中止了在政治体系问题上的积极研究,其主要原因并非是缺乏进展。此前他没有出版过什么东西,他对此的解释是,他致力于建立纯粹的政治科学,而这对于一名年轻经济学家的职业生涯来说几乎无益。于是他又回过头去做一篇在格拉斯哥大学的斯科特指导下的学位论文《所得税的税收归宿》(The Incidence of Income Taxes)。研究税收对他来讲更容易,因为他在班戈就讲授公共财政课;这个研究也是令人愉快的,因为他必须再次研究撰写公共财政的意大利作者,在学生时代,他就从该作者的著作中获得了极大乐趣,额外的好处是,还与他的真正兴趣——纯粹政治学理论相关。关于税收的文章在 1937 年和 1938 年发表,而他的《所得税的税收归宿》(*The Incidence of Income Taxes*)一书,在二战爆发后的 1939 年 9 月最终由麦克米伦出版社出版。该书达到了预想的目的,受到了好评,布莱克的学术地位也因此而得以确立。弗雷德里克·贝纳姆(Frederic Benham)在 *Economica* 上对此书的评论是:"关于公共财政理论的好书很少,乐见其数目的增加。"此书在 1961 年重印。

战争的爆发使布莱克加入政府机关,但他的头脑从未停止过对他真正感兴趣的问题的思考。事实上,在政府机关期间,他发现了解决其长期努力思索之问题的钥匙。布莱克在给我的笔记中讲述了他在 1942 年 2 月的发现,他说:

> 在空袭情况下,我在全英格兰最华贵庄严的房间之一,沃里克堡(Warwick Castle)的绿色客厅,负责半夜里空袭火灾的警戒。在那里,中世纪的盔甲战炮、墙壁和点缀在房间中的长长的狭窄的桌子,与堆放在房间中的政府机关的办公用具形成了奇特对比。显然是出于偶然,我拿起一张办公记录纸画出一个有三条弧线的图,我突然认识到如果我把水平轴上的点解释为在委员会面前的行动,并用三条单峰曲线表示和行动有关的成员的偏好,由使用简单多数程序的委员会所做的表决必然与中间最优一致。这个图表明了基于

成员偏好的委员会决定的关系。再画出两个图形,我便确信现在我能说出那些我以前只能意会而不能言传,或者甚至无法明确构想的东西。不仅如此,这偶然发现的技术,显然使我能够使用系统的线条来清楚表达对政府行为的调查。大概就是那个晚上,未来似乎由此而伸展。

他补充说:

在我的脑海中蛰伏了多年以后,这个曾经使我全神贯注的问题已经改变了它的性质:它已经变成了一个数学问题。出现的疑问以数学问题的形式提出讨论,通过数学符号的翻译,你得到了一个政治理论,正像在经济学和数学物理中一样,就像自 17 世纪以来在纯科学中的法则一样。

1942 年 10 月,由于一位同事患病,布莱克返回学院教书。这使他得以开始认真研究他的委员会理论。他很快发现了不可传递性的存在,在整理完他的一部分理论后,他得到了一位在班戈数学系工作的同事纽因(R. A. Newing)的帮助。纽因建议使用矩阵符号来处理有限次行动的情况。在其他方法上,纽因对他也有帮助。布莱克关注当选举人对某主题的偏好依赖其他主题上的选举决策时出现的复杂局面,他和纽因合作,试图找到一种处理这个问题的方法。虽然获得了重大进展,但是,某些问题所涉及的数学与所得出的关于政治学理论的结论相比,显得过于庞大,于是研究被搁置了,同时,布莱克回到了政府机关。

欧洲战事结束后,贝尔法斯特的女王大学聘任布莱克为高级讲师,该职位涉及教学和行政事务,这使他很少有时间写东西。1946 年在 A. L. Macfie 的邀请下,格拉斯哥大学聘任他为高级讲师。一切因此而变,他现在有时间写东西了。多年来,对委员会理论的耐心思考得到回报,很快他在 1947 年初完成四篇论文,其中两篇投给 *Economic Journal* 杂志,另两篇投给 *Economica* 杂志。但是邓肯·布莱克的麻烦尚未就此了结,四篇文章全被拒稿。布莱克试图让他的思想以书的形式发表,《政治学纯理论》(*The Pure Theory of Politics*)一书的初稿在 1947 年 10 月

完成,它的章节标题对该书的特征和范围做了很好说明:

1. 研究的问题

2. 一些定义和行动的符号表示

3. 独立评价理论

4. 使用简单多数程序的委员会表决

5. 理论与现实的一致

6. 对一些选举候选人方法的检验

7. 使用特殊多数程序的委员会表决

8. 国际协议的性质

9. 使用可变范围多数程序的委员会表决的弹性

10. 可变的成员偏好目录的委员会表决的弹性

11. 政治学和经济学的统一

这本书被投给四个出版商,但他们都拒绝了。

然而,经济学是一门国际性学科,在此期间,布莱克把文章投给国外杂志,当 *Journal of Political Economy* 接受《集团表决的逻辑依据》(On the Rationale of Group Decision-Making)一文,并在 1948 年 2 月期发表时,他首次获得了成功。另一篇文章在意大利的刊物 *Giornale degli Economisti* 的 1948 年第 5—6 月期上发表。最终,另两篇文章在 1948 年 7 月期的 *Econometrica* 期刊上发表。布莱克继续利用他积聚的资料库,于 1949 年 3 月在 *South African Journal of Economics* 发表了一篇文章,1949 年 5 月和 8 月又在 *Canadian Journal of Economics and Political Science* 发表了另外两篇文章。

1949 年 8 月,布莱克返回班戈花了一些时间和纽因一起进行工作,希望能够结束在 6 年前已经开始的研究。经过 3 个星期的深入研究,他们获得成功,并使用几何解释方法完成了论文——布莱克希望这种方法能使他们的结果更易被经济学家所接受。他们检验了选举人对任意给定主题的偏好依赖于其他已经作出的表决,从而表决排序对结果起到决定性作用的这种情况。他们还详细分析了一个多数行动存在的条件。

这篇论文的标题是"一个三人委员会的表决"（The Decisions of a Committee of Three），它把分析限制于一个三人委员会是为了便于几何处理，作者相信，他们的答案通常能扩展到更大委员会的情况。

1949年8月，这篇文章写成，他们通过通信进行了修改。1949年11月，最后文本投给 *Econometrica* 期刊。布莱克随后的运气很糟，*Econometrica* 杂志在18个月内一直都没有作出是否发表的决定。我不知道是由于负责欧洲作者递交的手稿的责任编辑的原因（这些手稿都要由拉格纳·弗里希（Ragnar Frisch）教授转交给芝加哥的责任编辑），还是其他原因。责任编辑1951年5月24日来信中的审稿意见别具一格，信中说，"如果能在通篇文章中清楚阐明和肯尼斯·阿罗（Kenneth Arrow）近期专著之间的关系"，那么他就准备推荐发表他们的论文。肯尼斯·阿罗的专著《社会选择和个人价值》（*Social Choice and Individual Values*）就是1951年在责任编辑的信写出前不久出版。建议布莱克和纽因去修改一篇早已写好并在1949年就已送稿的文章，以便与一本在1951年刚刚出现（他们甚至还没有看过）的书相联系，这显然是绝对让人难以接受的。于是他们从 *Econometrica* 杂志撤回稿件，在1951年以59页的小册子的形式由 William Hodge 出版社出版发行，新标题为"互补评价的委员会表决"（*Committee Decisions with Complementary Valuation*）。

布莱克开始了解到法国的博尔达（Borda）和孔多塞（Condorcet）已在18世纪撰写了选举理论，而1948年底对英国博物馆的一次参观，使他对他们有了更多了解。他决定更深入地探究，并在1949年春天来到法国，搜集了有关这些法国作者的更多信息，也搜集到有关撰写过同一主题的拉普拉斯（Laplace）的信息。他自然也要努力发现他是否有英国的先驱，他很快发现了南森（E.J.Nanson）的著作，1951年当他发现了刘易斯·卡罗尔（Lewis Carroll）对委员会理论所作的贡献时，他在英语作者中的搜索应该是回报颇丰。刘易斯·卡罗尔显示了伟大的洞察力和处理问题的技能，他意识到循环多数（cyclical majorities）的存在和互补评价（complementary valuation）问题，甚至应用了在纽因建议下布莱克曾使用过的矩阵符号,布莱克的严谨学风使他找到了和刘易斯·卡罗尔有关的迄今鲜为人知的文献。

布莱克的委员会理论被拆成几篇文章在美国、南非和加拿大的杂志上发表。为了让他的理论被更多的读者所了解,为了使理论不同部分之间的联系更清晰,他决定把他在这些文章中详细阐述的思想汇集起来写一本书。1958年,在哲学家布雷斯韦特(R. B. Braithwaite)和经济学家罗宾逊(E. A. G. Robinson)的鼎力相助下,《委员会和选举理论》(*The Theory of Committees and Elections*)一书由剑桥大学出版社出版。该书包含的第二部分对法国的博尔达、孔多塞和拉普拉斯及英格兰的刘易斯·卡罗尔的工作做了说明,他还重印了刘易斯·卡罗尔的三本有关委员会理论的小册子。

布莱克的观点在英国并未马上被接受,正如我们所知,他投给英国期刊的最初四篇有关委员会理论的文章被拒稿,1947年完成的书稿也找不到一个出版商,这反映出当时的一般态度。因为我从个人知识角度看,布莱克的研究被视为异类,即试图在完全不适合的范围内使用数学处理的方法。我不比别人更有悟性,也持怀疑态度。一直到我在北威尔士大学学院和他在一起时,他花费了一个晚上的时间为我梳理他和纽因合写的那本小册子的争论之处,我才逐渐认识到他所发展的思想是多么强大有力。因为缺乏数学知识,我一直都不能通过阅读布莱克的文章领悟到对他的理论的这种理解,这表明了他所从事的研究的重要性不能为英国同事所领悟的另一个原因。布莱克在写作中没有对他的读者妥协,他以一种严谨的、似乎更适合于一个物理学家的形式来提出他的理论,这减少了他影响英国同事的机会。然而,正是布莱克对崇高学术理想的执着,给予了他内在力量,使他即便缺乏鼓励和支持而仍能持之以恒,尽管这执着使他不太迎合读者的弱点。

但是,新世界再次被召来矫正旧世界,在美国,对布莱克的研究之兴趣甚于英国。1962年,布莱克成为弗吉尼亚大学(University of Virginia)经济学系部的客座教授;1963年任罗切斯特大学(University of

Rochester)政治学系客座教授。1968年,他从班戈经济学教授席位退休以后,多次访问美国;1968—1969年,他是芝加哥大学法学院的法和经济学研究员;1970—1971年,他是弗吉尼亚理工学院(Virginia Polytechnic Institute)经济学系国家科学基金成员;1969年、1972年、1973年和1976年,他是芝加哥大学政治学系客座教授;1971年、1972年、1973年、1975年和1976年,他在密歇根州立大学(Michigan State University)政治学系任客座教授。这些经历是他快乐的一大源泉,在密歇根州立大学的访问尤其如此,那里让他感到宾至如归。在所有这些研究机构中,他找到了在英国所缺的东西——能欣赏他所做工作的同事和对他的方法感兴趣并具备才干能从他的教学中受益的研究生。1981年,为纪念邓肯·布莱克,由戈登·塔洛克(Gordon Tullock)教授编辑的纪念文集《通往政治科学》(*Toward a Science of Politics*)在弗吉尼亚布莱克斯堡的公共选择中心出版。同年,邓肯·布莱克当选为美国人文科学学会(American Academy of Arts and Sciences)的外籍名誉会员。

尽管在美国所得到的承认带给布莱克很多快乐,但英国对他研究的不感兴趣令他有些痛苦。因此,当他在1989年81岁入选英国学会(British Academy)新设立的高级会员时,他感到了巨大满足。此前(除了名誉成员)还没有评选70岁以上会员的规定。新设类别允许选举那些70岁时其研究价值仍被低估的学者,这当然适合布莱克在英国的情况。学会是这样评述布莱克的:"在税收归宿领域作出了先驱性研究","具有作为现代公共选择理论创立者的重要地位"。

退休之后,布莱克迁到剑桥。在那里,对他倾力相助的夫人阿尔穆特(Almut)1977年去世,这使他遭受沉重打击。后来,他住到德文郡的佩根顿(Paignton),于1991年1月去世。邓肯·布莱克直到去世,都坚持学术研究,把大部分时间投入到阅读和写作上,"总是独自一人,在陌生思想的海洋中游弋"。这种持续学术活动的成果不会为我们所遗漏,他的论文将由其母校格拉斯哥大学来保管。它们将成为Kluwer学术出版社出版的至少两本(或者可能是四本)书的素材。第一本是《委员会和选举理论》和《互补评价的委员会表决》两书合并后的重印版,其中将包括邓肯·布莱克注释的文本和一些已经出版与尚未出版的文章,编辑是罗切斯特大学的 William Riker。第二本书将包括邓肯·布莱克对刘易斯·卡罗尔的研究,它将由沃里克大学(Warwick University)的 Iain McLean 编辑。可能还会有基于以前尚未发表过的手稿的其他书。通过这种方式,学术界将逐渐了解邓肯·布莱克思想的力量和影响。

  如果没有我自己对老朋友的一些个人评价,我将不能结束本文。他是一个极其率真、与世无争、完全诚实、审慎正直和献身于学术的人。只要你了解他,就会喜欢他。尽管他在英格兰生活了很长时间,但他对苏格兰有着永恒之爱。大约在他去世前一星期,我收到他的一封信,信中提到他计划要在夏天再次造访奥本(Oban)*和老营地。要是他知道自己的论文将被保存在格拉斯哥大学,这会是他的最大快乐。邓肯·布莱克还有另一个爱好:板球。他年轻时就是马瑟韦尔板球俱乐部的优秀击球手,直到去世,他都对该项游戏乐此不疲。在遗嘱中,他把自己的剑桥房产、佩根顿的房屋以及剩余地产都捐给了马瑟韦尔板球俱乐部。

注　释

① Alfred Marshall, *Principles of Economics*, C. W. Guillebaud, ed., 9th variorum ed. (London, 1961), 564.

② 同上,207。

③ 参见 A. K. White, *The Character of British Democracy* (Glasgow, 1945)。

④ Mary Parker Follett, *The New State: Group Organization the Solution of Popular Government* (New York, 1918), 24—25.

⑤ 参见 C. A. Campbell, *Scepticism and Construction* (London, 1931), 201—11。

---

* 奥本(Oban):位于苏格兰高地西边、面向大西洋,享有非官方称号"苏格兰西面首都",是一个镇容虽小,却让人踏过不忘的唯美港市。——译者注

⑥　Duncan Black, "The Unity of Political and Economic Science", *Economic Journal* (September 1950): 506.

⑦　Duncan Black, *The Theory of Committees and Elections* (Cambridge, 1958), xi.

14.

乔治·J.施蒂格勒†

"如果我认识大卫·李嘉图(David Ricardo),我会更好地理解他所写的文字",乔治·J.施蒂格勒(George J. Stigler)如是说。我过去曾在一些场合碰到过施蒂格勒,但直到 1964 年,我受聘于芝加哥大学后,才与他逐渐熟识起来。此后,我更多地理解了他的作品,也更增加了对他的敬佩之情。我这里不妨再次引用施蒂格勒的话:"卓越的头脑和它所产生的思想必定是学者心目中的最迷人对象。"我已经为施蒂格勒着迷,我多么希望我的写作技巧能充分刻画施蒂格勒的和蔼、热心、诚恳、诙谐以及无法遮盖的内在严肃性。我觉得本文所能描述的只是作为经济学家的乔治·J.施蒂格勒,不过,其他方面的一些事情我也可

† 本文最早发表于 Edward Shills 所编辑的 *Remembering the University of Chicago*(Chicago：University of Chicago Press，1991)，469—78，其版权为ⓒ1991芝加哥大学。它包括了我之前发表在 *Regulation*（November-December 1982）上的 "George J. Stigler：An Appreciation"中的很多内容。我得感谢 Cato Institute 允许我这样做。本文在 1991 年发表,难以想象的是,在该年年底,施蒂格勒生命垂危。死亡降临了,经济学蒙受了可怕损失,所有认识他的人都黯然神伤。

以说一下。

乔治·J.施蒂格勒,1911年出生于华盛顿西雅图的兰顿(Renton)郊区,但他注定要去芝加哥大学。他在自传中讲述了被带往那里的迂回路线。他先是去华盛顿大学,和其他人一起选修诸如房地产原理之类的工商管理课程。1931年毕业的时候,由于不大有机会去实践他所学的房地产原理,于是,他接受了西北大学(Northwestern University)的 M. B. A.奖学金,并在一年后获得学位。随后,他回华盛顿大学又待了一年,之后,他作出一个为日后成就奠定了基础的决定:去芝加哥大学攻读博士学位。之所以作出这个决定,是因为华盛顿大学的老师告诉他,芝加哥大学拥有弗兰克·奈特(Frank Knight)和雅各布·瓦依纳(Jacob Viner)这样优秀的经济学家。华盛顿大学的老师说得很对。之后,奈特和瓦伊纳都曾授业给施蒂格勒,不过,由于奈特指导施蒂格勒完成博士论文,因此,他对施蒂格勒的影响是最大的。奈特把自己对经济学的远见卓识传授给乔治·J.施蒂格勒,并大大强化了他内心固有的对学术的热爱。

施蒂格勒学术生涯的第一次执教是在1936年的爱荷华州立大学(Iowa State University)。1938年,他去了明尼苏达大学(University of Minnesota),并一直待到1946年。随后在1946年所发生的事,对芝加哥大学当局来说,多少有些有失颜面。芝加哥大学经济系向乔治·J.施蒂格勒提供了一个教授职位,但这要取决于核心管理层是否同意。于是,施蒂格勒会晤了当时的校长欧内斯特·科尔韦尔(Ernest Colwell)。提议后来被否决,给出的原因是施蒂格勒太经验主义。欧内斯特·科尔韦尔曾是神学院院长,尽管我们必须承认宗教学是一门智慧(prudence)与信仰(faith)相结合的学科,它不鼓励对教义(doctrines)进行经验性检验,但科尔韦尔的决定还是很难让人理解。结果,施蒂格勒去布朗大学(Brown University)工作了一年,然后加入实力雄厚的哥伦比亚大学经济系。

对芝加哥大学而言,拒绝施蒂格勒未必全是损失,因为这使得任命米尔顿·弗里德曼(Milton Friedman)为经济系教授成为可能。如果施蒂格勒被任命,大学的管理层就不大可能同意对弗里德曼的聘用了。由于自己的失利而使得弗里德曼加入芝加哥大学,因此,乔治·J.施蒂格勒把1946年的任命失利描述为"我对芝加哥大学所作的最大贡献"。但是,这并不是说芝加哥大学拒绝了施蒂格勒,只是"上帝以他神秘的方式来展现奇迹"罢了。1936年,当查尔斯·沃尔格林(Charles Walgreen)*获悉芝加哥大学灌输自由恋爱和共产主义思想时,就执意让侄女从芝加哥大学退学。我对芝加哥大学讲授共产主义之事一无所知,但我推测可能是沃尔格林先生未能平心静气地了解芝加哥大学的真实观点,即没有诸如自由恋爱那样的事情。不过,沃尔格林先生最终还是认识到自己所听到的只是误传而已,于是,他做了一个漂亮补偿:向美国研究学会(American Institutions)资助一个大学教授席位。由于一些我不得而知的原因,这个教授席位空缺了很长时间。1956年,艾伦·沃利斯(Allen Wallis),施蒂格勒20世纪30年代在芝加哥大学的同窗密友、一位能干的管理者,当了芝加哥大学商业研究生院的院长。1958年,沃利斯将沃尔格林教授席位(Walgreen Chair)授予施蒂格勒,欢迎他最终回到自己的精神家园。自此之后,施蒂格勒担任了《政治经济学杂志》(*Journal of Political Economy*)编委,成立了著名的产业组织研讨班(Industrial Organization Workshop),在1977年创建经济和政府研究中心(Center for the Study of the Economy and the State)并出任中心主任。1982年,他获得诺贝尔经济学奖。

瑞典皇家科学院这样评述:之所以把诺贝尔奖授予施蒂格勒,是因为他"对产业结构、市场功能以及公共管制的原因与影响的开创性研究"。这一授奖是公正的,但其嘉奖词尽管附有很长的关于施蒂格勒研究工作的叙述,还是没有充分表达出他对经济学所作贡献的特点。他研究范围广泛,在思想史、经济学理论和政治学的研究方面都很精通。其

---

* 查尔斯·沃尔格林(Charles Walgreen):美国沃尔格林药品连锁店的创始人。1901年在芝加哥开出第一家属于自己的药品店,经过蓬勃发展,该店现已成为美国最著名的药品连锁店。——译者注

至可以说,他驾驭问题所使用方法的多样性更值得注意:他从对高深理论的整理转向格言式的通俗说明,再转向详尽的统计分析。他对各种处理手法的糅合,可以与以"精巧和丰富"而著称的埃奇沃思(Edgeworth)相媲美。通过魔术一样的手法,施蒂格勒会得到出人意料但又很重要的结论。即便是那些对他的结论有所保留的人也会发现,对其观点的研究有助于拓宽他们对于所讨论问题的理解,而且他的研究会揭示以前不为人发现的方面。施蒂格勒从来不以自己还不能解释清楚的问题作为讨论主题,他表达看法的风格是特有的施蒂格勒式(Stiglerian):敏锐、生动、风趣。他的作品令人钦佩,给人以阅读的乐趣,且难以模仿。施蒂格勒是一个独特(sui generis)之人,岁月和世俗都不能使他的无限多样性(infinite variety)凋零褪色。

瑞典皇家科学院的嘉奖词没有提及施蒂格勒对经济思想史的研究,但我相信,他在这方面的研究已达登峰造极之境。他的第一本书《理论的生产与分配》(*Production and Distribution of Theories*,1941)深受其伟大导师——弗兰克·奈特的影响,该书完全是关于经济思想史的研究。当然,施蒂格勒以其独特方式对所考察的伟大经济学家所做分析的一些批评性评论,尽管是正常的质疑,但一些人可能也会认为是吹毛求疵,然而它们本身最终成为对经济学理论的实质性贡献。施蒂格勒始终保持着对经济思想史以及创造经济思想史的经济学家的研究兴趣,诸如《效用理论的发展》(The Development of Utility Theory)或《完全竞争的历史沉思》(Perfect Competition Historically Contemplated,收录于1965年他的《经济学史论文集》[*Essays in the History of Economics*])等文章都是这方面的高明论述。

施蒂格勒也把他渊博的经济学史知识用于考察更多的一般性问题,尤其是尝试发现主导经济学理论本身发展的力量。其论文《事件和政策对经济学理论的影响》(The Influence of Events and Policies on Economic Theory,收录于1965年的《经济学史论文集》)的主旨令人印象深刻。他认为"流行的经济问题和英雄事件都不会对经济学理论的发展产生多大影响……对经济学理论家的研究范围起主导性影响的是学科内在价值和压力的集合"。与此类似，在 1980 年他的哈佛大学 Tanner 讲座的演讲（演讲词收录于《作为传道者的经济学家和其他论文》[*The Economist as Preacher and Other Essays*，1982]）中，他说："经济学家不会沉迷于频繁的、好辩的政策争论……专业杂志上的代表性文章与公共政策无关，也似乎与这个世界无关。经济学家政策建议类的活动是增加还是减少了，这个我不得而知，但专业经济学不是关于公共政策的。"

断言经济学理论的发展很少受经济世界当前事件的影响，以及经济学理论家的工作很少与经济政策相关，这乍看起来，不是很有道理，但是，我确信，施蒂格勒的结论很大程度上是正确的。尽管正如人们所想到的，施蒂格勒把广博的经济学史知识主要用于史学研究，但它们同时影响到他对所讨论问题的处理方式。和大多数经济学家不同，他对某一经济问题的调查，总会由于他了解以前经济学家有关此问题的研究而使调查内容更加充实。

大多数学院派经济学家可能认为施蒂格勒的最重要贡献是写了一本非常成功的、探讨现在所谓"微观经济学"问题的教科书。这本书以《价格竞争理论》(*Theory of Competitive Price*) 为名初版于 1942 年，以后的版本（1946 年版、在 1952 年版、1966 年版、1987 年版中进行了修订）更名为《价格理论》(*The Theory of Price*)。尽管每一版都有许多修订和重排，其基础内容却始终保持不变。但是，一定有很多人会对出现在 1946 年版中的一些示例说明——比如对伊利诺伊(Illinois)的面包师难以在价格上达成有效勾结所做的非常有趣解说——的删除而感到遗憾。它不是一本浅显易懂的教材，但对于一位想成为经济学家的人来说，它是进行理论训练的上乘之作。不过，教科书不适合展示对经济分析的创新之处，尽管该书中有一些非常施蒂格勒式的段落，尤其是在后来的版本中。瑞典皇家科学院在陈述施蒂格勒对经济学所作贡献时，没有提到这本书，这无疑是恰当的。《价格理论》所探讨的是人们期望从一本有关价格理论的教科书上找到的课题，甚至可以说，它的处理方法在很多方面相当保守。当然,正如施蒂格勒的所有作品,该书的表达生动而风趣,但是,这些并非导致施蒂格勒获得诺贝尔奖的品质。

瑞典皇家科学院挑选施蒂格勒在产业组织和管制经济学领域的著作作为嘉奖依据。经济学中,产业组织课题意味着对市场过程和产业结构的研究。然而,让我不能理解的是,是什么原因导致这个领域逐渐集中于对"垄断问题"和美国特有的反托拉斯法实施所引起问题的研究?对经济学来说,这样的结果并非好事。经济学家通过专注于垄断问题研究,来探讨一个从广义上来讲充满竞争的经济体系,这是把注意力用错了方向,其结果是他们对经济体系的很多显著特征未做解释,或仅仅满足于充满缺陷的解释。对反托拉斯法实施的研究把不精确的分析(如果这是比较恰当的措辞)带入经济学,在这些不精确分析中,充斥着大量的法官对反托拉斯案件的观点,从而导致经济学的发展变得更糟。

施蒂格勒关于产业组织的大多数文章(收录于 1968 年出版的《产业组织》[*The Organization of Industry*])是关于垄断和反托拉斯政策的。然而,他通过使用令人印象深刻的经验数据(如《反垄断法的经济效应》[The Economic Effects of the Antitrust Laws]),或更精确、更深入的分析(如《价格和非价格竞争》[Price and Nonprice Competition]或《寡头垄断理论》[A Theory of Oligopoly]),或探讨有趣而重要的问题(如《劳动分工受市场规模限制》[The Division of Labor Is Limited by the Extent of the Market]),进而弥补了对这些问题的大部分讨论的不足。尽管施蒂格勒的分析水平远远高于一般分析,但他所讨论的课题仍然是产业组织标题下的那些一般问题。不过,施蒂格勒毕竟不同于其他经济学家。就像火山喷发形成的高山兀立于周围的景致一样,我们在《产业组织》中发现有一篇文章与众不同,那就是他的《信息经济学》(The Economics of Information)。该文被恰当地视为施蒂格勒对经济学理论的主要贡献,所以,瑞典皇家科学院将它挑出来进行特别褒奖,也就不足为奇。

施蒂格勒是这样开始讨论的:在任一时刻,对相同产品或服务,都存在各种由不同供应商开出的价格。那些想找到最低价格的人将进行施蒂格勒所说的"搜寻"(search)。被询价的供应商越多,买者期望支付的价格就可能越低;但是,由于存在搜寻成本,并且从增加的询价活动中所获得的边际收益呈递减趋势,因此,对于每个买者都存在最优搜寻数量。买者搜寻的数量会影响到价格的实际扩散,但这个事实并不会影响上述结论的有效性。当然,有些途径,比如,本土化(localisation)、广告(advertising)、专业经销商(specialized dealers)、专门搜集和销售信息的公司等,可能使信息搜寻成本降低。施蒂格勒的分析极大地阐明了商业安排的功能和竞争体系的运行方式,尤其重要的是,它已经使人们更多地承认了广告作为信息提供者所发挥的作用。这个分析的影响是广泛的,正如瑞典皇家科学院所说,"价格刚性、交货期限变化、排队和闲置资源等现象都是市场运作的本质特征,在经济学的基本假设下,都能对它们作出严谨解释"。经济学家已经开始探究,并将继续探究施蒂格勒分析对经济学所产生的重大意义。

尽管施蒂格勒在20世纪40年代就写过关于租金控制和最低工资立法的作品,但直到20世纪60年代,他才开始撰写有关管制经济学的文章,这些文章(和其他未出版的文章一起)收录于《公民和政府》(*The Citizen and the State*, 1975)一书中。其中三篇文章是1964年写的,在该年年底,施蒂格勒出任美国经济学会主席,并做了"经济学家和政府"(The Economist and the State)的就职演讲。他的意思有两层:第一,无论是主张限制政府干预还是支持扩张政府干预的经济学家,他们都会直接表达其对政府在经济事务中所扮演角色的观点,而不做任何严肃的、旨在揭示政府干预所产生效果的努力,也没有对私人企业和公共企业所取得的成效进行系统的比较研究;第二,我们现在拥有调查此类问题的非常方便的数量化工具,"我们当前所处的时代,是经济分析数量化的时代……经济学站在了黄金时代的大门口"。施蒂格勒本人已经做了广泛的数量化研究,他的《资本和制造业的回报率》(*Capital and Rates of Return in Manufacturing Industries*)在1963年就已经出版。从施蒂格勒的上述就职演讲中,我们可以看出,施蒂格勒倡导的是运用数量化方法来研究管制的效果。

人们一定没有注意到施蒂格勒思想中更加深远的东西。早在1964年,施蒂格勒就已经发表了对电力部门管制效果的量化调查结果(和Claire Friedland 合写),该研究没能发现显著的管制效果。同年,施蒂格勒在重检一份关于证券市场管制的报告的期间,比较了证券交易委员会(Securities and Exchange Commission)成立前后不同时期所出现的新问题的调查结果,但并没有发现有什么重大区别。在随后几年中,经济学界涌现出大量对各种经济活动管制效果的相似研究,其中一些直接受施蒂格勒的影响,另一些很可能是独立构想并独立完成的。但这些研究的结果都一样令人沮丧,或者如施蒂格勒所研究的那样,找不到经济管制的任何效果,或者当发现有效果产生时,权衡的结果是管制使事情变得更糟。在管制情况下,竞争受到抑制,价格会更高,产品更不符合消费者需求。

大约20年前,大多数经济学家,在庇古和另一些学者的影响下,理所当然地认为,政府应当随时准备纠正市场运行所产生的某些缺陷。这种想法导致他们支持广泛的政府管制。而从那以后所开展的相关研究已经表明,政府管制的效果通常是有害的。现在再去争论社会弊病可以通过政府管制加以治愈的合理性已经变得很困难,大多数经济学家的观点已经发生了相应转变。施蒂格勒在引领这场观念的转变中扮演了主要角色。

施蒂格勒并没有仅仅满足于对管制效果的调查,他还调查管制为什么会是现在这个样子,这导致他对政治体系(political system)的运行进行分析。他所使用的方法是经济学家的方法,即假设政治行为追求效用最大化(utility-maximising),视政党为提供管制的企业,而管制是政治市场上出价最高的集团(或联盟)所需求的。每个集团出价(bid)的多少取决于从管制中获得的收益减去组织政治活动的成本。实际上,出价最高者很可能是被管制的产业,从而,我们就不会为发现管制正如施蒂格勒所言"其谋划与实施主要源于被管制者的自身利益"而感到奇怪了。乔治·J.施蒂格勒1977年创建的经济和政府研究中心极大地推动了对政治行为与经济体系之间相互关系的详尽研究,导致具有该中心研究员资格的天才经济学家们发表了大量论文,这些论文的发表对经济学家所持有的管制观念产生了巨大冲击。对施蒂格勒方法(很多经济学家已经采用或者略加改变地采用该方法)的认可将改变经济学家看待管制的方式,因为,正如瑞典皇家科学院所指出的,这意味着"立法不再是从外部影响经济的'外生'(exogenous)力量,而是经济体系自身的一个'内生'(endogenous)部分。"

对我而言,施蒂格勒方法能在多大程度上解释政治行为,这依然是个问题。我观察那些从事政治活动的人们,不管是通过议会制(parliamentary system)进行投票,还是参加政治运动(包括革命性运动),他们都热切地支持那些很可能大大损害甚至摧毁他们的国家或他们本人的政策。这就让我很难相信理性效用最大化是刻画这类行为的最好方法。然而,这并不意味着在某些领域,特别是那些经济学家最为关注的领域,施蒂格勒方法就没有强大的解释力。我认为,事实确实如此。瑞典皇家科学院谨慎地谈到了施蒂格勒对管制原因的分析:"评价它的最终影响范围,现在还为时过早。"但是,不管怎样,我们不应当根据业内对一位经济学家是否正确的最终结论来评估他对经济学所作贡献的价值。所有理论终将被其他理论替代,所有理论最终总是会被视为谬误(或不完整,或不恰当);关键在于这种贡献是否推动了学科的前进,是否使我们意识到以前所忽视的可能性,是否为我们开辟了崭新而成果斐然的研究途径。施蒂格勒的贡献显然是经得起这些检验的。

我在本文开头提到,因为我认识施蒂格勒,所以我能更好地理解他的作品。对于那些不认识他的人而言,也有办法弥补不相识的不利。1988年,施蒂格勒的自传《一位自由主义经济学家的自白》(*Memoirs of an Unregulated Economist*)出版了,他在书中讲述了自己的学术发展历程,并清晰、坦诚、引人入胜地阐明了他的主要立场。对这本书的阅读是熟悉施蒂格勒的次优方法。

马歇尔将古典经济学家定义为:"通过言语或行动的形式或实质……已经陈述或指明了关于思想或情操结构的观点,这些观点在某种程度上是他们自己所创造的,一旦产生,就不会消亡,而是作为既存酵母永不停息地在宇宙中发酵。"如果我们使用马歇尔的定义,那么,乔治·J.施蒂格勒就是一位古典经济学家。

15

20 世纪 30 年代伦敦经济学院的经济学:个人观点[†][*]

莱昂内尔·罗宾斯(Lionel Robbins)、弗里德里希·哈耶克(Friedrich Hayek)或约翰·希克斯(John Hicks)都能对 20 世纪 30 年代伦敦经济学院(LSE)的经济学作出全面透彻的阐述,他们毕竟都在那个时期对 LSE 的经济学发展作出过重要贡献。而我那时还是学生,后来也不过是名资历较浅的教师,对当时所发生的事情缺乏全面了解。此外,尽管我受聘于 LSE 经济系,但我取得的是商业学士学位,与和罗宾斯的关系相比,我的工作和研究一直和阿诺德·普兰特更为接近。因此,虽然我也可以谈一些关于 20 世纪 30 年代 LSE 经济学的情况,但难免会出现挂一漏万的情形。

---

† 本文最初是提交给 1981 年 8 月 14—21 日在 LSE 召开的"大西洋经济学会第 11 届年会"的会议论文,后发表在 *Atlantic Economic Journal* (1982):31—34。经该刊同意,转载于此。

* 本文翻译借鉴了浙江大学史晋川教授未公开发表的译文《30 年代伦敦经济学院的进展:个人视角的述评》。——译者注

1929—1931 年期间，我作为 LSE 的一名学生，虽已通过学士学位的中期考试，却还留在学院；1931—1932 年，我获得卡塞尔旅行奖学金（Cassel Travelling Scholarship），在普兰特的指导下，赴美国从事研究工作。这一年的留学可以算作在 LSE 的第 3 个学年（这是学院当时对学生申请学位的规定），现在学院在解释类似规定时已不再那么严格。1932—1934 年，我在邓迪经济与商业学院任助理讲师；1934—1935 年，转任利物浦大学助理讲师；直到 1935 年，我又重返 LSE 任助理讲师。1931—1935 年期间，我虽不在 LSE，但实际上一直未中断与学院的联系。

留美期间，我在普兰特指导下从事研究，同时与同窗好友罗纳德·福勒（Ronald Fowler）长期保持内容广泛的通信。由于福勒已经留校在商业系任教，这使我能比较及时地了解 LSE 的发展动向。在邓迪和利物浦任教期间，每逢假期，我就赶赴 LSE，在那里与福勒合作研究生猪的产销周期问题，这也让我能大致了解 LSE 的各种情况。可是，在 1931—1935 年期间，我毕竟未曾参加过 LSE 举行的各类研讨班活动。当然，1935 年以后，我直接经历了 LSE 所发生的事情。

20 世纪 20 年代后期，我刚开始学习经济学时，尽管学生们所使用的分析工具在研讨许多经济学问题时已经足够，然而，按现代标准来看，这些分析工具仍很粗糙。人们可以通过 H. D. Henderson 的《供给与需求》（*Supply and Demand*）和埃德温·坎南（Edwin Cannan）的《财富》（*Wealth*）两本书，对那时传授给学生的分析工具有一个清楚了解。然而，在那时，就是著名经济学家也缺乏处理各种问题的有效分析工具，20 世纪 20 年代 *Economic Journal* 上关于价格理论的各种争论就清楚表明了这种状况。20 世纪 30 年代，可供经济学家使用的分析工具有了很大改进。举例来说，我在课堂上学到的边际成本（marginal cost）概念被解释为边际厂商的成本。1931 年的某一天，我向普兰特表达了对这种分析方法的不满，他回答说，如果按所有厂商增加单位产品所带来的成本去思考，可能会更合理一些。在普兰特的启发下，福勒和我构建了边际成本曲线，并且搞清楚了它与平均成本曲线的关系。但后来，当我们看到

《福利经济学》(*Economics of Welfare*)的一个附录时,才知道 A.C.庇古早已得出相同的研究结论。不过,尽管我们掌握了边际成本概念,但仍缺少边际收益概念。

我还记得 1932 年福勒写信告诉我,希克斯正在 LSE 开课,并在上课时讲解边际收益曲线,我并不理解他所指的边际收益是什么;同时,我觉得 Theodore Yntema 在 1928 年发表的一篇文章也一样令人费解(希克斯也谈到这篇文章)。当然,随着 1933 年琼·罗宾逊(Joan Robinson)的《不完全竞争经济学》(*Economics of Imperfect Competition*)和爱德华·张伯伦(Edward Chamberlin)的《垄断竞争理论》(*Theory of Monopolistic Competition*)两本书的问世,所有一切都发生了变化,教室黑板上开始充斥着最复杂的几何学。而这个故事恰恰说明 20 世纪 30 年代早期经济学分析仍处于一种相对落后的状态。

20 世纪 30 年代的 LSE,经济学家们都很乐意接受新思想。对于这一点,哈耶克功不可没。现在的人们一提哈耶克,马上就会联想到他是诸如《通往奴役之路》(*The Road to Serfdom*)和《自由宪章》(*The Constitution of Liberty*)等作品的作者。可是,这些著作在 20 世纪 30 年代都尚未问世。在 20 世纪 30 年代早期的 LSE,哈耶克在提倡经济学的严密思维方式和鼓励学生扩大研究视野方面发挥了极其重要的作用。尽管哈耶克为人谦逊,但他仍然凭借其渊博的经济学理论知识、极高的学术成就典范和深邃的思想力量而发挥着巨大影响力。

希克斯是另一位极具影响力的人物。根据罗宾斯的说法,1928 年,希克斯在 LSE 获得教职后的“最初三年,他只是在本科生的日常教学活动中扮演了一个有用但并不引人瞩目的角色”。[①] 罗宾斯用这种表述方式说明希克斯作为本科教师是不成功的。我作为学生,听过希克斯讲课,可以证实此言不虚。今天,人们很可能会想当然地认为,这是因为希克斯上的课对学生而言太深奥了,但事实并非如此。或许是希克斯对所开设课程缺乏兴趣,也或许是别的什么原因,他的讲课总是无法吸引本科生。可是,希克斯在 LSE 的地位很快经历了戏剧性变化。1931 年,在罗宾斯的"怂恿"下，也因为原本就有过一些数学方面的训练，希克斯开始开设高级经济学理论课程，并很快显露出作为一名理论经济学家的才华。希克斯最初有关高级经济学理论的课程是与 R. G. D. Allen 合开的。当时 Allen 在讲授统计学和数理经济学，是一位极有造诣的数学家，而且也不藐视对数学不太懂的学者，Allen 在 LSE 为进一步推动经济学理论的严密性发挥了重要作用。

希克斯在这门课程中讲授的内容涉及洛桑学派（Lausanne school）与阿尔弗雷德·马歇尔分析方法的比较研究，同时也对边际生产率理论进行了检验（其中的理论观点明显反映在希克斯后来出版的《工资理论》[*The Theory of Wages*]一书中）。此后几年中，希克斯还开设了垄断理论、非均衡经济学、汇率理论、风险与保险理论、价值理论和经济学动态等课程；同时，他也主讲高级经济学概论，用非数学的方式讲授瓦尔拉斯（Walras）和帕累托（Pareto）的一般均衡理论。

罗宾斯说，如果"把奥地利学派与维克塞尔理论介绍到 LSE 是哈耶克的功劳，那么，引入瓦尔拉斯和帕累托的理论则应主要归功于希克斯"。[②] 1935 年，LSE 没有给希克斯晋升，也没能劝阻他离开 LSE 而赴剑桥大学任教，这一失误无可挽回。依罗宾斯的看法，导致这一切发生的原因在于"威廉·贝弗里奇（William Beveridge）爵士对纯经济学理论的莫名敌意"。[③] 希克斯离任后，尽管罗宾斯、哈耶克以及阿巴·勒纳（Abba Lerner）、尼克·卡尔多（Nicky Kaldor）继续讲授高级经济学理论，但主力却已丧失。

现在来谈谈当时 LSE 经济学家中最具影响力的人物莱昂内尔·罗宾斯。1927 年，埃德温·坎南辞去政治经济学教授职位，阿林·杨格（Allyn Young）接任。可是，1929 年，杨格教授突然去世。经休·道尔顿（Hugh Dalton）先生的大力推荐（也许是非常关键的支持），罗宾斯很快获得任命。1929 年，他当上了 LSE 的政治经济学教授；我正是在这一年，作为学生跨入 LSE 的大门。罗宾斯的任命显然遭到某些人的反对，因为他太年轻了，才 30 岁。同一年，哈耶克也不到 30 岁，希克斯仅 26 岁。

20世纪30年代在LSE所涌现出来的丰硕研究成果,正是这一批风华正茂的经济学家的杰作。

令人遗憾的是,罗宾斯本人在自传中很少提及自己经济学观点的发展,尽管他所谈到的那一点内容也十分重要。罗宾斯在LSE曾经是坎南的学生,可他很早就迷上了欧洲大陆和美国的经济学家的著作,通过他当时所写文章的脚注就可以看出,他的经济学文献阅读面极为广泛。罗宾斯聘任哈耶克,鼓励并支持希克斯,这反映了他对源自英伦三岛之外的经济学发展的兴趣。

罗宾斯自己对20世纪30年代的LSE的经济学贡献,主要是通过他所开设的课程来实现的。担任教授职务后的数年中,罗宾斯开设了各种关于经济分析、经济学方法论、经济学说史等的课程。罗宾斯在教学年度计划中关于比较经济学理论的课程内容及教学目的的说明,很能表明他自己的看法:

> 这门课程旨在阐述早期经济学家的思想,讲授重点不囿于历史流水账,而是通过尽量展示第一手的重要文献资料,来说明经过提炼和淘汰的过程,早期经济学思想才演变为现代经济学理论,即本门课程的最终目的是为学习现代经济分析提供一种前期准备。

也就是说,在这门课程中,罗宾斯考察早期经济学家的著作,更多的并不是为了让学生从他们那里学到什么,而是为了让学生理解那些早期经济学思想是如何通过扬弃和改进才发展成现代理论的。最新的就是最好的。

不过,罗宾斯对LSE年轻一代经济学家的思想产生直接影响的,是其所开设的"经济分析的一般原理"(General Principles of Economic Analysis)课程。该课程当时主要探讨价值与分配问题,也就是现在所谓的价格理论或微观经济学。罗宾斯曾打算将自己的讲义整理出版,遗憾的是,最终未能实现。在他后来的自传中,也没有谈到与讲义有关的内容。作为非经济学专业的学生,我没有修过罗宾斯的课,只去听了一两次课,主要目的是观察他的课堂教学技能。然而,我还是从Vera Smith(即后来的 Vera Lutz)那儿誊抄了一份课堂笔记，因此，对罗宾斯的讲课内容也比较熟悉。遗憾的是，我抄的这份课堂笔记被弄丢了。可值得庆幸的是，邓肯·布莱克从我这里翻抄走的那份课堂笔记至今尚存。所以，现在我们手头仍保留着一份邓肯·布莱克抄自我从 Vera Smith 那儿抄来的罗宾斯讲课的课堂笔记的誊抄件，其影印件将保存在芝加哥大学的雷根斯坦图书馆(Regenstein Library)。

罗宾斯在讲课时并不过多陈述自己的看法，而是以一种非常系统的方式，谨慎而优雅地阐述他认为重要的其他经济学家的理论观点。LSE 教学年度计划的课程安排表明，在讲授了经济学的演变与经济学分析的性质等导论内容后，罗宾斯先讲静态分析方法、价值和交换理论，再讲生产和分配理论，然后是比较静态分析，最后是动态分析。

这一课程的结构安排，显然很大程度上受弗兰克·奈特的《风险、不确定性与利润》(Risk，Uncertainty，and Profit)一书的影响。当然，罗宾斯所讨论的经济学文献的范围已远远超出了奈特。

值得一提的是，罗宾斯要求所有学生必须阅读两本书，一本是菲利普·威克斯蒂德(Philip Wicksteed)的《政治经济学常识》(Commonsense of Political Economy)，另一本就是奈特的《风险、不确定性与利润》。这种对阅读文献的选择与众不同，反映了罗宾斯的独立思想和敏锐判断力。如果暂且把詹姆斯·布坎南(James Buchanan)对于 LSE 有关这个问题的一些独特而有争议的看法搁置一旁，我个人确信，这两本书为 LSE 的年轻学子奠定了良好的专业基础，我们通过仔细研读这两本书，扎扎实实地掌握了成本理论。

现在我来讨论普兰特的贡献。对此，我谈起来会更有把握一些，毕竟我是他的授业弟子。普兰特曾师从坎南，与罗宾斯同届，可他并不像罗宾斯那样对高级理论(high theory)饶有兴趣。他是一位应用经济学家(applied economist)，主要研究兴趣是今天所谓的产业组织理论。我们这些受普兰特指导的学生，对经济学理论以及后来在 LSE 发展起来的新经济学分析方法抱有极大兴趣，时常与经济学专家们共同研讨，也常在同学间相互讨论。当然,我们的主要兴趣在于运用经济学分析方法来解释真实经济体系的运行。因此,在我看来,普兰特在教学中继承了坎南重视制度因素和常识方法的传统,而罗宾斯所从事研究的诸多领域大多与坎南很少相关或基本无关。

普兰特对所有权问题抱有兴趣,在专利和版权的经济学分析方面作出过重要研究。④就我本人而言,普兰特的影响主要在于使我意识到:对于日常工商活动中的许多问题,经济学家们没有给出令人满意的答案。普兰特拥有许多颇有才华的学生,在他们之中有罗纳德·福勒、罗纳德·爱德华兹(Ronald Edwards)、阿瑟·刘易斯(Arthur Lewis)、阿瑟·塞尔顿(Arthur Seldon)和巴兹尔·耶梅(Basil Yamey),从这方面看,他的实际影响要比他自己的写作或与他同时代的 LSE 的经济学家的作品的影响大得多。然而,事实上,LSE 最主要的工作重点是发展纯经济学理论,而普兰特志趣并不在此。

20 世纪 30 年代 LSE 的特色是:虽然人们坚信自己的观点,但不受教条约束,并对新思想保持一种开放态度。新思想主要来自美国和欧洲大陆,但不管其源自何地,只要是新思想,人们都能迅速地加以吸取,并使之成为进一步研究的基础。LSE 的经济学家从不自诩为奥地利学派(Austrians)、帕累托学派(Paretians)或瓦尔拉学派(Walrasians),同样也不会自封为马歇尔学派(Marshallians)。我在美国曾经听说,一直到 20 世纪 30 年代后期,英国经济学主要局限于马歇尔理论研究。但 LSE 并非如此。诚然,马歇尔是经济学界的圣人之一,但我们很少独尊马歇尔,他只不过是我们所研究的其中一位经济学家而已。

作为普兰特的学生,我研究马歇尔的《工业与贸易》(Industry and Trade)而非《经济学原理》(Principles),但我们从不盲从马歇尔的理论观点。事实上,我们认为马歇尔的成本理论是令人困惑的,他对工商实务的分析也值得商榷。总之,在 20 世纪 30 年代的 LSE,以罗宾斯、哈耶克和希克斯为代表的一批经济学家,在推动成就了不知是好还是坏的现代经济学的国际运动中扮演了引领潮流的角色。

当时的 LSE 是一个学者团体，学术氛围催人上进。尽管在罗宾斯、哈耶克和普兰特的教导影响下，学生们试着从私人企业的角度来观察和解决经济问题，但阿巴·勒纳（Abba Lerner）、布赖利·托马斯（Brinley Thomas）和伊冯·德比（Evan Durbin）等人所表达的极为不同的观点也在经济系受到关注，我想，卡尔多（Kaldor）那时还未崭露头角。总之，政治观点上的分歧并未妨碍学术讨论。因此，在 20 世纪 30 年代，尽管存在大量失业，尽管恐怖事件频发于俄国、中国及世界各地，尽管世界局势日趋严峻，但在 LSE，我们仍孜孜不倦地进行研究，思考着如何推动经济学的进一步发展。

注　释

① Lionel Robbins，*Autobiography of an Economist*（London：Macmillan，1971），129.

② 同上。

③ 同上。

④ 有关普兰特的论文，包括研究专利权和版权的论文，可参阅阿诺德·普兰特爵士的《经济学论文和演讲集》（*Selected Economic Essays and Addresses*）（伦敦：Routledge 和 Kegan Paul 出版公司与国际经济学会（IEA）出版，1974）。

译后记

　　本书的译校和统稿由郑州航空工业管理学院的罗君丽和浙江财经学院的茹玉骢通力合作完成。

　　我们首先要感谢大洋彼岸的罗纳德·H.科斯教授,他百岁高龄仍为我们写来了简短精炼的中文版前言,他对经济学的执著情怀和对中国改革的高度关注,时刻鞭策我们全力做好本书的每一个细节;我们要感谢导师浙江大学经济学院的金祥荣教授,他审订译稿并撰写了中译本序;我们要感谢美国亚利桑那州立大学的王宁教授、天则经济研究所的盛洪教授、浙江大学的史晋川教授,他们都分别对这项工作给予了很多指导性建议和帮助;我们还要感谢浙江大学外国语言文化与国际交流学院的徐雪英博士,她以自己的专业优势为我们提供了无私而热忱的帮助。我们最后要特别感谢格致出版社的何元龙先生、麻俊生先生及李娜女士,没有他们的信任、鼓励和支持,我们便不能以翻译的形式更深切地领会科斯思想之精髓。

　　此次翻译是一次艰辛而充满挑战的知识之旅,同时也必定是一个遗憾工程。尽管我们尽了最大努力以使这个遗憾最小,但由于学识有限,译文中仍不免错误和纰漏,我们将以最诚恳的态度接受读者的审视、批评和指正。

罗君丽

2010 年 7 月

图书在版编目(CIP)数据

论经济学和经济学家/(美)科斯著;罗君丽,茹
玉骢译.—上海:格致出版社:上海人民出版社,
2014(2019.6重印)
(当代经济学系列丛书/陈昕主编.当代经济学译库)
ISBN 978-7-5432-2396-7

Ⅰ.①论… Ⅱ.①科…②罗…③茹… Ⅲ.①经济学-
文集②经济学家-思想评论-世界-文集 Ⅳ.
①F0-53

中国版本图书馆 CIP 数据核字(2014)第 101615 号

责任编辑 郑竹青 李 娜
装帧设计 王晓阳

论经济学和经济学家
[美]罗纳德·H.科斯 著
罗君丽 茹玉骢 译
金祥荣 审校

出 版 格致出版社
　　　　上海三联书店
　　　　上海人民出版社
　　　　(200001 上海福建中路 193 号)
发 行 上海人民出版社发行中心
印 刷 苏州望电印刷有限公司
开 本 710×1000 1/16
印 张 15.75
插 页 3
字 数 203,000
版 次 2014 年 9 月第 1 版
印 次 2019 年 6 月第 2 次印刷
ISBN 978-7-5432-2396-7/F·753
定 价 58.00 元

上海市版权局著作权合同登记号:图字 09—2002—182

当代经济学译库